国家出版基金项目
NATIONAL PUBLICATION FOUNDATION

中国西南少数民族
村落的保护与发展
内容总录系列

孙华 主编

四川藏族村寨调查简报

2015年度国家社会科学基金重大项目——中国西南少数民族传统村落的保护与利用研究

巴蜀书社

图书在版编目（CIP）数据

四川藏族村寨调查简报 / 孙华主编. —成都：巴蜀书社，2018.11
（中国西南少数民族村落的保护与发展丛书）
ISBN 978-7-5531-0906-0

Ⅰ.①四… Ⅱ.①孙… Ⅲ.①藏族—民族调查—调查报告—丹
巴县 Ⅳ.①K281.4

中国版本图书馆CIP数据核字（2018）第288357号

四川藏族村寨调查简报
SICHUAN ZANGZU CUNZHAI DIAOCHA JIANBAO

孙 华 主编

出 品 人	林 建
总 编 辑	侯安国
责任编辑	王群栗　周昱岐
封面设计	张 科
出 版	巴蜀书社
	成都市槐树街2号　邮编：610031
	总编室电话：（028）86259397
网 址	www.bsbook.com
发 行	巴蜀书社
	发行科电话：（028）86259422　86259423
经 销	新华书店
印 刷	成都东江印务有限公司
版 次	2018年11月第1版
印 次	2018年11月第1次印刷
成品尺寸	210mm×285mm
印 张	20
字 数	400千字
书 号	ISBN 978-7-5531-0906-0
定 价	300.00元

克格依村图版一　百花波

克格依村图版二　格鲁波

克格依村图版三　中路小学

克格依村图版四　水泥路

克格依村图版五　通村土路

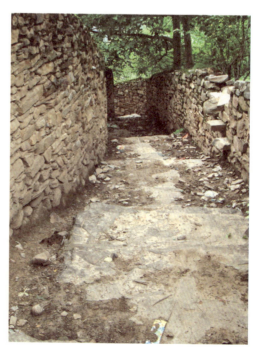

克格依村图版六　旅游石子路

克格依村图版七　普通土路

克格依村图版八　水渠

克格依村图版九　水缸

克格依村图版十　水塔

克格依村图版十一　石料

克格依村图版十二　张家附近的古碉

克格依村图版十三　一村与五村的界碉

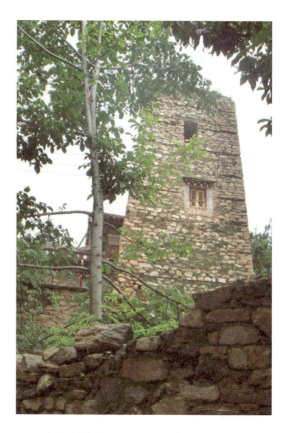

克格依村图版十四　康波古碉

克格依村图版十五　然姆色洛波古碉

克格依村图版十六　东波藏家古碉

克格依村图版十七 中路乡卫生院

克格依村图版十八　头帕

克格依村图版十九　头帕

克格依村图版二十　女性传统服饰

克格依村图版二十一　男性服饰

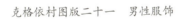

克格依村图版二十二　男性靴子

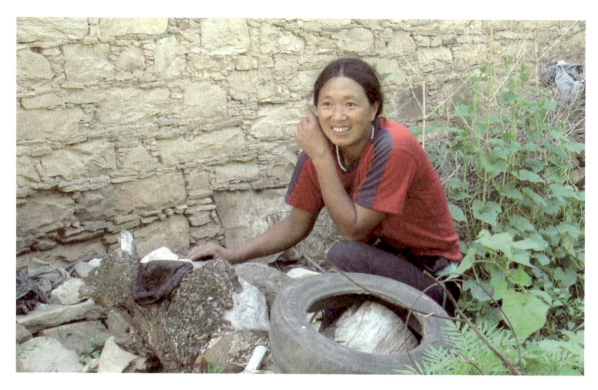

克格依村图版二十三　劳动服装

克格依村图版二十四　儿童服装

克格依村图板二十五　转经

克格依村图版二十六　卓窝

克格依村图版二十七 庆祝活动舞蹈

克格依村图版二十八　锅庄

克格依村图版二十九　灶台

呷仁依村图版一　大转经筒

呷仁依村图版二　斗卡豁庙

呷仁依村图版三　然卡庙

呷仁依村图版四　刘家附近的转经塔

呷仁依村图版五　五家寨的转经塔

呷仁依村图版六 五二波紧邻五二碉

呷仁依村图版七 覆斗型的碉（八黑碉）

呷仁依村图版八　碉的转角（各碉）

呷仁依村图版九　玉米田

呷仁依村图版十　花椒

呷仁依村图版十一　晒场

呷仁依村图版十二　晒场旁的回廊

呷仁依村图版十三　核桃

呷仁依村图版十四　天麻

呷仁依村图版十五　蘑菇

呷仁依村图版十六　长袖衣

呷仁依村图版十七　长靴（男）

呷仁依村图版十八　项链

甲仁依村村图图版十九　念经用品

图版二十 甲仁依村 屋顶上的白石

呷仁依村图版二十一　锅庄舞

呷仁依村图版
二十二　旋子舞

呷仁依村图版二十三　　用于修行的山洞

呷仁依村图版二十四　　藏族人转动的大经筒

呷仁依村图版二十五　然卡庙前的玛尼堆

呷仁依村图版二十六　玛尼擦擦

呷仁依村图版二十七　墨尔多寺前的风马

呷仁依村图版二十八　岩窝寺前的风马旗

呷仁依村图版二十九　藏人与转经筒

呷仁依村图版三十　波上的日月图案

塞罗旧宅
塔子
萨拉科碉1
萨拉科碉2
萨拉科上庙
塞罗新宅

堆
塔子
黑依碉
多碉
四季碉

坟地

小实部/电磨坊
桑根碉
吉国富家
王德林家

水磨坊

华木匠家
华国家

水井

军村一组
军村三组
军村四组

转经筒
废弃房屋
曹家水磨坊

共巴拉碉
王钢银旧宅
废弃房屋
终点

军村二组

水塘

波罗西碉

卡比观景台

巴佐碉

界碉

德若卡碉

水塘 天科

然卡庙
然卡碉
坟

690——1y
坟

简
呷仁依小学

684

转经塔

岩窝喇嘛

罕额依村图版二　村寨上方的森林

罕额依村图版三　民宅内挂的唐卡

罕额依村图版四　卓日

罕额依村图版五　被涂成白石的房子

罕额依村图版六　中路乡藏寨

罕额依村图版七　藏床

罕额依村图版八　磨子沟水

罕额依村图版九　村内政府铺设的步游道

罕额依村图版十　水力转经筒外观

罕额依村图版十一　古碉

罕额依村图版十三　碉内部的石阶

罕额依村图版十二　碉内部的孔

罕额依村图版十四　藏传佛教的释迦牟尼

罕额依村图版十五　莲花生大士

罕额依村图版十六　伏法神殿的壁画

罕额依村图版十七　岩窝寺山门

罕额依村图版十八　鼓

罕额依村图版十九　白塔上的日月模型

罕额依村图版二十　正在作烟供的喇嘛

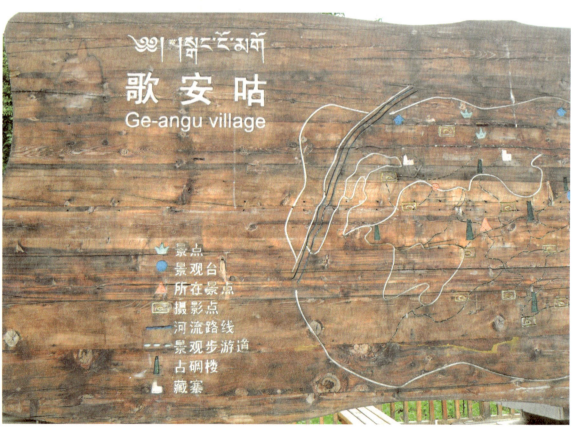

罕额依村图版二十一　观景台

罕额依村图版二十二　采收的野菌子

罕额依村图版二十三　做晨课中的喇嘛

罕额依村图版二十四　腊肉

罕额依村图版二十五　风力转经筒

罕额依村图版二十六　转经筒

罕额依村图版二十八　家族坟墓

罕额依村图版二十七　藏族墓葬

罕额依村图版二十九　保存起来的茶叶

寺庙公约

罕额依村图版三十　寺庙公约

莫洛村图版一　莫洛村民宅

莫洛村图版二　建筑向山一方为上位

莫洛村图版三　百褶裙

莫洛村图版四　古碉楼上的避邪图样

莫洛村图版五　村内的白塔

卜角顶村图版一　窗顶台上的擦擦

卜角顶村图版二　房舍面对路旁堆放的擦擦

卜角顶村图版三　白天放牧后自由
在路旁或山坡觅食的猪群

卜角顶村图版四　在村中土路与牛错身而过的我们（村调组员）

卜角顶村图版五　村里的山中交通通道

卜角顶村图版六　村中的水资源之一来自于山体表的溪涧

卜角顶村图版七　水磨坊的下部分

卜角顶村图版八　八角碉与民居

卜角顶村图版九　八角碉

卜角顶村图版十　位于嘎拉村的四角碉

卜角顶村图版十一　碉房

卜角顶村图版十二　碉房

卜角顶村图版十三　碉房第一层禽畜饲养圈栏

卜角顶村图版十四　碉房第五层的晒谷场

卜角顶村图版十五　经幡和金翅大鹏

卜角顶村图版十六　十三角碉与达拉崩放养的羊群

卜角顶村图版十七　收购苹果的面包车

卜角顶村图版十八　住宅旁种植的苹果树

卜角顶村图版十九　可采摘的花椒

卜角顶村图版二十　攒攒草

卜角顶村图版二十一　谷仓中的竹篓

卜角顶村图版二十二　肩负小麦收成的村妇

卜角顶村图版二十三　节庆时穿着的传统服饰

卜角顶村图版二十四　沿路分送生育喜糖的妇女

卜角顶村图版二十五　美勒神山

卜角顶村图版二十六　庙子内喇嘛诵经的经棚

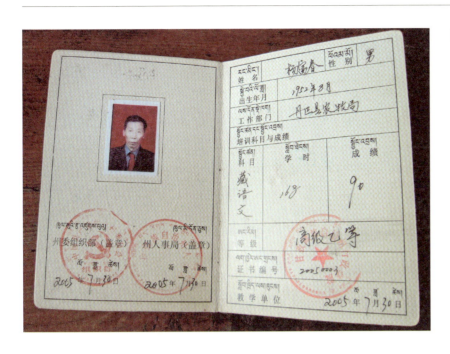

卜角顶村图版二十七　藏文等级证书内面

卜角顶村图版二十八　玛尼石堆

目　录

保护民族村寨，促进社会发展（代前言）

孙 华

（北京大学文化遗产保护研究中心）

　　中国的西南地区包括了四川盆地、云贵高原和青藏高原三大地理单元。这里是世界的屋脊，是中国长江、黄河和珠江三大河流发源的地方，是贯穿中国的半月形文化传播带经过的地方。西南地区的腹地，也就是青藏高原东麓地区（包括藏东南、川西高原和滇西高原），被称作中国西南山地热点地区。该地区东为海拔很低的四川盆地，西邻高耸的青藏高原，从海拔几百米的河谷到六七千米的山脉交替出现。复杂的地理环境和气候条件造就了这里独特的生物多样性、民族多样性和文化多样性。这里是中国民族最集中的地区，又是中国交通最困难的区域，许多民族还保留着东部发达地区早已经遗失了的行为方式、生活习惯、聚落形态、宗教礼仪和生产工艺，蕴涵着极其丰富的民族文化信息，是进行民族学、人类学和民族考古研究最理想的区域。该地区少数民族聚居的村寨则成为所有这些历史和文化信息集中的一个个资料库，有待于我们去开启和利用。在现代化和城市化飞速发展的中国，许多西南边远地区的闭塞状况已经明显改善，村寨的文化景观也已经发生或正在发生悄然的变化。这些，更需要我们文化遗产保护研究的从业人员去迎接挑战，在当地人们生活水准提高的同时，努力保护好这份宝贵的遗产资源。

　　西南地区山高林密，交通困难，古代的统一事业相对进行得较为缓慢。直到今天，西南地区还生活着中国族类最多的少数民族，散布着星罗棋布的不同民族的村寨。这些村寨所在地区相对封闭，经济也发展缓慢，文化的演进还基本上沿袭着其千百年来形成的自然节奏，不像中国东部和中部地区那样，乡村文化景观已经发生了很大的变化。由于西南少数民族所在的自然环境差异很大，社会发展水平参差不齐，文化习俗异彩纷呈，其乡村文化景观也有着显著的不同。这种不同，最集中地体现在其民族居住的村寨内。丰富多彩的少数民族村寨蕴涵着居住在其中的人们的大量社会、历史、文化和艺术要素，对我们认识中国多元一体的民族结构，研究这些少数民族的社会历史，丰富和发展人类的文化艺术，促进当地社会的可持续和谐发展，有着重要的价值。这些价值具体体现在以下三个方面。

首先，西南少数民族村寨是中国大多数少数民族丰富多彩的传统文化的集中保存地，是世界多元文化的重要组成部分。西南地区是中国南北向的文化传播带和东西向的文化传播带经过的地方，云南高原地区更是这两条文化传播带交叉的地方。前一条南北向的路线被称为"半月形文化传播带"或"藏羌（彝）走廊"，是中国北方及西北地区的古代族群南下的主要通道。考古学的证据表明，从新石器时代的仰韶文化时期起，北方的居民就沿着这条通道不断南下。后一条东西向的路线，也是古代族群迁徙的重要通道，这些族群沿着从云贵高原发源或流经的多条大河（如长江的支流沅水和乌江，珠江的上游南、北盘江，元江／红河的上游礼社江），或从云贵高原东下至长江中游、珠江口甚至红河下游地区；或从中下游地区逆流而上，进入到贵州高原甚至云南东南部地区。正是这两大文化传播带和族群迁徙通道的存在，造就了西南地区，尤其是云贵高原地区民族和文化的多样性和复杂性。中国现有56个民族，西南地区就集中了汉、壮、回、苗、土家、彝、藏、布依、侗、瑶、白、哈尼、傣、傈僳、仡佬、拉祜、水、佤、纳西、羌、仫佬、景颇、毛南、布朗、阿昌、普米、怒、京、基诺、德昂、门巴、独龙、珞巴等民族，占我国已识别民族总数的三分之二；此外，中国绝大多数未识别民族，也都分布在西南地区。这些民族基本上是以农业为主要经济形态的定居民族，由于各村落的历史形成不同、文化渊源各异，因而形成了种类众多、风格多样、习俗也千差万别的村落乡村文化景观。无论是文化的多样性还是村落形态的多样性，在西南地区都得到最充分最集中的体现。

其次，西南少数民族村寨是人类发展历史的实物证据。严格意义上的历史时期，是指有文字记录的时期，这个时期在中心地区开始于商代晚期的殷墟时期，但西南地区则比较晚，且各区域进入历史时期的年代不尽相同。在云贵高原的古夜郎道沿线，历史时期开始于西汉中期；在西藏地区，历史时期始于吐蕃时代；而在其他地区，有文字记载的历史开始更晚。而这种狭义历史时期的西南地区历史，文献的记载都是西南地区古代族群的人们与中心地区的人们发生了重要接触行为时的记录，如汉武帝通西南夷、蜀汉诸葛亮平南中、唐与吐蕃调整关系、南诏侵益州及交州、忽必烈灭大理、明太祖时的平云贵、明万历时的平播州、清雍正时的改土归流、清乾隆时的大小金川之役，等等。除了这些重大历史事件以外，文献记载中关于西南少数民族地区的记载并不多。我们要认识这个地区的历史，其史料来源除了文献记载外，早期的主要是考古材料，晚期的则主要是蕴涵在村落中的民族志资料。回顾历史可以知道，一个古族自从其共同的生活区域基本稳定以后，如果没有积累的内部冲突或外界干扰，其聚居的村落有的会一直延续下来（当然随着人口的繁衍等原因也不断会有新的村落建立）。云南云龙县白族的诺邓村，由于这里很早就发现有盐卤涌出，白族先民很早就在这里定居，唐代樊绰《云南志》中就已经有了"诺邓"之名，该村的形成肯定在唐代甚至更早的时代，是一个千年村名不改，聚落不迁的具有深厚文化积淀的传统村落。现代西南每个民族的村落中都蕴涵着丰富的历史信息，通过这些信息，我们可以知道许多考古材料和历史文献所没有的古族历史的细节，从而为研究西南民族史做出贡献。除此以外，西南少数民族村落还能提供中国东部地区发展历史的重要参考材料。由于社会发展的地域性不平衡，我国东部地区许多历史上曾经有过的东西都已经消失了。"礼失而求诸野"，在中国西南民族村落中，就保存了许多中国中心地区曾经有过但现在已经消失的文化现象。研究西南民族村落的现在，很可能有助于了解我们的古代。

其三，西南少数民族村寨是西南地区社会发展的重要资源。西南地区各个不同的地域，是世世代代生息在这些地方人们的心灵家园。这里集中保存着他们祖辈的业绩，有他们世代相承的生存智慧、生活方式和文化传统。由于现代社会发展十分迅猛，特别是在现代化、全球化和城乡一体化的浪潮中，原先生活在相对封闭、节奏缓慢、发展滞后的西南少数民族村寨的人们，在使人眼花缭乱的外来信息的冲击下，自然会产生种种不适应，不仅对外界也对自身产生种种困惑，从而就会希望在自己的家园获得一些慰藉。如果说外来文化的冲击，使得西南少数民族村寨的传统发生某种程度的中断，当地村民持续而稳定的生活变得不那么具有连续性，是催生西南少数民族地区人们乡愁的纵向因素的话，那么，当今西南地区许多少数民族村寨的年轻一代离开世居的村寨到城市务工，置身于一个完全不同于传统乡村的现代城市中，这种空间距离和文化差距就是生成这些外出村民乡愁的横向因素。这样，作为家园的传统村寨就成为包括少数民族在内的现代人用以寻求自我的心灵平衡、重新找到精神归宿感的自我防御机制的重要"文化空间"。除此以外，中国西南地区山峦起伏，森林广布，自然景观随地区和地形而变化，既有云遮雾罩、山重水复的高原山地，又有天高气爽、环山嵌湖的高原平坝，还有白云蓝天、绿草如茵的高海拔草原，多样的自然环境加上多样的文化传统，造就了丰富多彩的建筑类型和建筑风格，形成了文化景观迥然不同的村落风格。优美的环境，奇特的建筑，再加上位于外地人很少去的偏远地区，西南少数民族村寨受到了国内外公众的普遍喜爱。早在20世纪前半期，俄国人顾彼得（Peter Goullart）就这样深情地写道："我很早就梦想找到并生活在一个被大山与世隔绝的美丽的地方，也就是若干年后詹姆斯·希尔顿在他的小说《失去的地平线》中描写的'香格里拉'。小说的主人公意外发现了他的'香格里拉'。而我在丽江，凭我执着的追求寻觅，找到了我的'香格里拉'。"前些年，《中国国家地理》曾发起过评选中国最美村落的活动，高居榜首的不是江浙水乡村落，不是皖南徽州村落，而是四川丹巴县甲居嘉绒藏寨，就说明了这个问题。西南少数民族村寨因而也就成了一种重要的旅游资源，成为促进当地经济、文化和社会发展的一个重要因素。

不过，也正是由于现代化、城市化、全球化的冲击，西南少数民族村寨才与中国其他地方的传统村落一样，几乎所有村寨都有了电灯照明、电话通信和电视接收。一条条公路、一根根电线和一道道电波正在将乡村与城镇连接起来，与世界其他地方联系起来，乡村也不可避免地要被全球化的浪潮所卷入。即使在最偏僻的一些村寨，外来的观念、外来的文化和外来的设施都已经进入到这些村民的头脑中、行为中和日常生活中。这种跨越自然区隔的道路建设和信息管道的建立，使得原先相对被"隔离"的乡村变得不那么封闭了，乡村的生态环境发生了变化。这种变化也必然导致乡村的许多方面向城镇靠拢，从而使乡村文化景观发生变异。这种变化的表象之一，就是许多民族村寨的人们受到城市和工厂的吸引，年轻人大多外出务工，村内剩下的大都是老人、孩子或中年以上妇女，失去了最有活力的青年群体，原先兴旺的村寨已经衰落和破败，村落面临着严重的空心化、老龄化、城郊化等问题。并且随着乡村经济走向多元化，西南地区许多村寨的家庭都有了兼业（副业），由于各家兼业种类和规模的不同，各个家庭的收入也有较大的差异，整个乡村社区的结构已趋向复杂。根据文化人类学或考古学的理论，越是复杂的事物，越容易发生变异。西南少数民族村寨的乡村文化景观，加快其原先基本稳定的发展演变节奏，已成为一个不可避免的现象。

在现当代全国统一的土地制度、行政制度和管理模式下，在当下城市化、城乡一体化和现代化的冲击下，西南地区少数民族村寨面临的问题与中国所有传统村落基本相同，主要体现在这样四个方面：一是普遍失去了传统的自下而上的自组织能力，自上而下的全国统一的他组织行为代替了具有个性化的自组织行为，传统文化多样性生成的土壤已经不复存在；二是伴随着现代化和城市化进程的迅速推进，村民大量涌向城镇，原先的基层政权对乡村的管控能力降低，导致村寨内部凝聚力的下降甚至丧失；三是传统乡村与城镇的生产关系发生逆转，新的城乡关系导致多数西南少数民族村寨的日益破败，城乡间的贫富差距进一步增大；四是开始于贵州湄潭县，进而在全国实施的农村土地的"两权分离"和"长久不变"，使得包括西南少数民族村寨在内的土地权属固化，无论是改善村民的居住用房和人居环境，还是试图致力于村寨的规模化产业的发展，都变得非常困难。除了这些问题外，我们在相当长一段时期内，强化了城镇与乡村的差别。农村户口的人们一旦因读书、招工、参军等因素获得了城市户口后，就失去了再回到农村的可能性。他们退休后也不能在故乡买房建房，为乡村建设发挥作用，而是在城市买房安度晚年，将积累的财富和资源留在了城市。这与过去乡绅阶层不少是从城市退休返乡、将在城市赚取的财富和资源带回乡村的情况截然相反。而在不断推进城市化的今天，乡村的人们不再被一亩三分地束缚，他们大量在城市务工，不少人将挣得的工资储存起来在城镇买房，人才资源和资金资源不断从乡村被带到城市，而城市的人才资源和资金资源却很少进入农村。这些因素，导致城市与农村的差距加大，农村不免日益贫困化和边缘化。

中国西南少数民族村寨既然有重要的文化价值和社会价值，现在它们的存在状态和发展趋势又面临着许多问题，这就需要我们尽快选取保护对象，寻找保护对策并采取相应的行动，使这些承载着丰富文化信息的传统村寨能够更长久地保存和延续。

中国西南地区幅员辽阔，基本保持着传统风貌的村寨数量很多，有些位于高山陡坡、交通不便、存在地质灾害、不利于村民生产生活的村寨，当然只能采取拆村搬迁、合村并寨等方式进行处理；那些靠近城镇、已经或即将纳入城镇建设区的村寨，那些位于交通要道沿线、传统风貌正在迅速变异的村寨，已经无法也没有必要再采取保护行动。西南少数民族地区村寨数量众多，许多村寨都具有相近的自然环境和村寨建筑，如何在每个少数民族的众多村寨中选取具有典型性和代表性的村寨，是保护好西南民族村寨的首要问题。中国是一个文明古国，又是资源相对缺乏的人口大国，遗产保护与民众生计的矛盾比许多国家都尖锐。即使是那些已经成为历史陈迹的古代遗址，保护起来仍然存在着保护性用地与乡村耕地和宅基地之间的矛盾冲突，更何况乡村文化景观这样的动态遗产。因此，在制定西南少数民族村寨的保护规划之前，先要对这些地区的村寨进行全面调查，基本掌握现有村寨的相关信息，才能进行一个民族或一个自然地理单元的各村寨的价值比较，才能从中选择出不同价值层面的村寨，并将其列入不同的保护层级，才能确定保护的范围、资源的取舍和发展的方向。

生活在中国西南山地的各民族，由于其村寨散布在交通不便的山区，被文化遗产学界了解情况的村寨只占其中一部分（这些村寨主要沿公路分布并距离城镇不是很远），还有许多村寨有待于重新调查和认识。到目前为止，我们已有的少数民族调查报告，注重的是人而非物，其公布的信息还不足以使遗产保护和管理者认知其价值。以苗族为例，早在20世纪50年代前，就已经涌现出了被誉为"苗学研究的三座里程碑"的三部苗族调查报告；20世纪50年代后，国家组织社会学家、民族学家和历史学家也开展了大量苗族社会历史调查工作，其调查成果除了"中国少数民族社会历史调查资料丛刊"中的苗族部分外，西南诸省区还分别编写了不少苗族的调查报告，贵州省民族研究所组织编写的"六山六水民族综合调查"就是其中之一。这些原始调查报告当然很珍贵，却存在一些缺憾。缺憾之一就是这些调查要么是区域民族调查，其调查范围主要是以州、县、乡为单位，很少能够具体到自然村寨这样基层的聚落单位；要么是某些专家进行的以某民族某一文化要素为对象的专题调查，缺少一个典型村寨全部结构要素的综合资料。因此，以自然村落为考察单位，首先进行各地区各民族的村寨调查，从中选取典型的村寨编写出版系列的"中国西南少数民族村落内容总录"，是开展该地区传统村落保护的前期工作。在此基础上，就可以通过村寨价值的比较评估，首先筛选出可以推荐列入省市级保护的相关村寨，然后再选出可以推荐列入全国重点文物保护单位和国家级历史文化名村的村寨，最后将价值最高、特征最典型的村寨推荐列入《中国世界文化遗产预备名单》及《世界遗产名录》，从而真正做到分级实施保护。

正是考虑到中国西南地区少数民族村寨的重要价值和面临的问题，北京大学文化遗产保护研究中心和贵州省文物局达成共识：少数民族村寨是中国西南地区文化遗产最重要的组成部分，这些村寨正面临着迅速改变和消失的威胁，亟须采取有计划的保护行动。由于西南地区自然条件复杂，民族成分多样，聚落形态千差万别，在开始保护行动之前，首先需要对西南地区不同民族、不同区域、不同社群的村寨进行系统的调查，在充分了解这些村寨基本情况和存在问题，以及深入思考这些村寨特点的基础上，通过对比分析这些村寨的文化面貌和价值分级，选取亟须采取保护行动的村寨群落和村寨个体，然后编制与乡村发展相结合的保护规划，采取恰当且适度的保护性干预行动。为此，我们在2007年开始了中国西南地区少数民族村寨调查的号召和动员，并于2008年起首先从贵州黔东南苗族侗族自治州的苗族村寨和侗族村寨开始，展开了少数民族村寨基本情况的调查。

从2008年到2014年，我们调查的范围从贵州黔东南州延伸到了邻近的湖南通道县和绥宁县、广西三江侗族自治县，其间还对云南大理白族州剑川县的白族村落、四川甘孜藏族自治州丹巴县的嘉绒藏族村落进行了调查。参加调查的人员主要是高等院校的师生，其中有以院系、研究所或研究中心名义组织的海峡两岸高校和科研单位人员，包括北京大学、同济大学、中央民族大学、四川大学、广西师范大学、台南艺术大学、贵州省文物保护研究中心、成都市博物馆等，还有多所高校的本科生和研究生个人自愿报名参加了调查。这些调查都是利用每年的暑期进行。七年间参加调查的人员数量，即使不计当地文物部门派遣的干部和当地参加调查的大学生，其数量也达到了309人次（其中有的师生多次参加，人员名单附后）。在此行动中，既有白发苍苍的老教师，如台湾清华大学的徐统、台南艺术大学的陈国宁教授，也有刚刚在大学修完"文化遗产概论课"参加实习的大学低年级学生，但主力则是来自历史学、考古学、社会学、民族学、建筑学、城乡规划学、博物馆学的大学毕业生和研究生。这些师生冒着酷暑，在西南偏僻的山村进行田野调查，先后调查的苗族、侗族、藏族、白族村寨超过五十个，另对与少数民族村寨相关的贵州锦屏县隆里古镇、四川宝兴县曹家村进行了调研，撰写了这些村寨的调查简报。有了对这些村寨地理环境与资源、传说与历史、基本构成单元、内部与外部结构、人群与社会组织、生业与经济结构、生活方式与风俗、宗教信仰与禁忌、相关文化事项和村寨保存状况的基本了解，再着手选择需要列入保护的村寨，并开始对一些村寨开展保护所需的更详细的综合调查和专题调查，在现状勘察报告完备、存在问题厘清的基础上，开始编制保护与发展规划，并开展保护行动。

选取要采取保护行动的保护对象，从岛屿生态地理学的理论来说，从尽可能多地保存我国传统村落的角度来说，都应当尽可能多地对有明显地理边界的成片传统村落和村落群进行整体保护。不过，传统村落不是简单的不可移动文物，我们不应当一味追求列入保护单位的传统村落数量。我们需要关注已被列为国家级或省市自治区级文物保护单位的传统村落的情况。这些村落通常都是以"某某村古建筑"的名义被列入保护单位的，保护的对象是这些村落中年代较早、规模较大的建筑群，不是整个村落，更不包括这些村庄赖以存在的农田、山林和川泽，也不包括这些村寨中的社会组织、生产工艺、民俗节庆、宗教礼仪等非物质文化事项，即其文物保护只是村落中个别物质文化要素的保护。这就容易出现传统村落中的公共建筑和个别民居保护较好、而整个村落及其载体却疏于保护的现象。我们还应当吸取中国历史城市保护的经验教训，这些教训是多方面的，其中一个教训就是国家级的历史文化名城数量过多，先后公布的三批国家级历史文化名城总数达99座，这些历史文化名城大多基础研究还比较薄弱，针对历史文化城市不同类型所制定的保护策略又有欠缺，保护范围（整体城市文化景观保护、城市轮廓及街区文化景观保护、部分街区文化景观保护、重点城市建筑遗产保护）也不够明确，结果现在的历史文化名城除了被列入世界遗产的城市以外，绝大多数是名存实亡了。西南少数民族村寨规模一般不大，即使是贵州黔东南州号称"苗都"的最大的西江千户苗寨，居民户数也不过1258户，人口不过5326人，其空间范围的大小和结构的复杂程度都无法与城镇相比，其保护难度比城镇要小些，保护模式应当以整体保护为主。不过，越是强调整体保护，在选取保护单位时就越应当注意代表性，否则有的地方会以为类似的村寨很多，改变几处无关紧要。一旦被列入高等级保护单位的民族村寨被人为破坏，而没有采取问责制追究有关责任人，就会使有关保护的法律规章失去其应有的权威，破坏行为就会蔓延，就如同大多数中国历史文化名城的遭遇一样。

我们早就认识到，一个完整的传统村落不仅是村落的建筑，还应当包括村落赖以存在的田地、水泽和山林，包括活动在这个区域内的人们及其行为传统模式。按照文化遗产的分类体系，传统村落应当归属于文化遗产的特殊类型——文化景观。文化景观是联合国教科文组织倡言的文化遗产的特殊类型，它是一定空间范围内被认为有独特价值并值得有意加以维持以延续其固有价值的、包括人们自身在内的人类行为及其创造物的综合体，其生活方式、产业模式、工艺传统、艺术传统和宗教传统没有中断并继续保持和发展的城镇、乡村、工矿、牧场、寺庙等，都应当属于文化景观的范畴。农业文化景观由于产业模式不同，又有传统村落文化景观和农场文化景观的分别，前者由于地理的区隔、传统的差异，文化面貌也异彩纷呈，是农业文化景观的主体，也是世界多元文化最重要的构成要素。中国西南的少数民族村寨，其地理环境多样，文化传统各异，许多地处偏僻山区的少数民族村寨迄今仍然保持了自己鲜明的传统和特色，是中国乃至世界的文化景观类型遗产的重要组成部分。不过，"文化遗产"不同于"文物"，前者包括了物质和非物质的遗留，后者则只针对物质的遗存。文物保护专家很容易将诸如少数民族村寨这样的遗产划分为两部分：村寨的聚落、民居和公共建筑被视为不可移动文物；而村寨内人们的日常用具、服装饰件则被归为可移动的民俗文物。至于传统村落赖以存在的田地、山林和丰富多彩的非物质文化事项，却没有被纳入文物保护的范畴。浏览目前已经公布的七批全国重点文物保护单位的名单，不难发现，几乎所有传统村落都是以"某某村古建筑""某某民居（某某大院）"等名目出现的，文物保护面对的不是传统村落的整体，而是村落中的部分古建筑或代表性建筑。由于以文物保护单位这样的模式保护传统村落，尽管有国家《文物保护法》的法规作保障，仍然很难做到保护村落的完整性、真实性和延续性；但如果将文物保护单位的范围推广至整个村落，甚至村落外的田地和山林，那么如何制定文物保护和管理的规定，如何处理村民因人口增长而新建的住房，以及如何对待村民改造自己原有住宅以提高自己生活品质，凡此等等，都是目前从事传统村落保护，尤其是西南少数民族村寨保护需要思考的问题。

我们这套"中国西南少数民族村落的保护与发展丛书"，正是上面这些思考和工作的产物。全书由"内容总录""勘察报告""保护研究"三个系列组成，涵盖了从西南部分少民族村寨基本情况调查、专题研究与综合研究以及保护与发展规划和实施报告三个方面。

"中国西南少数民族村落内容总录"系列，以村寨为基本单位，全面介绍该村寨基本情况。本系列已经编写了12册，分苗族村寨、侗族村寨、藏羌村寨、白族村寨四卷。其中已经调查的重要侗族村寨分布于贵州、湖南、广西三省区，故又细分为《贵州侗族村寨调查简报》《湖南侗族村寨调查简报》《广西侗族村寨调查简报》若干分册。每一分册由2-5篇调查简报组成，我们希望关注传统村落保护与发展的学者和机构，能够通过这些调查简报，对这些村寨的历史文化和当下状况有一个最基本的了解。由于我们的田野工作以贵州黔东南州为中心，因而贵州的苗族和侗族村寨调查报告的数量也最多，占了这个系列的半数，这也是苗族和侗族村寨以黔东南地区数量最多、保存最好、文化事项最丰富现状的反映。

"中国西南少数民族村落勘察报告"系列，由多本典型少数民族村寨勘察报告和专项研究著述组成。由于内容相对简单的村寨调查简报，还不能满足从事传统乡村研究、保护和发展的相关机构和个人的需求，需要对选取作为保护与发展对象的村寨做详细的勘察记录，找出该村寨存在的普遍性和特殊性问题，以便采取有针对性的保护与发展措施。计划撰写的勘察与研究报告有《贵州榕江县大利侗寨调研报告》《贵州榕江县大利侗寨勘测报告》《贵州锦屏县文斗苗寨调研报告》《贵州黎平县堂安侗寨整治报告》《四川丹巴县中路藏寨调研报告》《云南云龙县诺邓村调研报告》等。除此而外，我们还将在西南少数民族村寨保护与发展的实践中，选取一些典型案例，将其记录并汇集成册，以提供其他从事传统村落保护的同志参考和评判。

"中国西南少数民族村落保护研究"系列，是西南少数民族村寨保护的综合研究。它包括了村寨的历史、特点、价值和问题的基础研究，包括了针对中国传统村落、西南民族村寨、某一区域和族群村寨、某个自然村落存在问题及应对措施的研究，还包括了某些正在采取保护行动的传统村落的保护规划、展示规划、发展规划、方案设计等。如《中国传统乡村文化景观研究》《侗族村寨文化景观研究》《苗族村寨文化景观研究》《坪坦河流域侗族村寨保护与发展初论——从生态博物馆的角度》《川西高原藏羌碉楼研究》《云南云龙县诺邓村专题研究》《贵州控拜村苗族银匠村研究》《贵州榕江县大利侗寨文物保护规划》《贵州榕江县大利侗寨保护与发展规划》等综合和专题研究专著，以及《西南少数民族村寨研究文集》这样的论文汇集。

最后，作为主编，我代表全体作者，向支持西南少数民族村寨调查、研究和保护工作的单位和个人表示衷心的感谢。首先应当感谢的是联合国教科文组织北京代表处，该处的遗产项目专员杜晓帆博士最早提请我们关注西南地区少数民族村寨的保护与发展，希望中国这样一个大国能够利用自己的优势给东南亚少数民族村寨的保护探索符合亚洲特点的路径，我们正是在晓帆博士的鼓动下分别从不同的领域投入到西南地区少数民族村寨保护之中。其次是海峡对岸世界宗教博物馆的陈国宁馆长，她不顾自己年事已高，在自己原先任教的台南艺术大学的支持下，多年来承担起了组织台湾高校师生到祖国的西南地区参加少数民族村寨调查的重任，除了将她在台湾从事社区博物馆和社区再造的经验带给我们，还增强了海峡两岸师生的交流和了解。其三是要感谢中央民族大学民族及社会学院、同济大学建筑与城市规划学院、四川大学历史文化学院、台南艺术大学文博学院、云林科技大学文化资产维护系等高校相关院系所的负责人，他们协助我们动员学生参与西南地区少数民族村寨调查，是我们调查组人力资源和学术资源的可靠保障。其四要感谢四川、云南、湖南、广西诸省区文物局，他们在经费、人员、后勤保障上给予了我们许多支持和帮助，如果没有他们，我们许多工作没法顺利推进。最后，我们要特别感谢贵州、四川、云南、湖南、广西诸省区我们曾经开展调研工作的县（自治县）文化文物系统的工作人员和乡村的基层干部，他们或者与我们调查组的师生一起进驻村寨，充当我们的进村"向导"并为我们排忧解难，或充当我们在村中的"翻译"，帮我们联系村民，协助我们做社区动员和召开村民大会。正是在以上单位和个人的无私帮助和支持下，我们的村寨调查、村寨规划和村寨保护实践才能够顺利向前推进。

就在"中国西南少数民族村落的保护与发展丛书"首批图书即将出版之际，我们高兴地得知，国家已将"中国西南少数民族传统村落的保护与利用研究"列为国家社科基金重大招标项目，我们北京大学与中山大学分别中标，承担起该课题的研究任务。回顾过去，我们西南少数民族村寨保护与发展的项目，最初只是北京大学支持的一个小课题，所获课题经费也只有少量校长基金作为启动资金的五万元。多年的调查工作使我们从各方面筹集资金，非常节约地使用，使得我们历时八年、参加人员达三百余人次的田野工作能够顺利完成。国家出版基金设立后，基金委将"中国西南少数民族村落的保护与发展"作为首批国家图书基金资助项目，使我们这些年积累的调查和研究成果，能够有资金资助顺利出版。

希望本丛书能够给我们认识这些村寨提供基础资料，同时也希望这套简报能给予城市规划、乡村规划和区域规划者一个参考的依据，在城市发展、新农村建设的时候，能重新思考中国文化的核心价值，吸取农村发展的经验，厘清中国不同于其他文明的特色，构拟出一个适合现代国人生活和居住的蓝图。

附：参加西南少数民族村寨田野调查和报告编写人员名单

2008年度（20人）

孙华、张成渝（北京大学考古文博学院教员）。

王书林、吕宁、王敏、王璞、黄莉、马启亮、高玉、黄玉洁、童歆、干小莉、刘杨、石慧（北京大学考古文博学院、城市与环境学院）；刘睿、刘翠虹、刘业沣（中山大学人类学系）；郭琼娥、李蜜、杜辉（厦门大学历史系）。

2009年度（40人）

陈国宁（台南艺术大学文博学院教员）；孙华；李慧（四川大学历史文化学院教员）。

余昕、李伟华、丁虞、韩爽、张娥凛、戴伟、李林东、王晢妍（北京大学社会学系、考古文博学院、元培学院）；杨向飞、龙成鹏、张悦、张志磊、徐菲、王皓、罗洪、赵丹、王妹娜、邱艳、谢莉亚、周海建、杨丽玉、李灵志、黄秋韵、董晓君、宋秋、刘争（四川大学历史文化学院）；沈天羽、王韵嘉、雷继成、高忠玮、黄胜裕、陈韦伶、高玉馨、朱仲苓、张雯茵（台南艺术大学文博学院）；刘亦方（郑州大学历史与考古学院）；黄尚斐（中国传媒大学摄影系）。

2010年度（44人）

陈国宁；孙华、张成渝；江美英（南华大学艺术学院教员）；朱萍、马赛（中央民族大学教员、民族学与社会学学院教员）；白露、李林东（成都博物院文物考古研究所干部）。

王怡苹、范子岚、陈筱、张娥凛、何源远、赵昊、荆藤、邹鹏、余昕、郭明、李颖（北京大学考古文博学院、社会学系）；张林、陶映雯、向阳、贾凯丽、郑宜文、杨力勇、司马玉、张一辉、来源、吴仙仙（中央民族大学民族学与社会学学院）；冯佳福、吴昭洁、张康容、黄雅雯、苏淑雯、王柏伟、王净薇、谢如惠、黄淑萍、谢玉菁、钟子文、邓佳铃（台南艺术大学文博学院）；杨丽玉、张绍兴（四川大学历史文化学院）；韩婧（中山大学社会学与人类学学院）。

2011年度（61人）

徐统（台湾清华大学材料科学工程系退休教员）；陈国宁；孙华；王莞玲（兰阳技术学院建筑系教员）；江美英；朱萍；李智胜、郭秉红（贵州省文物局抽调专业干部）。

陈筱、陈元棪、梁敏枝、黄莉、焦姣、韩爽、杨玲、庄惠芷、张林、邓振华、何月馨、孙雪静、李梦静、周仪、丁雨、张瑞、柳闻雨、张琳、刘精卫、李皓月、王晴锋（北京大学考古文博学院、社会学系）；贾凯丽、郭领、刘学旋、郎朗天、雷磊、于梦思、王东、王博、王金、董韦（中央民族大学民族学与社会学学院）；袁琦（北京理工大学工业设计系）；闫金强（天津大学建筑学院）；杨丽玉（四川大学）；熊芝莲（云南师范大学日语系）；沈天羽、蔡译莹、赵庭婉、陈昱安、许又心、萧淑如，张康容（台南艺术大学文博学院、视觉艺术学院、艺术史学系）；段品琦、叶怡麟、郭维智、龚琳雅（云林科技大学文化资产维护系）；唐君娴（台北艺术大学建筑与古迹保存研究所）；谢以萱（台湾大学人类学系）；许明霖（台湾"中央"大学艺术学研究所）；林孟荪、陈仲甫（兰阳技术学院建筑系）；黄雅雯（高雄市立历史博物馆）；林义焜（台湾清华大学）。

2012年度（51人）

陈国宁；孙华；周俭（同济大学建筑与城市规划学院教员）；江美英；赵春晓（兰州建筑科技大学教员）；寇怀云（同济大学城市规划研究院职员）；赵瞳（清华大学建筑设计研究院职员）。

陈筱、陈元棪、王晴峰、张林、袁怡雅、刘昇宇、韩博雅、王小溪、朱伟、孙雪静、张锐、娃斯玛、刘婷、李楠、李可言、王斯宇、杨凡、刘天歌、尚劲宇、张予南、李寻球、张林（北京大学考古文博学院、社会学系）；曾真、董真、庞慧冉、刘小漫、卞晶喆、白雪莹、单瑞琪、张琳、俞文彬（同济大学建筑与城市规划学院）；石泽明、陈海波（中央民族大学民族学与社会学学院）；刘若阳（北京中医药大学毕业生）；陈沛好、蔡泽莹、曾正宏、张康容（台南艺术大学）；段品淇、叶怡麟、龚琳雅（云林科技大学文化资产维护系）；杨贵雯（台湾）；林欣鸿（台湾清华大学）；林孟荪（台湾高雄大学）。

2013年度（42人）

孙华；朱萍；王红军、杨峰杨（同济大学建筑与城市规划学院教员）；赵春晓（兰州理工大学建筑学系教员）。

陈筱、李光涵、尚劲宇、王一臻、尚劲宇、吴煜楠、王宇、冯玥、王云飞、陈时羽、张夏、张高扬、张林、王思怡、温筑婷、张锐、刘畅、李唯、张予南、徐团辉（北京大学考古文博学院）；巨凯夫、门畅、尹彦、魏天意、娄天、陶思远、王正丰、陈艺丹、朱佳莉、罗蓝辉、陆盈丹、李缘圆、韩瑞、郑晓义、冯艳玲（同济大学建筑与城市规划学院）；曹玉钧（北京林业大学园林学院毕业生）；于炳清（南京解放军理工大学）。

2014年度（39人）

杨树喆、海力波、冯智明（广西师范大学文学院教员）；赵晓梅（北京建筑大学建筑学院教员）；孙华；郭炳红（贵州安顺市文物局退休干部）。

陈容娟、李哲、党延伟、谢雪琴、蔡检林、徐田宝、梁腆、彭翀、杨斯康、谢耀龙、李婉婉、周洁、辛海蛟、甘金凤、赵家丽（广西师范大学文学院）；李光涵、张巳丁、冯妍、尚劲宇、孙静、加娜古丽（北京大学考古文博学院、社会学系）；解博知、张逸芳、吕妍（北京建筑大学建筑学院）；于炳清、陈罗齐（南京解放军理工大学）；张力、杨中运、郑耀华（兰州理工大学建筑学系）；黄雨博（四川大学历史文化学院考古系）；Suvi Ratio（苏葳，芬兰赫尔辛基大学人类学系）；陈会、陈燕（贵州省文物保护研究中心）。

2015年度（12人）

石鼎（复旦大学文物与博物馆学系教员）。

李光涵（北京大学考古文博学院）；孙静（北京大学社会学系）；王霁霄（清华大学规划学院）；殷婷云（清华大学建筑学院）；石本钰、冉坚强、张芬（贵州民族大学民族学系）；刘威（山西大学考古学系）；杜菲（京都大学景观学系）；Joel Wing-lun（黄智雄，哈佛大学历史系）；张力（志愿者）。

——以上共计309人，没有注明教员身份的均为研究生和本科生。其中博士生陈筱、李光涵曾两次以辅导员身份带队，特此说明。

第 一 篇
四川丹巴县克格依村调查简报

一、概述

　　克格依村是四川省甘孜藏族自治州丹巴县中路乡境内的一个的藏族村寨。该村辖区内有乡政府驻地、中路乡小学、乡卫生院、乡信用社等机关部门。改革开放以来，丹巴县和中路乡政府重点建设克格依村，以该村为试点，推行了新村建设和社会主义新农村建设项目，使克格依村的环境面貌发生了日新月异的改变。克格依村风景秀丽，尤其是退耕还林以后，村里的植被恢复得很好；现有的5座古碉楼内，包含了中路乡仅存两座可以攀登到顶的碉楼之一；转经塔、塔子等宗教建筑，与风格独特的藏族民居间错分布于农田林间。克格依村在中路乡的核心地理位置，为该村旅游开发提供了优势。近年来丹巴县旅游局在克格依村修建了旅游路，部分村民开始提供食宿接待，来村里旅行的人越来越多。在这种背景下，如何客观真实地记录克格依村的历史、现状，如何将发展与保护相结合，既实现克格依村的建设开发、提高村民生活质量，又保护该村的传统文化、宗教信仰、风俗习惯、文物等，使其不被破坏乃至消失，成为迫在眉睫的问题。

　　自2007年以来，由北京大学考古文博学院的孙华教授主持的贵州、四川地区少数民族村寨暑期调查项目逐渐开展，该项目吸收了包括考古学、民族学、社会学、建筑学、艺术学、园林设计等多学科的专业教师、研究人员、学生共同协作，至一些急需调查和保护的村寨进行调研。克格依村被列为2010年调查的村寨之一。

　　本次调查采用的方法以调查者亲自踏勘所见为主，通过这种方式研究包括房屋的结构、建筑物分布、道路交通、村落环境、村寨布局、村民行为方式和服饰等内容；同时尽可能与村民交流，采用访谈的方式，以了解传说故事、历史沿革、宗教信仰、生活面貌、风俗习惯、教育状况等内容。调查始终在年代学的框架下进行，同时关注村落的空间结构，采用纸笔记录、照相、录音、录像、绘图等多种手段，力求详尽真实地记录下调查的内容。

本次克格依村的调查从2010年7月10日开始，至7月18日结束，由北京大学考古文博学院学生郭明和台南艺术大学学生王净薇负责，对该村的历史传说、文物遗迹、民居道路、风俗习惯、饮食服饰、经济建设、村政设施等进行了全面细致深入的调查。在调查结束后，于2010年7月21日—7月25日，以调查的第一手资料为主，结合丹巴县志等基础数据，撰写了这份报告。

调查日记由郭明、王净薇录入；报告第一至五章和小结，由郭明执笔；第六至十章由王净薇整理。

二、地理环境和资源

克格依村位于四川省甘孜藏族自治州丹巴县中路乡。

甘孜藏族自治州位于四川省西部，青藏高原东南缘，属横断山系北段的川西高山高原区。东邻阿坝藏族羌族自治州和雅安地区，南连凉山彝族自治州和云南迪庆藏族自治州，西沿金沙江与西藏昌都地区相望，北连青海玉树和果洛两个藏族自治州。全州总面积15.3万平方公里，辖18个县，325个乡（镇），2458个行政村。甘孜州介于东经97° 22′—102° 29′，北纬27° 58′—34° 20′之间。地面平均海拔3500米，地貌分为高原、山原、高山峡谷三大类型。

丹巴县位于甘孜州东部，介于东经101° 17′—102° 12′、北纬30° 29′—31° 29′之间，与道孚县、康定县和阿坝州小金县、金川县接壤（图二—1）。丹巴县面积为5649平方公里，东西最宽86.9公里，南北最长105.7公里，属岷山邛崃山脉的高山区，大渡河自北向南纵贯全境，切割高山，立体地貌显著，是川西高山峡谷的一部分。境内地势西南高，东南低，全县最高海拔5820米。县城海拔1800米，距州府康定137公里，距成都368公里。全县总人口6万左右，县境内居民以藏族为主，占总人口的65%；其他有汉、羌、回等民族。丹巴县辖1个镇、14个乡、181个村。丹巴县是嘉绒藏区古碉楼最集中的地方，有"千碉之国"的美称；这里的嘉绒藏寨也别具特色。

中路乡村落集中坐落于小金川东岸山坡半山腰的一个开阔平地上，西距丹巴县城9公里，北邻聂呷乡，东北邻岳扎乡，西北邻革什扎乡，南邻梭坡乡。其GPS坐标为北纬30° 54′，东经101° 56′，海拔2200米上下①。克格依村位于中路乡东部（图二—2），北为波色龙村，东为罕额依村，南为呷仁依村，西为基卡依村。该村三面环山、中部平坦、水源丰富，辖区内有乡政府驻地、乡小学、乡卫生院、乡信用社等机关部门。

---

① 《四川甘孜藏族自治州丹巴县·中路乡》，《城市画刊》2008年01期，第148页。

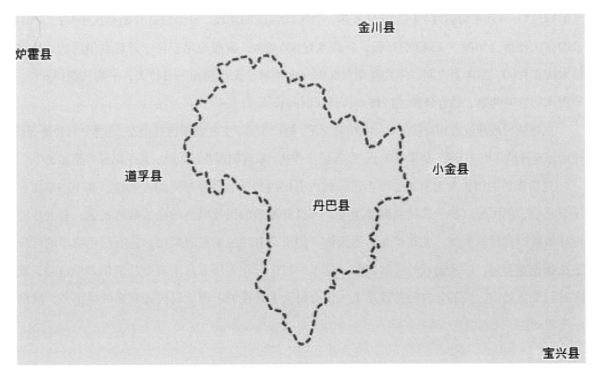

图二—1　丹巴县位置图

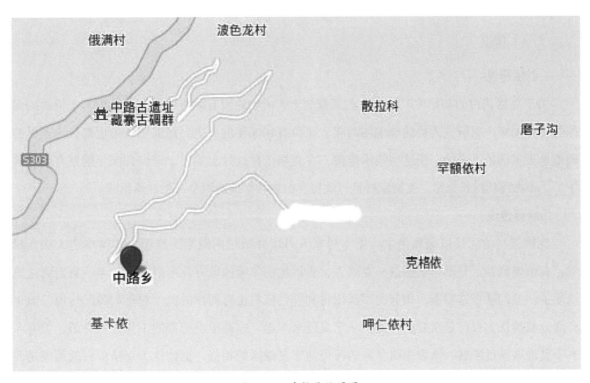

图二—2　克格依位置图

丹巴县属青藏高原型季风气候，呈垂直带分布。山顶与河谷的气温相差24℃以上。年平均气温14.2℃，1月平均温度4.4℃，8月最热，月平均温度22.4℃。每年12月开始至次年3月，4500米的高山路面会结冰。无霜期316天，年降水量600毫米，日照充足。位于丹巴县境内的克格依村海拔在1800—2100米之间，年均降雨量500—600毫米，无霜期207—217天，平均气温13.6℃，粮食作物普遍两熟，适合各种经济林木，日照时间长[①]。

克格依村地理位置相对较好，水源相对充足，物产丰富。主要农作物有小麦、玉米、马铃薯等。村民普遍种植花椒、核桃、苹果、李子、梨等经济作物。家畜饲养业较发达，几乎家家养猪和奶牛。

克格依村的历史文化资源也很丰富。村内有国内独有、世界罕见的古碉楼，其中一座保存还很完整，仍可通过梯子攀爬到碉楼顶端；有具有浓烈的民族风格的嘉绒藏族民居；有大片的树林植被；村民的服饰，尤其是女子的服饰，仍沿袭着传统的藏服风格；还有特色浓厚的传统婚礼和丧葬习俗，以及虔诚的宗教信仰。这里的村民每年农历七月十五要赴墨尔多山庙会，农闲时间要去转山，大部分村民尤其是老人仍有每天去转经的习惯。村内还有嘉绒风情节、跳锅庄等活动。

三、传说和村寨历史

（一）传说

1.创始传说

关于克格依村的创始传说极少，在调查的十天内始终没有访查到这方面的内容。但村内保存的几座碉楼，据研究人员的碳十四测年，至少有1000年的历史。访谈中村民也都认为本村的碉楼是千年前传下来的。据这些线索推测，在克格依村这片土地上，至少1000年前就有藏人居住了。根据现任村长介绍，克格依村是行政村，由1949年前的两个自然村落组成。

2.族源传说

克格依村的居民以藏族为主。据本村老人丹增介绍村内藏族的族源，传说本地人从西藏来，有位神仙养了只羊，交给这一支族人，告诉他们羊死的地方就可以安家。羊一直走到这里就死了，他们就在这安家。相邻的罕额依村和呷仁依村也有同样的关于村落起源的传说。但也有部分藏族认为自己是西夏的一支，从宁夏迁来本地。据县里组织部的工作人员介绍，曾有人去宁夏地区做过考察，认为中路乡人的习俗与宁夏地区的相似，据此认为克格依村的藏族是西

---

① 以上资料来自乡政府克格依村发展规划资料。

夏后裔。但具体情况如何，当地人已经说不清了。

比较这两种族源传说，西藏说似更为合理、可信；而西夏说可能与丹巴县的羌族人的族源传说混淆了。

本村还有部分汉族人。据村民丹增介绍，汉族均从外地迁来，有的是1949年前就来的，有的是1949年后迁来的。1949年前来克格依村的汉族多是来这做生意的，失败了就在这租种土地安家，其中安岳、徐宁人最多，重庆人也有。还有很多汉族是逃难来到这里的，如村内的王家人约是四代以前从阿坝逃难来到本村的。而今年已经96岁的张姓老人，自称是20岁左右时跟着部队从简阳迁来本村的。1949年后迁来克格依村的则有部分是因为工作需要，如一位个体司机拉吉，父母是从事林业工作的，他自称祖籍在内蒙古，是成吉思汗的后代，祖先在夺皇位时失败后迁到雅安的，1960年前后父母因为林业工作需要从雅安搬迁来克格依村。

（二）地方史志

克格依村乃至中路乡都没有自己单独的地方志，关于其历史，仅能从四川省丹巴县志编纂委员会编写、1996年出版的《丹巴县志》相关记载中窥得一些模糊的线索。

据史书记载，丹巴县境在秦汉时为西羌领地，隋代为嘉良夷地。唐代置东、西嘉良州，隶雅州，后被吐蕃所据。宋仍置东西嘉良州，属吐蕃等路宣慰使司都元帅府。明属长河西鱼通宁远宣慰司。清康熙三十九年（1700）置革什扎安抚司和巴底安抚司。康熙四十一年（1702）置巴旺安抚司。乾隆三十九年（1774），巴旺、巴底安抚司升为宣慰使司。乾隆四十四年，置章谷屯，隶美诺直隶厅（后改称懋功厅）。1912年，国民政府重置丹巴县。1913年川边经略使派员勘定丹巴县界，宣布"从此废土司，夷汉平等"，规定中路十二村寨由第三区管辖。1917年丹巴天主堂开办教会学校。1921年兴办国民学校，其后陆续开办县立小学和女子学校。1935年红军长征过境，建立了丹巴县苏维埃政府（后又改名为丹巴县格勒得沙苏维埃政府），其中第四区辖中路（含克格依、呷仁依、基卡依、波色龙等村）。1950年丹巴和平解放，1951年成立丹巴县人民政府，全县设3区1镇12乡，中路乡辖呷仁依等3保，乡公所驻呷仁依村，归川口区管辖。1959年将中路乡插花在岳扎乡境内的上纳顶村归岳扎乡管辖，将岳扎乡与中路乡接壤的上折龙、下折龙、里然龙、小纳顶等自然村寨，划给中路乡连片管理。此后丹巴县区进行过多次改革，直至1986年设置15个乡、1个镇的建制一直沿用至今。中路乡辖5个行政村，7个自然村，乡政府驻地在克格依村。从1986年开始，克格依村一直是中路乡政府所在地。

（三）碑刻、题记

克格依村唯一的碑刻是2007年8月由丹巴县人民政府修建的一个石碑，上书"社会主义新农村建设 中路乡克格依试点村"（图三—1）。

图三—1　克格依试点石碑

四、村落结构

克格依村是由两个自然村寨（名称不确定）合并而成的一个行政村，从建立起，就被设为中路乡政府机构所在地。但克格依村的布局并没有经过统一规划，而是在此前两个自然村寨的基础上发展而成现在面貌的。多年来克格依村的建筑经过多次翻修和兴建，但整体布局没有太大改变（图四—1），村内约一半的村民都集中居住于农田西北面的平坦地带。这里民居之间交错着种植了核桃、苹果、李子、梨等树木；房屋周围和林地间，见缝插针地开辟了种植辣椒等蔬菜的小块农地。这片区域是村子的核心区，乡政府、乡卫生所、乡信用社、中路小学等均位于此。大致可分为中心区、农田区、林区三部分，其中中心区又可分为行政区、商业区、宗教活动区、文化区、居民区几个部分。

图四—1　克格依村空间分布图

（一）村子核心区布局及功能区

中心区位于克格依村的西北部。据村民罗布、丹增等回忆，最初以克格依村为中路乡政府驻地时，是没收了丹增爷爷的房子（他被划为地主），设为乡政府办公室；原来的卫生所是1956年建立的，在现在乡政府门前的路口；而中路乡信用社则始建于1965年。据乡、村干部和村民介绍，这块区域在他们记忆中变化不大，大体上始终保持着现在的格局。现在中心的东部是行政区，为一个大院落，西侧和北侧的3层楼房是乡政府办公楼；东侧的一栋两层建筑是乡卫生院所在地；南部的两层小楼是乡信用社所在地，都是2006年新修建的。

商业区包括一座原来贩卖日用百货、生产资料、农资材料等但现已废弃的百货商店和仓库及三家小卖部，都位于现乡政府北边，之间有一条路相隔。废弃的百货商店建于1956-1957年，当时叫农业供销社，80年代改革开放以后叫贸易小组，在1998年前后，租给私人经营，2008年国有资产重组，这栋楼以8万元的价格卖给了本村人，是一栋以砖和水泥修建的楼房。但是购买者并没有使用这栋楼，算是买下了这块地而已。据介绍，在2008年以前，村里就陆续开了几间小卖店。现在克格依村共有三家小卖店，一座在乡政府门外的路口，一座在小学门口，另一座在乡政府路口向上20米处。这三家小卖店间隔不到50米。

　　宗教活动区包括一座转经塔和两座白塔。转经塔位于乡政府西侧的然姆色洛家屋后，据村民拉吉介绍，这座转经塔久已存在，近年因为破旧而重新修建。一座白塔位于乡政府北侧的百花波旁边（图版一），另一座位于中心区东部的格鲁波北边（图版二）。这两座白塔的修建年代，村民已记不确切，只说很早就有了。

　　文化区是指位于乡政府东侧的中路小学。据中路小学校长张发明介绍，中路小学始建于1957年，2006年在原天主教堂的废址上重建，校舍翻新，形成现在包括一栋教学楼、一栋宿舍楼、一个学生食堂和一个操场的格局（图版三）。

　　中心区的民居环绕在上述几个区之间，建筑相对集中，互相之间以道路相连，其间有小块田地和树林。据村民丹增回忆，1949年前后中路乡有两百多户，克格依村不到五十户。克格依村村长回忆说20世纪80年代这里有55户，共355人；现在克格依村有72户，共353人。这三十年来，户数增加了，但人口总数没有变。1982年改革包干到户以后，住房的样子没有改变，房址没有改变，但是绝大部分都经过翻修或新建。中心区的外缘是农田区，分布在村中部略偏北的范围内。克格依村现有耕地面积473.2亩，大部分农田都在这个区域。

（二）村落及周边田地

1.周边山林、田地、民居

　　克格依村面积大致呈一个不规则的椭圆形（图四-2）[①]，北、东、南三面环山，东邻罕额依村，南邻呷仁依村，西邻基卡依村。村内民居、碉楼与田地交织在一起。整个村庄地势由东南向西北倾斜，大致形成四个地带。

　　山坡位于村子的东南部，民居少，多散落于山坡上，与树林、田地交错分布。这片区域林木多植被较好，农田数量不多面积较小，分散在山势略平坦之处。坡脚向平地的过渡地带因地势开阔平坦，基本上全部都是农田，有沟坎的地方，一般种以花椒、果树等树木。据丹增介绍，1949年前，这片山坡上有很多碉楼，50—60年代拆掉了绝大多数碉楼，用拆下来的石材修建民房、晒场、饲养场、梯地。以前这片山坡上还有很多古树，包括白杨、黄杨、杨柳、榆树和核桃树，其中很多可能是上千年的古树。20世纪50年代开展合作化，在这里大量砍伐树木。丹增回忆，那时有五六十人住在克格依村，专门在山上砍树，很多老树都是在当时被砍的。被砍伐的树木用来盖房、烧柴，或经水路运到外地。改革开放以后，陆续将山坡上修建的梯田退耕还林，现在克格依村退耕还林面积共188.72亩。

---

① 图中的克格依村范围为大致圈定，未经准确测量，仅为示意图。

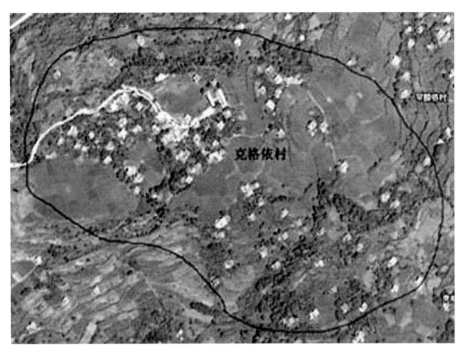

图四—2　克格依村空间范围图

村子最北部为一条狭长的山坡，林木茂盛，民居只有寥寥数家。山坡西部农田较多，但受山势地形限制，农田一块块分布在山坡上，农田之间有山坎隔开，大致呈阶梯状。

2.村外其他用地

克格依村的田地、退耕还林的土地均分布在村庄范围内，村外用地极少，仅有放牧或采集蘑菇、天麻、石材等活动会在村庄范围以外进行。

放牧可分为集中放牧和个人放牧两种。

（1）集中放牧是指全村的耕牛都在农闲时集中到一起，和其他村的耕牛一起，由乡政府雇人，到山上牧草茂盛的地方统一放牧，每户要给雇来放牛的人一定数量的钱。据中路乡主管农业和科技的负责人郑建平介绍，克格依村的耕牛一般4-5户一头，或2-3户一头，是几户搭伙买的。中路乡大约有几百头耕牛，没有确切的统计资料。村民还介绍说，山里的草很茂盛，长势好，所以中路乡的公共牛场建在山里，要翻山过罕额依村的后边才能到。中路乡有大、小两个牛场，到大牛场要两天时间，中间会经过小牛场。

（2）个人放牧是指有些村民会将蓄养的牛羊送到村外的山上放牧。如村民甲梅介绍，他家爷爷在世时曾经养过羊，每天都要到罕额依村东北以外的山上去放羊，晚上要将羊赶回家。甲梅爷爷过世后，因为山路太远，家人没有时间每天去放羊，就不再养羊了。现在村内的村民家家都养奶牛用以提供牛奶和酥油，他们每天早上会将牛赶到村东南的山坡林地间放牧。这些山坡有的已经超过克格依村的界限，进入罕额依村或呷仁依村的范围。

在采访乡长时，他介绍了当年各乡的乡长以及村长等干部聚在一起，讨论这里划分各乡界和各村界界线的情况，多是以山峰、山沟、碉楼等比较明显的地貌形态或者标志性建筑为界，而没有进行准确的测量和标记。包括当时和现在的村民的田地，也都是一个大致的范围，而不会精确地测量和标记。而村落周围没有划入任何一个村的山林，则为共有资源，村民都可以去放牧、采集和开采石材。

克格依村村民农闲时也会进行一些采集活动，如采集蘑菇、天麻等，以贴补家庭收入。少数人会在村庄以内采蘑菇，但产量很少，多数人会翻过呷仁依村外的山去采蘑菇和天麻。据村民介绍，山上的蘑菇和天麻数量多，比较好采。村民甲梅介绍，无论是村民放牧还是采集蘑菇等作物，都可以跨越村界进行，这里的村民都不会拒绝和反对。

因为克格依村已申报文化遗产保护项目，县政府明文规定，克格依村的民居必须尽量保持藏族民居的传统，不许修建与景观不和谐的现代建筑。实际上，因为石制房屋相对于现代房屋来说，更适合这里的环境，粘合性好，更加坚固，所以当地百姓还是喜欢传统的建筑。因此克格依村的房屋，至今仍然全部是用石头修建的。村里老人罗布介绍，无论过去还是现在，开采石材都有专门的人，不是每个人都能去开采石头的，采石人会在冬天到附近的山上去采石头。

（三）村寨道路体系

村民回忆，1999年以前村里没有专门修建过道路，只有日常行走形成的普通土路。据村长介绍克格依村1999年修建过一次道路，当时投工投劳修了一部分，但距离很短，只是将原有土路扩宽，以至于大部分村民对这次修路几乎没有印象。村里大规模修建道路，是从2003年开始，如今克格依村的道路体系已比较发达，包括通乡水泥路、通村土路、旅游石子路、村民日常行走的普通土路和田间及林间小路几种（图四—3）。各类道路交错，将克格依村的各个功能区之间及村内与外界紧密相连。

（1）通乡水泥路（图版四）自西北向东南贯穿克格依村，从乡政府驻地向西北通向县城，向东南随着山路蜿蜒，通向罕额依村。这条路在黑塞波附近分出一支，自北向南，通到格那波南侧。通乡水泥路是2002年开始陆续修建的。据乡干部郑建平介绍，2002年县里投资53万元建了500米水泥路。2004、2005年改造道路，又修了部分沥青路。而延伸到村内的水泥路是2008年修建的，是新农村建设项目的一部分。乡里原计划将克格依村的通村土路全部改建成水泥路，但受资金限制，无法施行。

（2）通村土路（图版五）与通乡水泥路等宽，共有三条，都与通乡水泥路相连：一条在村北部，从中路小学开始，向西北延伸通往波色龙村；一条在村南，从水泥路开始自西向东，通到罕额依村；另一条甚短，从乡政府驻地通向开办旅游接待的东波家。

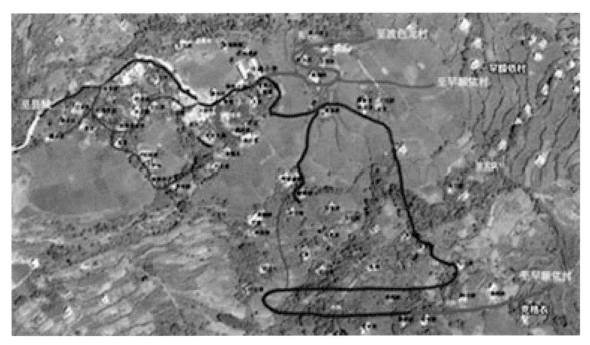

图四—3　克格依道路图

（3）旅游石子路（图版六）是2008年由丹巴县旅游局出资修建的，共有五条，分别与通乡水泥路、通村土路、普通土路相连，沿途经过克格依村的主要景点。据村民介绍，这些旅游石子路是在原来普通土路的基础上修建的。三条石子路在村中心区：第一条在中心区西北，从通乡公路通到最西边的国多波家；第二条与第一条相连，自西向东，从东侧的国多波家门前通往乡政府驻地；第三条与第二条相连，自西北向东南，从然姆吉末梭家通到村长家。第四条在村东北，从高迪波家附近的通村土路开始，自西向东，通往罕额依村。第五条在村中南部，从格那波家附近的通乡水泥路开始，自北向南，在切达波附近与通乡水泥路相连。

（4）普通土路（图版七）是村民日常行走的道路，宽一米左右，汽车无法通行。克格依村几次修路都是在原有道路的基础上扩宽加固，故现在村里的普通土路已不多，共五段，断断续续与通乡水泥路、通村土路以及旅游石子路相连。一段在乡政府驻地南侧，从通村土路通到老村长家门口；二段从东波家开始向西，经过二希嘎东家和村长家，与旅游石子路相连；三段从东波家房后，经唐家，与通乡水泥路相连；四段在村东北，从张家门前的水泥路开始，向东北，经过一座塔子，与通向罕额依村的旅游石子路相连；五段在村东部，从4号碉楼附近的水泥路开始，蜿蜒向东通到罕额依村。

（5）克格依村还有很多田间及林间小路，大部分位于农田区和林区，交错分布在民居、田地、树林之间。这是村民为了就近方便所使用的道路，非常窄，仅容一人行走，使用率不是很高。

根据乡干部郑建平提供的材料，2007年，克格依村已有主干道四级油路1.5公里，无等级公路2公里，农用车、拖拉机等车辆能正常行驶。在此基础上，设计了克格依村道路建设目标：按四级水泥和沙石路面标准新建和加宽改造通村公路2公里，加宽改造村内公路2公里，路面宽度为3.5米；按1.2—1.5米的宽度，建设普通土路，解决72户的所有入户硬化便道，并要新建入户便道2.5公里。政府财政计划对水泥路面的修建投入50万元，农户自筹和投工投劳折资9万元；通村土路（沙石路面）政府投资15.36万元，农户自筹和投资投劳折资7.6万元；普通土路（入户便道）政府投资10.5万元，农户自筹和投资投劳折资4.5万元。新农村建设项目非常重视对克格依村的道路建设，计划在2008年完成。

如今，克格依村的道路交通修建已基本结束，村内道路状况大有改观。我们在调查中，不时会遇到村中妇女清扫道路，据她们介绍，是乡政府请她们来清扫的，一周一次。调查中还遇到了在村道班工作的冲麦，他说道班的工作都是兼职，路况不好时负责修理和维护。但农闲时他会自愿去维修道路，村里很多人都是如此。

（四）给水和排水设施

中路乡已经封山育林二十多年，但最大的问题还是缺水。从20世纪60年代起，克格依村就使用水渠从山上引水灌溉；但过去村民的日常饮用水是要自己去背的。村民回忆直到1984年，还是有背水的村民。直到2002年兴村扶贫以后，克格依村的用水状况才有所改善，尤其是2007年的新农村建设以后，村民用上了自来水。那时主要是富裕的家庭，个人修水管引水到家；2009年政府出资改建给水系统，克格依村家家户户都用上了自来水。

乡干部郑建平给我们提供了2007年新农村建设对克格依村的给水系统制定的改造计划。人畜饮水方面，管道架设及蓄水池土石方开挖由村民投工投劳完成，农户入户分水管道自备。财政补助主水管道及蓄水池材料款，概算资金5.8万元，其中财政投入4.6万，由农户自筹和投工投劳折资1.2万。农田水利方面，"三面光"水渠（图版八）概算投资7万元，水塘维修概算投资11.2万元，管道概算投资4.4万元，二次搬运费概算5.4万元，其中财政投入20万元，由农户自筹和投工投劳折资8万元。克格依村水利建设概算投入资金33.8万元，其中，政府财政投入建设资金24.6万元，由农户自筹和投工投劳折资9.2万元。截至2007年，要安装主管0.5公里的架设，人畜安全饮水管道共4公里的架设，完成2口16立方米蓄水池建设。截至2008年，要完成新建"三面光"水渠2公里，完成维修农田水利水塘2口。

现在克格依村及附近的罕额依、呷仁依等四个村均从高山上的水池取水，是把雪山的融水引到建在山顶的大水池，再从大水池修管道，引入各村。引水的水管都是埋在地下的，灌溉和饮用水都是同一来源。据乡干部郑建平介绍，目前克格依村的灌溉水渠已初具规模，可灌面积达100%，保灌面积65%；人畜饮水问题已基本解决。同时村里还大力植树造林，建设经济林地，防止水土流失，改善水质。

我们在调查中发现，克格依村村民的人畜饮用水问题已经基本解决，家家户户都使用自来水。但因为水源是山上的露天水池，下雨天水中就会含泥沙，水色变黄，雨越大，水质越差。经村民介绍，自来水有时会断流，这里几乎家家户户都用水缸（图版九）储水以备不时之需。

在林区、农田区及中心区都可见到纵横交错的水渠。村民介绍，这里自20世纪60年代起就使用水渠引水，最开始是木渠，后来才改用水泥槽。现在的灌溉用水从山上的大水池经水泥槽引下来，顺着地势，沿着道路一侧，自上而下修建水渠，在需要灌溉的地方，分岔引到田地中去。克格依村林地上端，还修建了两个露天的水塔（图版十），旱季可以蓄水备用。但由于克格依村地处山地，雨后常有泥石滑坡，堵塞水渠，这里的村民雨后会自愿前来清理打扫。

克格依村没有专门的排水系统，由于处于山坡上，地势南高北低，水沿着地势流到山下，汇入河中。

（五）公共广场

克格依村的村民活动包括文艺、体育、宗教等几方面，主要的活动场地在乡政府大院、村党团活动室、中路小学操场、转经塔和塔子。

1. 乡政府大院

乡政府驻地院内有个很大的水泥地面广场，现在村内的大型舞蹈活动多在这个院子里举行。乡政府驻地门口有一条很长的水泥台阶，村民闲时会到这里来寻人聊天。调查中我们经常在乡政府大院门口遇到在闲谈的村人。

2. 村党团活动室

在乡政府楼后边，有一栋以砖和水泥建成的现代风格的楼房。据村民介绍这是村党团活动室，2008年建成，是村委办公地点，也是村里各种聚会的地点。据乡干部郑建平介绍，原有的活动场所只有90平方米，已经不能满足村民日益增长的精神需求。2007年新农村建设时，在原有的活动地点基础上，维修扩建成现在的200平方米；并将原来150平方米的活动坝子扩建为占地500平方米的活动场所。修建时政府投资24万元，由农户自筹和投工投劳折资6万元。修建的目的是为村党、团组织提供商讨村内事务、安排部署工作、召开群众大会、集中学习的地点，也用以组织村里的文艺活动。

但据村民介绍，村干部平时也要务农，几乎不到这里来办公，只是有事时才来。而活动室前的广场，使用率也不甚高。

3. 中路小学操场

中路小学院内有个水泥地面的篮球场，平时村里的老少男子经常来打篮球。我们调查的几天，正值丹巴县篮球赛。这是县里组织的农民运动会的一部分，篮球赛五年一次，今年是第二届，这次有十五个乡镇参加。包括克格依村在内的中路乡的篮球手们每天在这里训练，很多中路乡与外乡的篮球赛都在这里举行，如中路乡和巴旺乡的比赛。

篮球场旁边还有一块空地，村民闲时经常来边看篮球手训练边聊天。遇到比赛时，有时间的村民几乎都会来观看。

4. 转经塔

转经塔是由村民共同修建的，各村人均可来转经。克格依村只有一座转经塔，在然姆吉末梭家北边，从旅游石子路经过一条狭窄的小路可到。司机拉吉介绍这个转经塔自古就有，近年因为残破，村民共同出资，在原来转经塔的地点重新修建。平时转经人自行打开房门，转经后关门离开。我们几乎每天去观察，发现来这里转经的多为年长的妇女，多数在上午来。她们说村民不论男女老少几乎都转经，但是年轻人要务农工作，平时没有时间来，现在经常转经的多是老年人。

5. 塔子

据色拉科寺的喇嘛介绍，塔子是转经所用。克格依村有两座塔子，一座在百花波家北边，一座在五切波家北边。沿着塔子一周我们看到了一条经常行走从而被踩出来的小路，但是我们几次路过塔子，都没有遇到来转经的人。可能去转经塔转经的人多，来塔子的比较少。

（六）村内房屋类型

克格依村的建筑大多保持着藏族建筑的传统，现代风格的极少。按照其形态和功用，可分为民居、碉楼、商店、学校和政府办公场所几类。

1. 民居

克格依村的民居风格独特，保持着强烈的藏族特色。其格局大多是随地形修建，院落地势多高低不平，院子内有独立的猪圈、一小块农田，栽植数棵核桃树和李子、梨、苹果等果树。不论院门开在何方，主体建筑都是坐北朝南的几层楼。老房子多为三层，新修建的房子多为四层。

2. 碉楼

克格依村现有古碉五座，散落在民居和田地间。保存最好的为康波古碉，也是目前丹巴县仅有的两座能登顶的古碉之一。康波古碉在村民罗布家院内，罗布家的房子依碉而建，可以从他家的房顶进到古碉中，沿着梯子爬到碉顶。一座在然姆吉末说家北边，保存比较完整，但木质的楼梯和门窗都已朽烂。一座在东波家院内，石质碉体保存亦比较完整。另两座残损严重，仅存三、四两层，一座在张家东侧，一座在村东科百波附近。

然姆色洛的母亲、丹增和桑巴等本村老人介绍，以前克格依村的碉楼很多，后来陆续被拆掉了，仅存这五座。

3. 商店

属于商店性质的建筑共五座：一座是乡政府驻地北边废弃的百货公司楼，以砖和水泥建成；一座是废弃的仓库，在乡政府东侧，也是一座砖和水泥建成的楼房；三座小卖店，都是简陋的以石头和木材搭建而成的小平房，面积都很小，仅能放几个货架和一个柜台。

4. 学校

中路小学的校舍共有三栋楼，都是以砖和水泥建成的现代建筑，教室里都是水泥地面。中路小学校长张明东介绍，以前的小学是瓦房、木地板。

5. 政府办公场所

乡政府、乡卫生院、乡信用社和村党团活动室都是现代风格的楼房，以砖和水泥制成。

五、村寨的构成单元

（一）家庭住宅布局

村里的基本住宅几乎都是由厨房、客厅、卧房、卫生间，与院落、圈房、仓库、晒谷场等组成。

藏族房子的布局，随着时代的演变，在需求上也有了些许变化。最初为"田"字布局。因为生活质量的改善，各家的庄稼、牲畜都增多，以往的房间数量已不敷使用，再加上种种生活习惯的改变等原因，不仅是房间数量的设置愈来愈多，厨房、卧房、院落、晒谷场等场域空间的布局也产生了变化（图五—1）。以下将比较三个不同年代、不同状态的藏族房子。

1. 旧式房子：然姆波

然姆波建于1984年，住在然姆波的奶奶是本地人，她1966年以前一直都住在碉楼里。当时几乎所有人都住在碉楼里，但都在十几年前搬离了碉楼，不再住在那里。

然姆波的房子布局是最传统的"田"字形，从侧面看是一个阶梯状（图五—2）。房子主体外面是院落，种了些简单的蔬菜，也种李子树、核桃树。地下一楼是猪圈，也作为存放牲畜粮食的仓库。

房子的一楼有一间客厅、一间厨房和两间卧室（图五—3）。在2009年政府出钱加装了沼气之后，几乎家家都使用沼气烧饭，旧式的炉子就几乎不用了，厨房场域也就很少使用，只有冬天取暖才用到炉子，煮饭与吃饭都在客厅。

二楼的布局为两间卧室与一个开放式的仓库。卧室一间是爷爷的、一间是拉吉（然姆色洛的女儿）与奶奶的，卫生间也在二楼（图五—4）。三楼是晒谷场，有一个卓日（图五—5），顶上为屋顶（图五—6）。然姆波共有三层楼。

2. 翻修房子：康波古碉

康波古碉在1987年翻修过，是在原来的房址上重建的。康波古碉的特点在于，它与碉楼结合在一起，房子主体在右边，碉楼就倚着房子的墙，在左后方耸立着。

康波古碉目前可供旅客住宿，一楼规划成为客房的形式，共有三间房，一间较小，可容纳四个床位，另外两间较大，分别可容纳七个床位，其布局基础为六个方形构成。

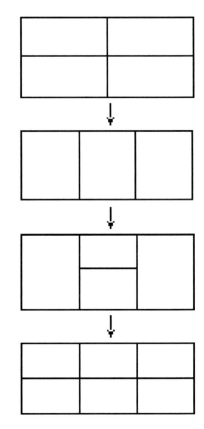

图五—1　房屋布局变化

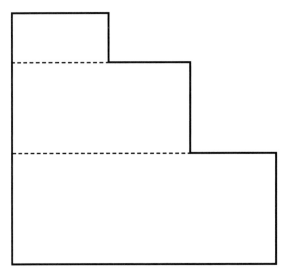

图五—2　房屋侧面示意图

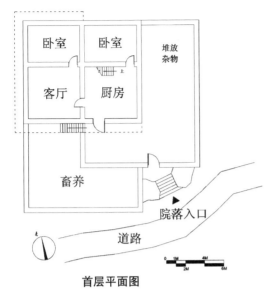

首层平面图

图五—3　然姆波一楼平面图

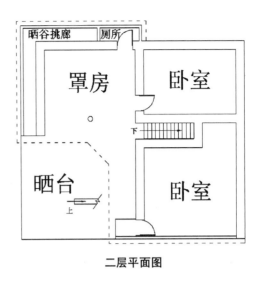

二层平面图

图五—4　然姆波二楼平面图

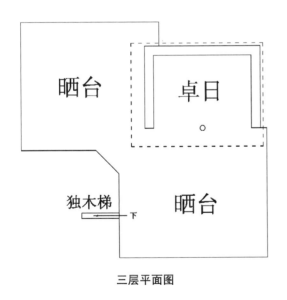

三层平面图

图五—5　然姆波三楼平面图

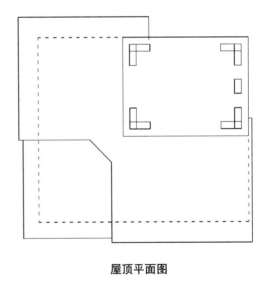

屋顶平面图

图五—6　然姆波屋顶平面图

一楼有院落，罗布种了葡萄与李子树。地下一层楼为猪圈，也作为储放牲畜粮食的地方。大门也在地下一层楼，要走一小段阶梯才到房子本体地点（图五—7）。

二楼整层为康波的卧房，但因为主人不希望被打扰，也就无从得知其布局，只知道家庭构成人员有罗布、奶奶、儿子、两个女儿与一个小孙子。二楼有卫生间（图五—8）。

三楼是两个开放式的仓库，有卫生间（图五—9）。四楼是晒谷场，晒谷场的左侧就与碉楼倚靠着（图五—10）。

从四楼攀爬梯子上到五楼就可以进入碉楼内部，再往上攀爬四层就可到达碉楼最顶端。顶端四个角落均有卓窝，卓窝上有白石，旁边插着经幡，在风中飘扬。

康波古碉共有四层楼。

康波古碉的房子主体分为两栋，上述所提及的与古碉结合的为一栋，另一栋只有一层楼，有厨房与餐厅两个场域。

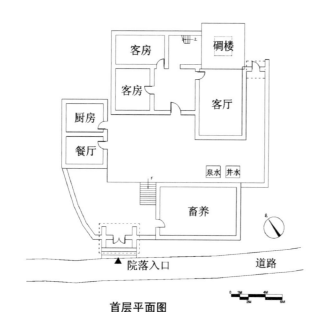

图五—7　康波古碉一楼平面图

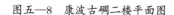

图五—8　康波古碉二楼平面图

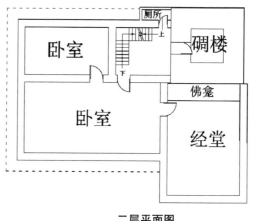

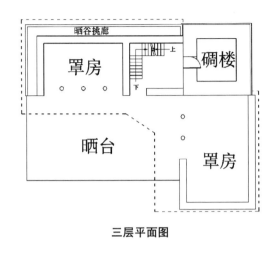

三层平面图

图五—9　康波古碉三楼平面图

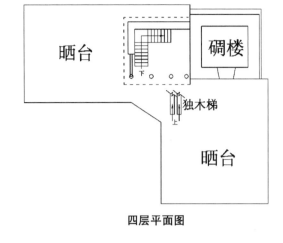

四层平面图

图五—10　康波古碉四楼平面图

3. 新建房子：黑依波

黑依波建于1996年。老房子就在附近，但因为现在的所在地地理位置较佳，离道路近，也离自家田地较近，所以决定在此兴建新屋。房间是由这家的男主人冲麦自己设计的，木工也是他自己做的。

房子主要分成两个区块，一是房子主体、二是圈房，圈房在地下一层。房子的内部布局基础亦是由六个方形构成。房子外为院落，种植简单的蔬菜，放养鸡、牛。

黑依波一楼的布局为厨房、客厅与两个仓库，厨房有灶台和沼气以及燃气灶、电饭锅、电饼铛等用具。仓库置放大量的腊肉（图五—11）。

二楼的布局主要是主卧室，共有三个房间和一间放置玉米粮食的仓库。奶奶住的那间房间共有四个床，另外的两个房间都各放置两张床。二楼有卫生间（图五—12）。

三楼有两间开放式的仓库，置放一台脱粒机，此处可作为晒谷之处。此处也储放着大量的干玉米与干稻草（图五—13）。四楼则是卓日（图五—14），沿着楼梯可到顶楼（图五—15）。

黑依波共有四层楼。

据老村长说，以前的房子比较小，现在建的比较大。主要是因为庄稼、牲畜变多，需要的空间变大，房子的布局也就有了变化。据丹增爷爷说，过去的窗子都很小，外小里大，原因有三个：一是便于采光，又不易被山风给吹坏；二是防盗，防止小偷爬进来；三是传说晚上有光亮是鬼火，认为不祥，所以窗子尽量不向外透光，晚上还要把窗子给堵起来。但是在1949年后就没有这个忌讳了，窗子逐渐变大，也没有外小里大的讲究了。

新房与旧房的差异：一是旧房通常就只有单独一栋，也就是房子本体，外围就是院落，地下一层为圈房。新房子会把厨房、客厅或圈房、晒谷场分割到另外一栋，使其坐落在房子本体的两侧，增加空间以供使用。二是对楼梯位置的布局。前两栋房子的楼梯到了仓库这一层楼就会外露，使用一根粗木头制成简便的梯子。黑依波的楼梯是在房子内部的，楼梯宽敞，攀爬很方便。三是房子的布局，从"田"字形变成了六个方形。像现在正在兴建的二溪嘎东家甚至有三个场域，中间是房子的主体，其左侧是牛棚，右侧是晒谷棚与猪圈。

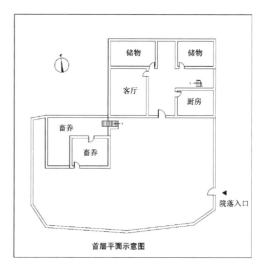

图五—11　黑依波一楼平面图

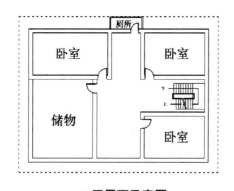

图五—12　黑依波二楼平面图

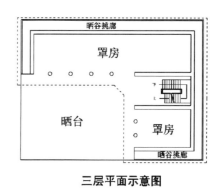

图五—13　黑依波三楼平面图

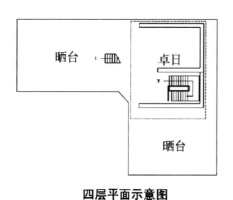

图五—14　黑依波四楼平面图

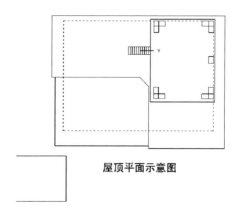

图五—15　黑依波屋顶平面图

4. 建筑材料及做法

建筑材料以石头、木材、水泥、黄土、碎石等物质为主。"开石"以前都是以人工的方式进行，其方法是将钉子钉入石头中，钉一整排使其自然裂开，但现在都改用机器操作，较省时省力。石头、木头等天然材料都可以自由拿取，就成本来讲较为经济，除了房子的四个边角需要特殊的、加工过的长方体石柱（图版十一）必须专门购买之外，其余的材料几乎不用花钱。

盖房子之前必须先绘制一张设计图，用以确定房子的布局、坐北朝南的方位、自家的需求等，并与掌握整个工程的"掌墨师"沟通后，方可开始动工。"掌墨师"由懂得结构、具有威信的人担任，是监控整个房子建构过程的一个重要人物。

盖房子都是以"换工盖房"方式进行，一户人家盖房子，全村的人都必须前往帮忙，之后当另外一户人家要兴建房子时，村民也必须前往帮忙，这是一种互助互惠的合作关系。村里的所有人均会盖房，只是手艺有差别。盖房子通常要聘请一位石匠和一位木匠，专门制作房子的结构部分，村民们就只是劳力性质的帮忙。

盖新房通常会在旧房址上修建，将旧房拆掉再建新房。所以同时会先在一旁搭个临时草棚居住，直到新房子建好入住后，才将临时草棚拆掉。

新建的房子与旧式的房子比较，其实材料不变，在做法上也没什么太大的改变。

在结构上，无论是碉楼还是一般的民房，整个建筑结构都呈现梯形结构，藏族认为这样的结构较为稳固，也不需要打地基。屋顶是用西藏阿嘎土（黄土混石子）做的，约十厘米厚的阿嘎土，再铺上八厘米厚的水泥。屋顶上设计有排水管以疏解下雨天的积水，而屋子的墙面会以草拌泥均匀涂抹其上。

屋内装修的部分，会先以泥敷墙，然后再请画师来画墙面。天花板上，会以木条架起格子，搭上由城里买来的复合板装修。修建新房至少要花四五万元。我们访问到一户刚修建了新房的人家，全部共花了15万元左右。

（二）石碉

中路乡克格依村依现存有五个碉，分别在张家附近（图版十二）、一村与五村的交界处（图版十三）、康波古碉（图版十四）、然姆色洛波里面（图版十五）以及东波藏家（图版十六）。在1949年前是不能够拆碉的，村里60年代开始大量拆碉，将碉的石材用于建房。丹增家原本有一个五角碉，在当时也拆掉用石料兴建新房。石碉也在那时被大量破坏了，许多住在碉里的人也被迫搬迁，从此碉里都不再住人。

以前建房有规定必须距离古碉50米以上，现在的限制更改为20米，因为经过测量与统计，古碉倒塌的最大范围不会到达50米，但是也会依照地形来判断与决定。

关于保护古碉，2004年得到政府的支持，获得了一些资源，政府下拨上万元经费用于维修、抢修，康波古碉就是当时抢修的。

石碉多高达20米以上。由于石碉没有地基，修筑时采用下大上小呈梯形的结构，藏族的房子也采用这样的结构，较为稳固。石碉的墙口宽达一米多，相当地稳固。"文革"后就拆了300多座石碉，用于建房、建设，修桥修路时也都会相继拆卸碉楼，以获取足够的建料。当时炸碉、拆碉，碉是一层层倒塌的，可见其结构之牢。

罗布说碉楼上的孔叫达乌，猜测是箭孔。

六、人群与社会结构

（一）家庭单元

村里的家庭通常是三代同堂，爷爷和奶奶、爸爸和妈妈、孩子们，一同生活在一栋房子里。藏族多由最大的孩子当家，没有重男轻女的观念。若是长女结婚，通常是男性嫁到家里当上门女婿，留在女方家共同持家。所以祖屋往往会由长子或长女继承，其他手足结婚后就要分家，同家族盖的新房也会以祖屋的房名称呼，但会以"上""下"或"前""后"做区别。

像然姆波，有父母、色洛和女儿拉吉、色洛的妹妹。色洛是大女儿，她共有6个姐妹，有一个弟弟在罕额依村寺庙当喇嘛，一个弟弟住附近，是村里的会计。

过多波家里有五口人，公公、她和丈夫、两个女儿。丈夫出外修路打工，她要下田工作、照顾牲口、照料家务。

老村长家现在是由大女儿当家，女婿嫁进来。老村长的大儿子是现任村长，还有一个小儿子住在山上。

（二）婚姻生育状况

克格依村，大多数还是藏族与藏族之间通婚，有部分是藏族与汉族通婚的。但当地人只要父母一方是藏族，就被认为是藏族。并且藏族是可以离婚的。

关于生育状况，根据政府的规定是可以生三个小孩，但这边顶多生两个孩子，大多数都只生一个小孩，主要的原因是负担太大，包括教育、生活费用等，一个家庭养育一个小孩长大成人就很不容易了。当地的一位妈妈说当然愿意多生育小孩，但是教育费用太高负担不起，所以没办法。

（三）家族姓氏

藏族的家称为"波"，汉族则称为"家"。克格依村共有72户人家。

波：百花波、斯期波、当朱波、高迪波、古勒波、斯七波、翁切波上、翁切波下、克郭达波、科格达波、黑依波、二希嘎东波、赤米波、然姆波、徐亚波、然朱波、古切波、达拉波、嘎那波上、嘎那波下、格那波、格鲁波、格力波、黑塞波、五切波、科百波、共古波、切达波、东古波、百恩波、格古波、莫都波、过多波、国多波、康波、唐格宗波、让卡波。

家：张家、王家、蔡家、尹家、熊家、唐家。

有些房名分房出去后会以"上"和"下"等做区别，屋宅位置在比较上面（山上）的，就会称为上，比如说嘎那波上和嘎那波下，翁切波上和翁切波下。

（四）家族群体与社会关系

藏族的家族群体关系很好，即使兄弟姊妹结婚后都已分家了，仍然会保持很好的联系与关系，有事情都会互相帮忙。例如在桑丹家工作的都是他的家族亲戚，如果有其他工作机会，都会互相通知、互相协助。

因为克格依村位处中路乡的中心，家族群体的现代社会关系比中路乡其他行政村更为丰富，可以说是其他村寨未来开放的借鉴。对于现代与传统的融合、次文化被主文化影响而逐渐消失等问题，是藏族村寨与现代社会交流后值得观察的专题。

1. 日常交往

克格依村位于中路乡核心发展区的地理位置，决定了其与外村的日常交往频繁。克格依村的商业中心，包括20世纪50年代建立、使用到2008年的百货公司，和相距不远的三家小卖店，邻近的村民以前多会到此购买日常用品。而住在村落边缘的村民与邻村村民房屋相隔比较近，如住在村东南角的梅略波与罕额依村的格多波紧邻，这两户人家均距离同村其他人家较远，这种地理分布情况使得梅略波与格多波的日常交往比较频繁。其次，这几个村之间农田相连，村民在耕作中会经常相遇。再次，克格依村村民会到山上放牧、采集，途中要穿越罕额依村、呷仁依村等，在这个过程中会遇到该村的人。调查中遇到的克格依村人，谈起外村人，虽然有很多人的名字无法记起，但互相都知道对方是哪个村的。

2. 警务往来

据村民泽仁德吉介绍，克格依村乃至中路乡都没有设置派出所，中路乡的警务由丹巴县公安局半扇门派出所管理。半扇门派出所在中路小学设立了警校共育办公室（图六—1），但在我们采访时并没有遇到警务人员。据在小学工作的泽仁德吉说，平时有警察在这里办公。

图六—1 警校共育办公室

3. 联姻往来

婚姻上的择偶也是克格依村与外村往来比较频繁的一种方式。很多村里的媳妇是从外村嫁过来的，也有克格依村的姑娘嫁到外村去。在这种婚姻关系基础上建立的亲属关系，也是本村与外村联系的主要内容。而联姻的对象包括罕额依村、呷仁依村等，但主要是罕额依村。如住在乡政府旁边的唐家媳妇，就是从罕额依村嫁过来的，因此唐家媳妇的母亲、妹妹和侄女，常常到克格依村来探望她，她也经常回罕额依村的娘家去探望。又如罕额依村的王德林，他的姑妈嫁到了克格依村，王德林经常到克格依村的姑妈家拜访，姑妈也常回罕额依村的娘家。

据村干部甲古介绍，与克格依村有婚姻往来较多的还有半扇门乡和太平桥乡，其间互有嫁娶。这种婚姻关系客观上促进了克格依村与外村的交流。

4. 教育往来

中路乡小学设立在克格依村里，邻近行政村适龄的学童都会前来就读，适龄儿童就学率100%。在学校住宿的为家庭困难和路途遥远的学生，从2000年开始国家有民族教育十年行动计划，每月给这样的学生120元补助一直到2010年，第一个十年已经结束了，现在已开始实行第二个十年计划。住宿全免费，餐费个人每月交5元，一学期交20元。学生使用的被子等用具全部是国家拨款，学校目前有70个住宿生。

老村长说，50年代就有学校可供就读，主要学习藏文，其次才是汉文。现在主要是学汉语，藏文课虽然仍旧开课，但已经被边缘化了，令人担忧藏族文化在藏寨中是否因此逐渐消失。

（五）教育状况

我们采访到了中路小学的张发明校长。他毕业于安康师范学院，经考试后分配到这里。甘孜州的教师分配是统一报名统一考试，只录取第一志愿，要求高中以上文凭，有教师资格证的均可报考。来丹巴县的主要是康师的毕业生，四川师范大学在这里有支教项目，支教生一般在这里支教半年。

公务员考试都有汉语和藏语两种，藏语好的会加分。

以川藏线为界分南、北路，北路藏文较好，其教学就是使用藏语。中路乡主要是汉语教学，现在正在推广普通话教学，明年中路小学即将进行推广。本地想学藏语的不少，主要是信仰上的因素促使人主动学习，比如为了读经。而其他人是为了将来考公务员，通过藏语考试的话可以加分。高考有少数民族加分政策，本科第一批录取院校加25分，其他院校加25分。

国家还实行9+3制度，即初中毕业的学生均可去读职业技术学校，相当于中专文凭，学费由国家负担，每年还给1200元补贴。但是后来听当地人谈及，这些人都不愿意让孩子去读9+3，因为中专毕业分配的工作都不是太好。而且通常成绩较好的学生都会继续升学，不会去读职业技术学校。

外乡也有孩子来本乡小学读书，一共有5个，主要是父母在外地打工，到本乡来投靠亲戚。本乡也有小孩去外地读书，是为了追求更好的教育环境。各乡大多是就近上学，中学统一去县城读。

我们拜访的那天正值学校进行6年级的期末考试，为丹巴县统一考试，各个乡交叉监考，卷子密封统一批改。前来中路小学监考的一位外乡老师表示，国家对教育的支持不应只限于资金、物质支持，还应该包括知识支持，比如支教等。像是克格依村的村民尼玛和甲梅都是参加9+3项目升学的，尼玛今年22岁，在四川成都学习藏画；甲梅今年21岁，在峨眉山学习中医。

（六）卫生状况

关于乡里的卫生状况，我们采访了在乡卫生院工作的杨院长。杨院长是羌族人，2006年从岳扎乡到本乡工作。中路乡的卫生院在1956年就有了，但不是在现在的地址，现在的地址只是以前的路口，2006年才兴建现在这个建筑物（图版十七）。

杨院长毕业于泸州医科大学，中西医专业，通过成人高考，三年毕业后在革什扎乡大桑卫生院工作五年。现在月薪1900元，工资是按工龄计算，由县卫生局拨款。每个乡都有一个卫生院。本乡卫生院共有5个人，其中3个是本地人，1个成都人。卫生院实行二十四小时留守制，随时有医生待命，有需要随时都可以找到医生，医生也会出诊。本院有两个病床，可以住院。

中路乡的乡民冬天来看病的较多，大部分是看感冒，还有高血压、胃病、风湿、泻肚等疾病。当地人在看病就医的同时也会转经、念经，既相信医学，也相信宗教的力量。

2007年开始实行医保改革，农民2007、2008年每人每年交10元，到了2009、2010年每年交20元，可享受医保。住院5天以上的，看病可报销70%，但在外地开药不报销，只有住院5天以上的，凭发票才可以报销。产妇都到县医院生产，国家会补贴300元，医药费可报销60%。但外伤不可报销，营养品、输血也不能报。医保卡实行全县联网。

乡卫生院根据国家规定对适龄儿童接种乙肝、麻疹、百白破、脊灰疫苗，只要在规定年限内，全都免费。每个小孩出生时都会有记录，到时卫生院会前往通知接种。每个月的13、14日是打预防针的日子。学校有时会配合组织打疫苗，如麻疹等。但牙齿、眼睛、蛔虫等方面的疾病，卫生院不会组织统一的检查和治疗。

现在全县建立居民健康档案，从2010年开始，所有人都可以去县里免费体检，县里会组织各地人在固定时间去检查。

关于牲畜的医疗，各村都会有兽医出诊，但通常牲畜若是病得不重，都会自行到卫生院买疫苗自己施打。

（七）储蓄状况

关于中路乡的储蓄状况，我们采访了本乡农村信用社主任。她是党岭人，1997年从成都理工大学毕业，经营管理专业，2002年毕业后在成都打工，2008年到这里工作。

这个信用社是1965年建的，目前有3个工作人员。工资都会正常发放，一个月三千元的工资，同时实行奖金制，自负盈亏。

这个信用社存取款较多是在春节前后以及开学的时候。3月出去打工时取款较多，9月份打工的回来存钱较多。平时每日存取款在20笔以内，春节时会达到100笔以上。存款多是活期，定期的也有，但顶多存三年，大多数都只存一年。存款额从五百元到几千元都有。取款多是二三百元，一千的也多，较多是用于住院、上学。三万元以上的取款就要预约。

信用社内不存过多的钱，十万元就会送到县城去。送、取款都是信用社的人自己办理。

这个信用社的服务范围覆盖周围5个村，凭身份证办理业务，本地人较喜欢也较习惯使用存折，很少用银行卡。存折在省内通存通兑，2008年10月10号开始全省联网。

贷款实行评级制，分五级，贷款金额为一千至五千元。贷款的人不多，全乡四百多户，约只有七八十户贷款。五万元以上的贷款需要上报,但极少。信用社还负责发放退耕还林的补贴,钱转到信用社,只负责周围村落的。

(八)村寨行政管理

村寨主要由村长负责管理与沟通的工作。村长是由村民选举产生,三年选举一次,可以无限期连任,任何人都可以参选,但主要是亲戚多的、好友多的会当选。现任村长自1999年当选至今。前任村长是现任村长的爸爸,自1989年到1999年,当了十年的村长。

中路乡的乡公所坐落在克格依村,在里面办公的有乡长、乡书记、管理农务与科技的主管等人员,主管整个中路乡的大小事宜。

(九)贫富差距状况

村里的贫富差距很大,造成贫富差距的原因有土地的多少,最多的10—11亩,少的1—2亩(4—5口人);也和家庭负担轻重、个人勤劳程度有关。村内有一个低保户,平均一年收入大约只有五百元。像是然姆色洛波家境困难,每年要向国家领取一千多元的困难补助。

另外也可以从一户人家拥有的牲畜数量、是否有私家车等方面看出贫富的差距,有些人家只有两三头猪、一两头牛,有些却有四五头猪、牛。有些人家没有车,但嘎那波多吉家却有三台车。

七、生业与经济结构

(一)农业

农业是克格依村主要的经济来源。村长介绍本村的主要作物有小麦、玉米、黄豆、核桃、花椒、李子、桃子等。待小麦收割后,会将玉米与土豆间隔种植。小麦与玉米通常不卖,小麦自家食用,玉米则作为牲畜的饲料。据村长说,一般花椒收购的价格为每斤22—26元,苹果是0.5—1元,核桃4—5元。有本村的人运送到城里卖的,也有外边的人专门收购的。克格依村有个人经营者,雇用5—8个人帮忙工作,专门收购村里的东西出去卖。

多波的女主人说家里种庄稼和果树,有苹果、李子、花椒等。收成后会进县城去卖,苹果和李子是3—4元一斤,一次带100斤去卖。如果有人来家里买,是2元一斤。花椒则是18元一斤。一般村民的各项现金收入一年是五六千元,低的只有一千多元。

我们访谈了当地乡里主管农业与科技的邓建平,他拿出2007年新农村建设的纸本资料给我们介绍。克格依村是此次的示范村，因此进行了一些改革与试验。克格依村自90年代起就开始引进、使用化肥，但使用的人很少，大部分人仍然使用有机肥。实地访问当地村民冲麦，他说使用化肥会吃得不安心，因此不使用化肥。

当地人耕作是人工耕种，机械化程度低，主要是受地形地势所限，用机器不方便。

2001年乡里推广了玉米和小麦的新品种，新品种价格比原来的品种略高，但是产量高、抗病抗倒伏能力强，所以村民都愿意使用。2004年推广过人工天麻，但没有成功，因为技术和农户管理问题，投入和产出不成比例。2010年克格依村试种了沂蒙的洋葱，因为洋葱产量高、耐储存，种植技术含量低。

乡里准备在克格依村主力推广蔬菜种植，因为蔬菜的经济价值高，对村民的经济有很大的帮助。中路乡沿河的村寨已经推广，山里的村寨都还没有实行。还准备推广马铃薯种植，收入可高达3000元/亩。

村里还没有引进过果树，因为收的人少；主要以花椒、核桃为主，因为它们收入高。近十年来几乎没有人种果树了，现有的都是十年前种的。

也有人以采蘑菇和天麻为生的，1—2个月的收入有几千元，但不是在克格依村。

（二）养殖业情况

村内蓄养猪、牛、鸡很普遍。猪只养得多的一家有4—5头，少的也有2—3头，主要都是卖到县城去。据村长说，猪肉一斤卖5元，一只猪约可卖到1000元。

牛只有奶牛、黄牛、耕牛三种，以奶牛最多，一般一户会养1—3头，很少有人家不养的。黄牛主要用于运输、耕作，一般一户1—2头，但因为用处越来越少，养的也少了。耕牛一般是4—5户，或2—3户共养一头，是几户搭伙买的。没有具体的统计资料，但全乡的耕牛都放在一起送去牧场，会共同雇用管理牛只的人（如本章第四节第二部分所述）。村内养奶牛主要是提供牛奶、酥油等食物。耕牛就是等收割季节才会牵下山帮忙收割。

2007年的新农村建设在畜牧业方面也做了一些改革，像是引进了新型种猪，如杜洛克。因为它体型大，抗病能力强，杂食，适应能力也强，半年能长200多斤，商品出产率高（原有的藏猪体型小），所以村民几乎都会买这种猪只。但这种种猪很贵，一头要4000元，国家补助3000元，个人出1000元。还引进了南疆黄羊，它个体大，抗病能力强，中路乡这两年引进了200多头。但克格依村因为地势较低较平坦，较不适合养羊，养羊的人家主要都在山上的村落。

（三）其他经济来源

1. 打工

打工是年轻人、中年人最方便的挣钱方式，通常初中毕业就会到外地打工，主要做运输、修路、盖房等劳动。村里的石匠、木匠等都不在村里，都在外地打工。我们访问到的好几户人家都是妇女在家，男人都出外打工去了。

当地年轻人甲梅，21岁，在峨眉山读中医专业。他14岁就去西藏打工，当司机做运输，2009年才回来参加9+3的项目。2008年4—9月份甲梅在西藏打工共赚了10500元，打工时最低工资为每天65元。

现任村长也在1999—2004年间到关外打工。因为他懂汉语和藏语，赚钱比较容易，从事过开石、修路等工作。1999年打工每年收入4000—5000元，如今打工的每年收入可到2万—3万元。

担任村长也有固定的工资，一个月780元，一年可收入15000元左右。

2. 运输

中路乡有许多人靠跑运输挣钱，中路乡共有30多辆车，克格依村就有6台，载村里的人往返县城，或载送来此游玩的旅客。

司机多吉介绍，他花了6万元买了现在这辆面包车，用于包车旅行和往返跑县城。他有两个孩子都在读书，靠他跑运输挣钱。他说克格依村面包车有2台，轿车4台，另外有户人家还有辆私家车。因为县城相关部门还没有开始办客运证，所以一般跑运输的都还不会有客运证，街上有客运证的可能是外地车或自己随便装上的。

除了载客，现在也有运输农产品、建筑材料的拖拉机，中路乡共有70—80辆拖拉机，克格依村有4—5辆（每辆2万元），也可以作为出租用。80年代末村里就有人买拖拉机。

3. 旅游业

克格依村位处中路乡的核心地带，地势较低，土地肥沃，物产丰富，旅游业较其他村落发达。2007年作为新农村建设的示范村，交通、生活等都有所改善，因此来此旅游的旅客也年年增多。2007年中路乡旅游人数曾达35万人，主要是团队或自驾游。汶川地震后旅游人数有所减少，但正在恢复中。3—11月为本地旅游旺季。

因为旅游业越来越发达，一些随之而起的事业也跟着发达，运输就是其中一项，还有靠经营旅馆挣钱的人家。据当地人甲梅说，克格依村共有三间有执照的旅馆，为百恩波、东波藏家、共古波。其他人家其实也都有接待旅客，但是没有申请旅馆执照，像是康波古碉、摩多波等都有客房供旅客居住。康波古碉一楼就有三间客房共18个床位，是通过给旅客留手机号码、旅客在网上发攻略的方式与住宿的人联系的。

4. 赶集

村民会在赶集时贩售自家生产的农、牧产品，以贴补家用。克格依村村民过去赶集的地点在聂呷乡，近年来由于交通日益便利，会选择去商店多、商品种类丰富的丹巴县城，在贩卖农产品的同时购买日用商品，已经很少会人去聂呷乡赶集了。

八、生活方式与风俗

（一）传统服饰

1. 女性

藏族女性传统服饰具有鲜明的特色，介绍如下：

（1）头帕是以黑色的绒布制成，在方帕的左下角会以七彩的绣线刺上几朵花朵图样，四周也会滚上彩色的边。方帕的四角都会缝上彩色毛线，当女生戴起折成四折的头帕时，会自然地垂坠在额头两侧。头帕是以头绳或发辫盘起固定，头绳是毛线材质，发辫则是真发或假发制成，并且会在上面串上镶嵌着宝石的银饰做装饰（图版十八、十九）。

从头绳可以读出年纪的分别（资料来源：村民口述）：

年　纪	颜　色
四十岁以下，包括小孩	桃红色
四十到六十岁	蓝色
六十岁以上	黑、白色

（六十岁以上也可以继续佩戴蓝色头巾。）

（2）上衣为一件左襟立领的长袖棉质上衣，外头再加一件滚金边的黑色绒布长外衣（只穿左手，右边袖子垂到后方），这件绒布长外衣下摆有白色流苏。下半身多为一件背心百褶长裙（百褶细窄、裙长几乎到地），有蓝色、紫色两种，侧边有七彩的装饰（图版二十）。

主要配件的材质有银、铜、绿宝石、珊瑚、玛瑙、象牙、天珠等。像是头帕、发辫就会用镶嵌绿宝石、象牙的银饰做装饰。脖子上则会佩戴硕大的铜制项链，或由绿宝石、珊瑚、玛瑙、天珠等分别串成的项链。腰间会垂吊各种造型的银制品，如贝壳状、双鱼状等。

2. 男性

藏族男性的传统服饰，上衣为一件左襟、立领的长袖子上衣，袖子相当长，像是水袖一样，跳舞的时候会恣意地甩动袖子。在材质上，较旧式的是棉麻材质，新式的多为缎面（图版二十一）。

下半身穿一件米色灯笼裤，脚踏一双红色皮质或布质的绑腿长筒靴（图版二十二）。腰间会以流苏绑上羊毛大外衣，冬天的时候才会穿上。

头上戴一顶米色绅士帽，较年长的男性在平时也常戴着。

（二）日常生活服饰

1. 妇女

每天多劳动的妇女们，通常着棉质短袖或长袖，加或不加一件背心，下半身着棉质长裤，有些人会在外头罩一件长版围裙，鞋子则是帆布材质的布鞋，主要的诉求是方便活动、劳动（图版二十三）。关于头帕，平时几乎只有老年人会戴，前去转经塔转经、行走。

据县旅游局工作人员提供的纸本资料，围裙是只有未婚姑娘才能使用，要知道丹巴姑娘婚否，你就看她是穿围裙还是百褶裙。但是经实际走访发现，一般是劳动的妇女、上了年纪的老人才会穿着围裙，可以防脏、防尘。并且围裙与百褶裙是两种不同的服饰，围裙是日常服饰，百褶裙是盛装服饰，不同层次的服饰不应该放在一起比较。因此这个信息是完全错误的。

不过围裙与头帕确实是藏族女性服饰的特征，除此以外，藏族女性的穿着与一般汉人一样。

2. 年轻女孩、小女孩

年轻女孩几乎都是到外地读书，放假才返家，在穿着上就比较没有少数民族的独特性，普通的上衣、外衣加上牛仔裤、帆布鞋，与汉人穿着相仿。而藏族的小女孩也不穿着藏服，平时就是普通的上衣、裙子或裤子、鞋子（图版二十四）。

3. 男子

男子的衣服更为普通，与现在汉人穿着相同，脚踏一双粗麻布鞋，主要也是方便活动、劳动，以实用性为重点。

4. 年轻男孩、小男孩

年轻男孩同年轻女孩一样，都是读书放假后返乡，在穿着上与县城、都市的人民相仿，一般的上衣加上牛仔裤，脚踏球鞋、运动鞋，头戴鸭舌帽，身上尽是流行服饰的元素。小男孩也不穿藏服，与小女孩一样，一般的上衣、裤子、鞋子。

总而言之，在平时，藏族服饰的元素除了在年纪较长的妇女（会配戴头帕、头饰）以及妇女下半身的围裙能够见到之外，其他都与汉人相仿。

（三）饮食

1.1949年前

主食为玉米，会将玉米手工磨成玉米粉制成玉米饼、玉米馒头这样的食物。小麦种得少，也颇为珍贵，平均四到五天才能吃一次。蔬菜类很少，主要有土豆、酸菜和白瓜。稻米也有，但更为稀少，因为当时中路乡没有种植，都是从外地运送进来的，平均十天才能吃一次。本地还有一种水豆，成熟后像白米一样，但现在已没有种植了。

据老村长说，当时往往是八个人共吃一盘菜，肉类也是要分配的。集体杀猪进行分配，一户大约可分到一两斤的肉。粮食也是按照各家的庄稼量（公分）来调配。当时粮食够吃的人非常的少，几乎都要饿肚子。

2.1949年后

主食没有太大的改变，还是以玉米、小麦为主。大的变化要到"包干到户"以后土地归自己，生产多少粮食，就能够吃多少，粮食才较为充足。小麦、稻米、蔬菜类也可以较常吃到了。

到了现在，饮食是以小麦为主，都是自家种的，可以做成各种不同的食物，包括馒头、面条、包子、饺子等。稻米也几乎每天都可以吃到。蔬菜则以土豆为主，也有青椒、洋葱。

肉品主要是食用猪肉制成的腊肉。也食用鸡肉，但是很少。

水果主要有李子、桃子、苹果。坚果有核桃等。这些通常都拿去外销挣钱，仅一部分留给自家食用。

饮料主要会喝酥油茶，早上会以茶砖煮茶，加入酥油、奶子与核桃碎末熬煮。

（四）日常生活

一般家庭都是早晨七八点起床，喝酥油茶、吃简单的馒头当早饭，然后就下田工作，到了中午一点左右吃午饭、整理家务，然后下田工作、喂养牲畜，晚上八点才吃晚饭，九点就上床睡觉。

妇女平时除了干活劳动之外通常都会待在家里，老人会到转经塔转经（图版二十五）、活动，或到小学旁坐着聊天。小孩们会到处耍，与同学或年龄相仿的朋友玩在一起。年轻男孩主要的娱乐是在中路小学的篮球场打球。

村民也喜欢看电视，通常都是晚上看。几乎每一家都会装设一台或以上的电视机。

（五）社会风俗

1. 恋爱

传统是由父母介绍结婚，甚至在结婚前都可能没有与对方见过面，但还是必须顺从父母亲的意思。现在是自由恋爱，只要是双方互相喜欢，家里通常都不会反对。

2. 结婚

当地人信太岁，结婚前都会算生辰八字，才同意结婚。

至于送亲与迎亲，通常送亲的会有一百人以上，迎亲的就两三个人。甲梅说，他的哥哥在2005年结婚时，有两三个人迎亲，一百多个人送亲，送亲的人都要盛装打扮，并在结婚当晚留宿在新郎家，当时有一百多人都住在他家。现在送亲的人通常都不会留宿了，晚上跳完舞就会回家，住的人已经很少。

3. 丧葬

藏族的丧葬礼仪分为水葬、火葬、土葬、天葬、风葬五种，各自有不同的规定与礼仪。

丧葬的一切事宜主要都由卦师来决定。

关于水葬，有一个说法是，十岁以下的小孩夭折会水葬，葬在大渡河里。色拉科寺的大喇嘛说，现在十个月的小孩夭折才会水葬，几岁的小孩就火葬了。

人去世以后会立刻请喇嘛来念经，为死人开路，家人为他净身，另有人去请卦师占卜，询问关于在家停放的时间、下葬地点等，由卦师占卜确定。一般的情况是在家里放三天，由亲人守灵，喇嘛念超度经。

下葬时将死者的嘴、眼、鼻、耳用酥油填满，将死者蜷曲坐放在自制的棺内，抬到下葬地点。家人先在下葬地点用石头搭起一个灶，架上柴火，将棺木置放在上面，然后撒上清油，喇嘛念经，说可以点火时才可以点火。火葬后的骨灰用砂罐装起，然后埋在下葬地点，将灶拆掉改建成塔。至于散落的骨灰，家人会带到河边，一边用擦擦的模子印，一边使其被水冲走。

死者的塔边会插树枝，女人用李子树，男人用核桃树，出家人用柏树。家人不披麻戴孝，在出葬那天会摆酒席，亲友要送上腊肉，现在都是送礼金较多。

现在天葬只有西藏还有，已经很少人选择天葬，主要是以火葬和土葬为主。中路乡是以火葬为主。

4. 修房、建房

据当地人甲梅介绍，结婚时如果要分家的话，双方家庭都要出钱合资修建新房。修房，必须请道士或喇嘛念经，在正月时日换旗，卓窝上的白石不换，只是先将它挪移到不会被雨淋到的地方，等到修房完成，再把白石安装上去。一间房子只会有一组白石（四颗，每个卓窝各一颗），代代传下去（图版二十六）。

5. 送礼

以前结婚时都会送上腊肉与粮食，送亲的人有多少就会有多少腊肉，但是将近一百条的腊肉囤积在家里实在不方便，还会造成浪费，近两年村长号召改送礼金不送腊肉了。当地人也会看与对方的交情决定送礼的分量。

（六）重要节庆活动

1. 传统节日

这里的节日与庆祝活动并不多。节日主要有春节（同汉族春节）、庙会（七月十五）、风情节（四月十五）。都是以农历来计日，甘孜州很少使用藏历了。

这边的汉族会过中秋节、端午节，藏族不一定要过，通常是想过节的才跟着过，没有什么限制与规定。端午节时都会在家门口插上艾草。

庙会会进行跳舞、唱歌、商品买卖等活动，是最为热闹、盛大的节庆。

风情节则是旅游开发后才有的新建立的节日。

2. 节庆舞蹈

以前跳舞一般是在庙会与耍坝子的时候进行，当远方的喇嘛来此的时候也会跳舞。现在跳舞的时间不固定了，有旅客来访也会为此举行聚会跳舞庆祝，主要是跳锅庄舞。锅庄舞较为正式，另外还有一种旋子舞较受年轻人喜爱，平常娱乐时都会跳这个。

锅庄舞的原意是围着锅庄跳舞，锅庄煮有食物，大家庆祝有食物可吃。访调期间刚好遇到中路乡庆祝甘孜州建州六十周年庆祝活动，共有男生24人、女生28人一起跳舞，中间置放一个桌子，上面放置桃子、李子、茶、酒，象征传统的锅庄，大家就围着桌子跳舞（图版二十七）。

3. 文化娱乐活动

其他娱乐活动主要还有耍坝子。耍坝子是一星期举行一次的盛大聚会，村民会聚集在一起唱歌跳舞，跳锅庄舞和旋子舞，是最为热闹的娱乐活动。但是中路乡已经不再固定举行耍坝子活动，通常是年轻人聚在一起就可以自行跳舞、唱歌，或者是有游客来此，也会特地为他们举行盛会。

某日到中路小学采访，正值巴旺乡与中路乡进行篮球比赛。这是县里组织的"农民运动会"的一部分，篮球赛五年一次，今年是第二届。这次有15个乡镇参加。

（七）传统技艺

1. 银匠

中路乡克格依村以前有银匠，但是已经去世了，之后就没有银匠了。现在的银饰都要到丹巴县城里去订做、购买，银匠都要到丹巴县城才能找到。

2. 木匠

盖房子是换工，全村人都来帮忙，村里的男子都会盖房子，工程由掌墨师掌握。木匠负责房舍完工后的门窗与室内木制家具的制作，如藏桌、藏床、衣柜等。粗糙的大家都会做，精细的需要专门请木匠制作。

3. 石匠

修建房舍时开石需请石匠，不是每个人都能去开石。开石时需要在石头上钻圆孔。具体情况不清楚，本村的石匠都到外地去打工了。

4. 藏画

克格依村学藏画的人不多，最有威望的就属东波藏家的桑丹老师。桑丹老师先是自学画画，后来到四川学藏画，也学木工、雕刻。1980年进入文化馆，1982年进入中央民族学院，专注于维护古碉。手下有十几个学生，但是出师的不多。

我们在当地认识了一个正在四川学藏画的学生，但还只是一年级。罗布的儿子也在城里学画，已经学了八年，可以出师接绘藏画的案子了。

据桑丹老师说，以前的房子比较少绘画，改革开放后就喜欢用花花绿绿的色彩。绘画的颜料主要有红、黄、绿、蓝、白、黑等色，色料取自植物与矿物。

（八）传统生活的转变

1. 炊食方式

以前是用锅庄煮食，下方以炭火燃烧（图版二十八），之后兴建灶台（图版二十九），以木材为燃料煮食。到了2007年新农村建设，财政拨款100多万到乡到村，由村里建设（新农村的目标是五改三建，五改包括厨房、厕所、房屋、路等，三建包括路、电、水）。全乡共有600户，现今已有400多户使用沼气，并且使用电饭锅、电饼铛等器材。沼气成为炊食的主要能源，炉子只有冬天取暖时才用。2009年开始修建沼气，当时国家补贴1500元/池，还包括灶台、饭煲等。

2. 电

村里一直到1984年全乡通电才开始步入电器化生活，村里设有一个小电站。

关于灯，1949年前是把核桃砸碎了在高粱杆的一端握成一个小团，点燃后用来照明。1949年后点煤油灯，直到70年代供电了才有电灯使用。90年代以后进行过电网改造。

2008年普及太阳能，这是之前没有的，政府当时补贴安装80元/台，多数家户都有安装。村里还想给大家普及热水器，但是因为热水器要3000元/台，费用太高，目前还无法实施。

3. 电视

1985年乡里出现了电视，1991、1992年开始普及。收讯的大天锅从90年代就有，而小天锅是这几年才有的。据当地人王大哥介绍，10年前天线卖一千多块，2009年政府推广卫星天线，村民只要自付50元就给修建。

九、宗教信仰与禁忌

（一）宗教结构

藏传佛教分为黑教（本教）、黄教、红教、花教、白教。村中信仰黑教的村民会到罕额依村的岩窝寺参拜，但现在庙里没有僧人常住了。在梭坡乡黑教的信众较多，中路乡主要信奉黄教与红教，但也没有严格教派信奉的划分，人人都可自由进出红教、黄教的寺庙。黑教的规定就比较严苛，一般红教或黄教等教派的信徒想进入黑教，都必须先经过严格的仪式。

据罕额依村色拉科寺的大喇嘛介绍，莲花生大士是红教的创始人，是巴基斯坦的神，与黄教都是从印度传到中国来的，而黑教是西藏本土的宗教。村里的村民基本上是三个教派都信，在本地很和谐没有冲突，当有人家需要做法事，会请三派的喇嘛一起参加，喇嘛们在法会现场分开坐，各自诵读经文。而黑教与红教、黄教不同之处在于，信仰黑教转经时需逆时针，信仰红、黄两教则是顺时针转。村民每年固定参与的宗教活动主要有庙会、转山、去寺庙转经祈福。

庙会是村民每年全部都要参加的重要活动。据村民介绍，庙会的日期是每年农历的七月初十，这一天也是墨尔多神的生日。庙会地点在周围的几座寺庙中，没有规定必须去哪座。邻近克格依村的寺庙有两座，一座是位于罕额依村的色拉科寺，一座是位于李龙村的里然龙寺（岭钦寺），在庙会的日子村民都会去参拜。

转山又叫大转，除了外出打工的人以外，全家都会一起去参加。据在村政府工作的甲古介绍，克格依村村民转山的日子不固定，可以随意选择时间，但转山一般在农闲时进行。在县旅游局工作的桑丹介绍，虽然转山的日子不固定，但一般会选在每月的初七。转山从家里出发，到靠近墨尔多山的墨尔多神庙，再到周围的山上转一圈回来。村民丹增介绍，克格依村周围包括墨尔多山在内共有四座神山，分别代表东、南、西、北四个方向，是每次大转都必须要经过的地点。

平时村民会去寺庙转经祈福。离村子最近的寺庙是罕额依村的色拉科寺，有的村民会去那里转经，但因路远，不太频繁。村民遇到病痛等问题困扰的时候，会请卦师卜算，卦师有时会让村民去寺庙向喇嘛求一个挂饰保平安。这个挂饰由喇嘛缝制而成，里边装有经文。每年春节以后，村民也会到寺庙去转经祈福，并请喇嘛换掉这个挂饰。

村里主要的宗教人员有卦师、喇嘛、和尚与道士，各有不同的限制与职责，分述如下：

1. 卦师

村里没有卦师，梭坡乡才有。丧葬礼仪、修房等事宜都要先请卦师占卜后才能决定，卦师会算出安葬时间、地点，修房的话会算出是请喇嘛还是道士念经。

丧葬时如果举行火葬就一定要请卦师卜算，要选地点、时辰。一般会请喇嘛念经，念经的同时火化。土葬也是先请卦师算出下葬的位置。

村内有搬迁、病痛、生死等问题时都会去找卦师卜算，卦师会根据书给他们打卦，决定是要找道士还是喇嘛念经。一般生活中的事情如修、拆房子是请道士，病痛、生死等会请喇嘛。平常也会请道士念经祈福，一般在过完年的1—4月，当地人认为这是好日子，如果要移动屋顶上的白石，也会在此时期请卦师算日子，再由道士来念经祈福。

2. 喇嘛

通常称去过西藏朝圣请法的为喇嘛，没去过的为和尚。喇嘛要处理的事情非常多，一般村里处理生死的问题都是请喇嘛，或是家里有人生病了也会请喇嘛前去念经祈福。

人人都可以成为喇嘛，但若是还了俗的，或者已经结婚、有孩子的男子，都不能够再当喇嘛，还俗的喇嘛可以进出寺庙转经、念经。"文革"时期被迫还俗的喇嘛算是受到极大影响的一批。

3. 道士

"道士"是当地人的一个俗称，他们实际上是藏传佛教徒，跟随老师学习藏文、佛经，但是不受戒律约束，和普通人一样，可以喝酒、结婚。中路乡共有七八个道士。

我们访问到的道士是宁玛派（宁玛派为红教之意，有太阳的意思；黄教称格鲁派，有月亮的意思）的，今年26岁，从事这行已经有三四年，念一次经30元。在每月初八、初十会去寺庙里念经、祈福。这位道士初中毕业后，20岁时去学了一年的藏文，完全可以阅读藏字了，以后才学习藏文佛经和风俗，后来又跟随桑丹老师学藏画。

道士代代相传，他的师傅一生教了十几个徒弟，师傅出去念经时他们陪同去，边学边做（他还说他学习藏文是出于兴趣，如今他还想考四川藏医学校）。

（二）民间宗教信仰的变化

1. 1949前

1949前，几乎每家都会拜家神，现在也有，就是家里有一个神龛，置放着家神，早上敬水，晚上会点灯。平时会到寺庙转经、念经，信仰自由，没有什么限制与规范。

2. 1949后

1949后贫农管理地主，当时因为"破四旧"规定不准信佛，寺庙多被公有化，但是仍然有许多人偷偷信仰，就会在家里的锅庄旁边放个小碗、小碟子，放点食物、饮水在内，象征拜佛的意思。五六十年代石碉里的佛像、神龛也都被破坏了。

民间宗教信仰在改革前后，其本质上变化并不大，人民还是虔诚地信奉佛教。但是因为将寺庙作为生产队仓库，占用了寺庙，许多喇嘛都被迫还俗。

然姆波家的父亲就曾是喇嘛，"文革"时期被迫还俗，就结了婚也生了小孩。他以前是藏语教师，教寺庙的僧人学藏语。如今耳背，并且寺庙内的喇嘛都学会藏文了，就不教了。他的房间有一个神龛，供奉着佛像，并有历代活佛像。他说家里曾有印佛像和经文的刻板，但现在已经遗失了。过去的佛像、经文都是自己印的，家家都有，如今都是用买的了。

（三）宗教建筑：转经塔、塔子

克格依村内没有寺庙，只有一个转经塔和两个塔子，是克格依村村民前去转经、念经的地方。

转经塔有两个主体，一个是由3个塔子与围绕四周的58个转经筒组成的转经场域（图九—1），另一个是旁边一间被19个转经筒围绕、内置独个较大转经筒的屋子。通常会先在外面的转经塔顺时针转经三圈，然后手拿一些小麦，边走边往空中撒，让转经塔不停地转动，也不断地累积福德。大转经筒所在的小屋，平时是关着的，需要转经的时候转经人会自行打开房门进入，转经后再关门离开。

老人较常去转经，一位当地的奶奶说，转经是为全世界祈福，是将经文的力量回向给所有人类，也为自己祈福，可以免除病痛。

转经塔是由村民共同修建的，各村人都可以前来转经，维护整理也是自发进行的。

塔子是一个单独存在的白塔，没有转经筒围绕，当地人会绕着塔子行走，也象征转经，更有转山的意涵（图九—2、图九—3）。塔子主要有三层，最下面一层是一个正方体，像屋顶一样往上收缩隆起，再上一层是一个圆状空瓶，上方为13块圆形泡石相串，代表十三天相轮的塔颈，最顶上是一个月亮与太阳的符号。

大型的转山活动当地人称为"大转"，一年一次，只要是能够行动的人都会参与，没有固定日期。大家从家里出发，到达位于墨尔多山的寺庙，再绕山回来。转山分成四个方向，根据属性不同，拜的山也不同。据当地一位村民介绍，一般都是春节的时候进行大转，因为平时农忙没有空闲时间。

图九—1　转经塔　　　　　　　图九—2　塔子1　　　　　　图九—3　塔子2

（四）宗教物件：经幡、擦擦、转经筒

经幡在藏族村落到处都可以看到，举凡家中、吊桥、寺庙、卓窝等处，大部分的建筑或高处、村人常经过的公共场所都会挂上经幡，有祈福的用意，据当地人说，经幡上的经文会随着风传送到各地为大家累积福德。

但经幡必须经过喇嘛开光才能发挥功用，一般人家购买经幡都会先拿去给喇嘛开光方可使用。经幡有各种不同的尺寸与作用，有一长串的（图九—4），有单独方形一块的，有旗形的（图九—5）。一长串的会挂在室外，最常见到的就是转经塔、寺庙、吊桥上；单独一块的通常钉在家门口；旗子状的会插在屋顶的四个卓窝上。

"擦擦"（图九—6）用黄泥制成，内有经文，通常会置放在家中，或拿到转经塔下置放，作为祈福之用。据喇嘛介绍说，这里一年每户最少要做108个擦擦，从新年就会开始制作，多的时候要做到几百个。村人家中多有专做擦擦的模具，有大有小，都呈三角锥状，内刻有经文，做的时候将黄泥放到模具中，以擦擦模子塑形，待其干燥后即制作完成。

转经筒有两种，一种是固定在一处的圆筒状，小的转经筒呈金色，大的转经筒刻有佛教符号，内藏经文（图九—7）。

图九—4 经幡1

图九—5 经幡2

图九—6 擦擦

图九—7 转经筒

（五）民间传说与禁忌

1. 民间传说

克格依村的民间传说与禁忌都很少。

当地村民都说没有什么民间传说，或说就是佛经上的故事。

大家熟悉的就是在房屋与碉楼上挂的牛头骨，具有辟邪除秽的作用（图九—8）。村内家户屋顶上的卓日的四个角有卓窝，卓窝上有白石，代表的是四大神山，当地人都有白石崇拜，并在其上插上经幡。

2. 禁忌

关于禁忌，村民、喇嘛、道士都说村内现在没有什么严重的禁忌。据喇嘛说经幡、平安符（图九—9）等要置于高处，挂在身上要高于腰部，平常必须置放在圣洁之处，干净且较高的地方，并且不能用水清洗，因为效用会被洗掉，到一定的时间可以由喇嘛开光或加持更换。

据老乡丹增说，过去是不能够拆碉楼的，传说拆碉楼会绝后代。若是没有孩子的，到碉楼上祈祷后背个石头下来就会有孩子，或者是将近一米长的木棍作成梯子形状放到山上，也可以得到孩子。但是现在就没有这些忌讳了。

图九—8　牛骨头

图九—9　平安符

十、结语

西南少数民族村寨是中国文化遗产的重要组成部分，其历史文化价值已经引起了学术界的重视。克格依村位于甘孜藏族自治州东部，过去受交通等因素限制，相对保守，与外界交流较少，这里的村民还保留着传统的行为方式、生活习惯、聚落形态、宗教礼仪和生产工艺。近年来随着国家农村政策的不断推行，克格依村的经济建设飞速发展，现代化程度越来越高。随着道路交通日益便利、教育程度提高和电视电话等通讯媒体的发展，克格依村与外界沟通的途径和手段增多。

在此次调查中我们发现，克格依村传统的以家庭为经济单位、以农业为主兼有少量家畜饲养和果树种植的经济模式，正发生着改变。外出打工的村人增多，客运、买卖等现代从业人员增多。家庭收入的经济结构有了较大的差异。近年来丹巴县大力开发克格依村的旅游资源，外来的旅行者越来越多。在调查中我们观察到，东波藏家几乎每天都要接待为数不少的来自国内外的旅行者，他们的行为和思想也会对村民产生影响。外来的观念、文化和设施进入到村民的思想和生活中，原本处于闭塞状态下的村寨的面貌逐渐受到外界影响而发生改变。

在这种情况下，记录和保存克格依村的历史及现状，既保持和延续克格依村的风貌和传统，又提高村民的生活质量，成为迫切需要解决的问题。我们通过这次调查，将克格依村的面貌尽可能客观地观察和记录下来，希望能够为克格依村的保护和开发提供一些基础数据。正如孙华老师所说："村寨研究是村寨保护的基础，是人们判断一个村寨历史价值和现状价值的前提，只有做好了这项工作，才能够知道保护什么并思考如何保护，才能提出村寨保护的具体措施和建议。"①

　　文字、图片编辑：郭明、王净薇
　　内文、图片审稿：王怡苹

---

① 孙华：《中国西南地区民族村寨保护若干问题的思考》，电子文稿，待刊。

第 二 篇
四川丹巴县呷仁依村调查简报

一、概述

呷仁依村位于四川省甘孜藏族自治州丹巴县中路乡，是中路乡下辖的一个村级行政单位。呷仁依村位于中路乡南部，也称为中路乡3村或3队。其南部沿格黑碉及赤卡碉一线与基喀依村（2村）分界，西南部沿界碉和五家寨一线与克格依村分界（1村），西部沿卡比碉所在的山脊与罕额依村（5村）分界，罕额依村和克格依村西部为波色龙村（4村）。由于担心分界太明确引起村与村之间的纠纷，村界往往比较模糊。沿着村子所在的大山上至山顶，可以到达兹巴鲁、木尔资两座神山。沿着兹巴鲁旁的山脊往下，即为梭坡乡的莫洛村。呷仁依村的居民以藏族为主，约占总人口的94%，汉族人口约占6%。村里设有村长一员、村书记兼会计一员，村民平日所使用的语言以藏语为主，次为四川方言及普通话。1984年4月27日，呷仁依村被丹巴县人民政府授予"文明单位"的称号①。

呷仁依村的重点特色为碉楼众多。据官方数据②，中路乡约有88座碉楼，分散于各村落之中，但多数集中于呷仁依村。经本组实际调查，目前可见的碉楼有21座，其中有2座为已损毁的八角碉，其余皆为四角碉，而这些碉楼中有一座全中路乡最完整的碉楼，名为白黑盖③，高42.8米。

由于目前旅游业的开发以及居民多到外地务工等原因，藏族文化已日渐被汉族文化同化。现在，许多藏族居民在日常生活中虽然使用藏语交流，但他们并不认识藏族文字，而且在对话中

---

① 四川省丹巴县志编纂委员会：《丹巴县志》，北京：民族出版社，1996年6月，第42页。
② 《丹巴古碉有望跻身世界文化遗产——本月，联合国世界遗产中心将组织国外专家对丹巴古碉申遗工作进行实地考察和评审》，《甘孜日报（汉文）》，2007年5月12日第001版，记者：卿天兵、田杰、周华。
③ "盖"为藏语，即碉的意思。

常常夹杂汉语词汇，生活习惯也和汉族没有太大的区别。对文化保存而言，应是非物质与物质文化遗产两项并重，面对藏族文化每分每秒都在消逝的现状，本次调查便显得既重要又急迫。

本次调查从2010年7月10日至7月18日，为期九天。调查方法为观察体验法及深入访谈法。调查人员有：白露（成都考古研究所工作人员）、邓佳铃（台湾博物馆研究人员）、谢如惠（台南艺术大学音像艺术管理研究所研究生），村寨向导为呷仁依村居民格绒泽里（陈家）。

二、地理环境与资源

丹巴县的地层构造复杂，出露地层厚达16000余米，东西最宽86.9公里、南北最长105.7公里，属岷山邛崃山脉之高山区，大渡河自北向南纵贯全境，为显著的高山深切河谷地貌，是川西高山峡谷的一部分。境内群山环绕、峰峦叠嶂、峡谷幽深。县内地势西南高、东南低，全县最低海拔1700米，最高海拔5820米，相对高差为4120米，所以有着"一山有四季，十里不同天"的气候特点。县境的河流因受山脉走势的影响，呈辐合状分布，形成群山环绕、众水汇流的格局。呷仁依村所在的中路乡为小金川流域（藏名语意为凶神之水），在县境内河段流长34.2公里，流域面积523.15平方公里，是县境内重要的水资源之一。丹巴县位于青藏高原的东南缘，高山峡谷地貌影响了气候状态，发展成独特的青藏高原季风气候类型，其基本特征为垂直带谱基本齐全。位于海拔高度2600—3000米的呷仁依村为垂直带谱中的中温带山区，日照、阳光辐射充足，雨热同于夏秋季，降雨集中于6月和9月，呈双峰型。干季11月到来年4月，此时节多大风；湿季同年5月到10月，降水量约占全年90%，年降水量为770-900毫米。

村寨位于暖温带过渡到温带的半高山区域，拥有少部分的灌木、阔叶林与大部分的针、阔混交林资源，树种包含了槭、樟、松、杉、柏等。以前林中的动物有虎、豹、熊、獐子、山驴、野猪、猕猴、土猪等，现在除了野鸡、猕猴、野兔外，其余野生动物已基本绝迹。山中自然资源还有天麻、虫草、蘑菇等，山顶的草场可以放牧牛羊。

呷仁依村是丹巴县中路乡所辖的行政村之一，位于小金河河谷东北面，海拔高度为2600—3000米，属于县内地貌分类的亚高山地区[①]。总面积1000亩左右，人为开垦的耕作田地资源约654.4亩，目前已退耕还林的林地资源约441.04亩。由于其地质构造独特，含有丰富的矿产资源，如白云母、花岗石、石灰石等。

---

① 四川省丹巴县志编纂委员会：《丹巴县志》，北京：民族出版社，1996年6月，第85页。"丹巴地貌分为三大类型：中山峡谷区，起伏于海拔1700—2600米。……亚高山地区，位于中山峡谷之上，起伏于海拔2600—3800米，介于中、高山之间，即习称半高山、高山地区。……高山地区，位于亚高山之上的大山地，起伏于海拔3800—5521米。"

三、传说与村寨历史

（一）口头传说

村内居民几乎都知道中路乡最早的定居故事。传说后藏有土司和喇嘛想重建一座神圣的古庙，但总是建不好，因为每到夜里，日间砌上的所有土石都会被妖怪放回原处。土司的一个奴仆佐伍波便建议去印度请莲花生大士来修庙，结果触怒土司，惨遭流放。佐伍波带着一袋金子和一只山羊开始了流放之旅。当走到中路乡对面的边古山垭口时，佐伍波看到中路乡一带森林茂密，这时羊开口说话，告诉佐伍波河对面是一个好地方。于是佐伍波就在中路乡安了家，而那只会说话的羊在中路乡喝了一口水就死了。后来佐伍波生了三个儿子，大儿子是住在呷仁依村的然卡波，二儿子为波色龙村的格各波，三儿子是克格依村的干那波。

此外，还有另一个相似的传说：有一位西藏山岭的牧羊人，某一天放羊时走到现在的中路乡，见到一大片森林。当时的人们认为，只要有森林的地方就是好地方，他便在这里住下来，其后裔逐渐繁衍、壮大，就形成了现在的村庄。

（二）村寨历史

中路乡曾发现距今3500年至3700年左右的古遗址，呷仁依村也有古代的石棺墓葬出露于地表，这表明呷仁依村一带早在几千年前就有人居住。

关于呷仁依村的早期历史，目前没有确切的资料，村中也没人做过研究。居民心目中最早的历史就是中路乡曾经是清乾隆年间大小金川战役的战场。据当地居民介绍，大小金川战役对丹巴县藏族服饰产生过影响，现在的丹巴藏族服饰中即包含有清朝服饰的某些元素。但许多居民都认为，呷仁依村的碉楼最早的应有上千年的历史。还有居民认为，丹巴的藏族与古代西夏国的党项族有很大的联系，据说丹巴县曾专门组织人去宁夏某地考察，发现至今两地的风俗及语言都很相似。

村里的老人对于民国初年的土司制度多半还有印象。史载：丹巴在秦、汉为西羌领地，隋代时为嘉良蛮夷之地。唐代置东、西嘉良州，隶雅州，后被吐蕃所据。宋代仍置东西嘉良州。元属吐蕃等路宣慰使司都元帅府，明代属长河西鱼通宁远宣慰司。清康熙三十九年（1700）置革什扎安抚司和巴底安抚司，康熙四十一年置巴旺安抚司，乾隆三十九年（1774），巴旺、巴底安抚司升宣慰使司。乾隆四十四年，置章谷屯，隶美诺直隶厅（后改称懋功厅）。民国2年（1913）康定辖属的鲁密章谷24寨连同丹东、巴旺、巴底置丹巴县。元、明、清三朝是土司制度逐步发展至完善的时期，特别是清代康（熙）、乾（隆）盛世之时。旧时中路乡属于章谷土千户（也称二十四村土千户）管辖，这里的土司购买盐、茶等当地稀缺资源经由现今著名的茶马古道运至康定，康定是最主要的物资集散地。而土千户的官邸就是呷仁依村的然卡波，当地居民称之为杨千宅（图三—1）。据说然卡波中曾有一个大柜子，装满了人骨，这个柜子在后人修建新房时被毁。关于土千户的权力大小，说法不一。有的居民认为，土千户的权力比乡长略大，有的居民则认为千户就是土司，还有的人认为千户隶属于土司。最详细的说法是：当时中路乡隶属于康定土司，土司管理着十来个乡，每个乡有一个千户，其中一位千户姓杨，据说在成都接受培训后回到当地操练壮丁，由于过于严厉招致不满被暗杀于里然龙的岭青寺。土司制度是比较严苛的，那个时代有一种差役叫作"乌拉"，即强行无偿征召居民为政府做事。

除了土司制度，还有居民听老人提到，民国时期流行"寒病"，即流行性感冒，藏语称为"那错"，不少人因此而丧生，呷仁村山顶上的自然村呷则波就是因感染寒病而全村丧生的（图三—2）。

红军过境，也留在不少老人的记忆中。有老人听父母说过，红军沿着呷仁依村后的大山翻到梭坡乡，但中了埋伏损失惨重。村里的一些汉族家庭就是红军的后裔，当时因负伤或其他原因留在当地，定居下来，并得到了藏族居民的照顾。中华人民共和国成立年后，土司制度瓦解，建立了人民公社，通过合作社分配粮食。之后的"四反"运动对县里的宗教信仰造成了严重冲击，大量佛像被毁，僧人被迫还俗，寺庙被占用或作为公共仓库。随后呷仁依村经历了三年自然灾害，政府发起了"节约运动"，成人一天可以分到一斤面粉，而小孩只有四两。而"文化大革命"对居民的影响似乎不大，批斗会、文斗、武斗等都只存在于丹巴县城中。而"农业学大寨"则使不少碉楼被拆毁，用于修建晒场、库房、民房和土埂。由于政府对农业的重视，1971年1月制定出"一年粮食过《纲要》，三年建成大寨县，五年粮食翻一番"的奋斗目标[①]，一般要求每个村每年至少改平20亩土地。现在呷仁依村的农业基础设施，基本上都是那个时期建立起来的。

20世纪80年代的包产到户对于当地居民来说是一件非常重大的事件。这项政策的实施，提高了居民的劳动积极性，几乎所有居民都变成了种植能手。据岳扎乡的兽医回忆，当时他到任何一个村，村里人都会载歌载舞欢迎欢送。随着国家经济的发展，人民的受教育程度大幅提高，生活用品日益丰富，几乎所有人都认为目前是呷仁依村最幸福的日子；但伴随而来的是藏族传统文化习俗的保护与传承和经济发展矛盾的日益加剧。数十年来生态环境的破坏也比较严重，中路乡的森林面积因滥伐而大量减少。为了保护生态和防止泥石流，国家出台了封山育林政策，目前植被恢复比较快。

---

① 四川省丹巴县志编纂委员会：《丹巴县志》，北京：民族出版社，1996年6月，第35页。

图三—1　杨千宅遗址

图三—2　呷则波现状

四、村落的外部空间

（一）村寨分布（图四—1）

　　呷仁依村由以前的三个自然村落（村名无法确定）合并而成，面积较大。又由于呷仁依村地处山腰，没有太多的平地用于建房，房屋多是依山建在地势稍平处，因此房屋分布比较分散。通常在小山包顶上，由于地势较平，往往有十户左右的人家聚居在一起。在然卡庙附近以及五家寨，都有类似情况。总体说来，村落的房屋布局并无事先规划，无规律可循。这种分散的布局形式由来已久，说明呷仁依村的地理条件不适合聚居。近年来由于居民的生活经济条件有了明显改善，以前住在地势较高或比较偏僻处的人家会往地势较平或交通较为便利的地方迁徙。

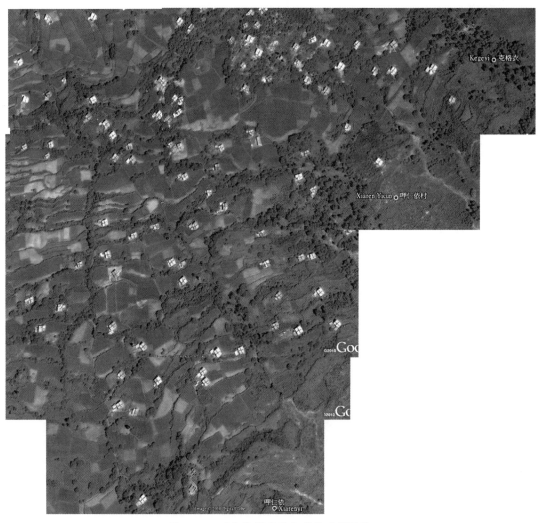

图四—1　呷仁依村居民分布的卫星图片

（二）田地、林地分布

呷仁依村的田地因灌溉便利与方便村民快速到达等因素，多集中分布于村中地势开阔处，主要种植玉米、小麦。此外还有大量菜地，菜地主要种植辣椒、花生、茄子、卷心菜、大蒜、洋葱等。与田地相反，菜地往往位于地势陡峭处，是居民见缝插针开辟出来的。

成片的松、杉树林分布在海拔较高的地区，但由于房屋都散落在山腰上，房屋周边往往也种植经济林。屋宅旁种植的经济林属于个人，树种有各种果树、花椒，这些树林都是近年才生长起来的，以前的森林留存下来的成材已经较稀少了。

（三）水资源

呷仁依村水资源丰富，山上有许多泉眼，通过水渠，农业用水可以得到充分保障。

（四）道路体系

呷仁依村与周边几个村落之间的交通网络比较发达，到任何一个村落都不用花太长的时间。如从呷仁依村小学出发，步行到紧邻基喀依村的赤卡碉只需要10分钟，步行到位于克格依村的中路乡乡政府需要半个小时，步行到罕额依村的色拉科寺需要40分钟。虽然交通便利，但由于山区的地貌，道路并未铺设柏油或水泥，多是一般的土路。村内至今未修设机动车辆能够通行的道路，从小金河峡谷上来的公路只开通到克格依村，居民如果要去往更远的地方就要走土路到克格依村坐车。

（五）村落间的关系

由访调发现，呷仁依村与周边的基喀依村、克格依村和罕额依村很难截然分开。一是因为呷仁依村居民本身都是散居，二来各个村落之间存在一种看似松散实际紧密的联系。

基喀依村的水源来自呷仁依村，而呷仁依村另一对外道路又从基喀依村延伸过来。罕额依村有比较大的红教色拉科寺和本教岩窝寺，这些都是呷仁依村居民朝拜的场所。克格依村是中路乡乡政府、小学及医院所在地，乡一级的活动都会在那里举行，呷仁依村居民赶集、上学或看病都要去那里。而呷仁依村靠近山顶，周边各个村子的居民上山放牧、采药、采蘑菇或每年过年时转经，都需经过呷仁依村。以前由于交通不便，中路乡居民的通婚对象也仅限于本乡各个村子之间，因此各村居民之间基本都存在亲戚关系。

当呷仁依村居民修建房屋时，往往会找本村或其他村的亲戚朋友"换工"①，呷仁依村没有专业的石匠和木匠，如有需要便从克格依村和罕额依村聘请。各村居民几乎都互相认识，因为每年过年转经、祭拜神山或举办庙会时，大家都会聚集在一起。这些村之间的关系比较融洽，一来居民天性淳朴，二来彼此之间没有什么利益冲突，即使有利益冲突，彼此也会互相体谅。比如呷仁依村的对外道路因为基喀依村将公路封锁而不能使用，呷仁依村居民也对此事表示理解，没有出现断绝基喀依村水源的过激行为。

除了呷仁依村周边的三个村子外，比较重要的还有丹巴县章谷镇。那里是全县的政治、交通、商业、娱乐中心，且离呷仁依村不是很远。

此外，县城中的丹巴二中是呷仁依村居民上初中的主要选择。

另外，和呷仁依村居民有一定关系的还有里然龙村、岳扎乡、半扇门乡。里然龙村处于小金河河畔，境内的黄教寺庙岭青寺是黄教信徒的朝拜场所。岳扎乡的兽医负责医治呷仁依村等数十个乡村的家畜，境内的墨尔多神山是呷仁依村藏传佛教信徒心目中的神圣之地。半扇门乡也有一所初中，呷仁依村部分居民也到那里上学。

五、村落的内部结构

村内散布着农田、树林、水泉、民居、碉楼及宗教建筑。106户民居依山而建，均匀合理地融入自然环境中，从山下远望，多数民居隐藏在树林之间，各家各户间以农田、果树及小径间隔，体现了人与自然的和谐共存。村内21座碉楼高耸直立，仿佛串联起人间土地与天上众神，更加体现了藏族村落浓厚纯朴的风格。

（一）村内道路

原来从基喀依村延伸过来的道路几乎贯通了整个呷仁依村，但由于基喀依村居民被占用的土地没有得到赔偿，这条路在基喀依村就被人为堵住，因此机动车辆无法到达呷仁依村，有些路段已被山泉冲刷成沟渠，目前处于路况差且无人维护的状况。原来这条路从赤卡波进入呷仁依村地界，绕过五家寨沿着田地边缘和山梁抵达界碉所在地日波；从日波盘山而上到达然卡庙，沿田地边缘到达沙五波，在此处盘山来到山腰的转经塔附近；然后大致水平延伸到树古碉上、江几碉下的格波，在此处转过山垭口，最后到达噶扎碉。由于呷仁依村位于山上，道路蜿蜒曲折，对于居民而言，这条道路并不是最重要的交通体系。近年来政府为了促进呷仁依村旅游观光业的发

---

① 中路乡的村民在修建房屋时会将钱用在购买木料、请石匠敲琢石材等花费上，修建时则由亲朋好友彼此帮忙，每天约有十几位到数十位亲友共同帮工，当另一位亲友需要修建房舍时，曾被帮助过的亲友也会协力修建，由此达到节省花费、联系情谊的作用，这样的模式形成了"换工"。

展，出资在上述基础上修建了旅游观光道，但只是用石块与水泥铺地，并未加宽原有道路。

居民出行往往使用原有的小土路，因为能够更快捷地到达目的地。土路是在长期的生产生活中形成的四通八达的道路体系，便于居民务农、赶集、串门。但这种土路往往是居民们自然踏出的道路，路面为土或小石铺成，仅在上坡处铺设石阶，一旦下雨路面就比较湿滑。村中居民圈养家畜的习惯是在清晨将家畜赶上山，然后任其自由返家，土路也是家畜的通道，路面常见家畜粪便。

呷仁依村除了上述的道路、比较常用的土路外，由于居民居住比较分散，还有一些土路只为一家或几家人使用，这种土路往往更为窄小陡峭。一般通往山顶的小土路，也十分窄小陡峭。为便通行，许多土路上常以树干劈凿成锯齿状作为阶梯。另有许多土路在分岔时通过从土坎或石壁上突出的几块片石引导路人，这种分岔方式比较隐蔽，若非本地人常不易察觉。

（二）公共空间

1. 公共广场

藏族是喜欢集体活动的民族，因此公共空间对藏族居民来说是很重要的。呷仁依村中即有专门用于举办集体活动的广场——地势平整的草坪或学校内的草地。居民们常在此聊天、喝酒、跳舞，增进彼此的关系，提高公共意识，丰富精神生活。

其中主要集会的地点为呷仁依村小学内的草地（图五—1）。以前呷仁依村的小学生在这里学完一到三年级的课程，再到克格依村完成四到六年级学业，现在整个小学阶段都到克格依村就读。但小学的建筑并未被废弃，目前正在筹划利用部分旧教室建立一个村上的图书馆，并且原有的部分教室亦被保留以备不时之需。学校外，是一个不大的寺庙斗卡豁，学校和寺庙之间是一个天然的草坪，居民们也常在此跳舞。此外，村长如有事要宣布或召集开会，一般通过电话联系，联系不到，村长会上门通知时间，开会地点一般也会选择这里。

与宗教相关的活动地点也会形成公共广场。当居民朝拜兹巴鲁和木尔资两座神山时，附近的草坪就是公共广场，人们在这里作烟供和念经。各达碉附近的草坪是居民祭拜木尔资神山的场所，呷则碉附近也有一个较大的草坪，视野开阔，风景宜人，也是居民们经常活动的公共场所。

此外，由于山路崎岖，在呷仁依村形成了一些约定俗成的休息场所，如日碉附近的日波院墙前，然卡波上面的道路旁（图五—2）等，这些地方也承担着公共广场的作用。

2. 公共建筑

几乎所有藏族居民都笃信佛教，因此，佛教的寺庙、诵经、转经等处往往成为居民集会的场所。呷仁依村共有四座寺庙，分别是大转经筒（图版一）、斗卡豁庙（图版二）、然卡庙（图版三）、岩窝拉玛。庙内通常有一个或三个大转经筒，信徒可以在此转经。另外还有两个

图五—1　呷仁依村小学

图五—2　然卡庙附近的休息地点

转经塔，一在刘家附近（图版四），一在五家寨（图版五），都位于路边，信徒们路过时都会绕行三圈再走。

每当寺庙有庙会时，村民们便聚集在此，一起诵经作烟供，也会彼此交流一些信息和看法。呷仁依村的几个寺庙位于村里的交通要道上，即使不在庙会的时候，村里人也能在这些地点经常碰面。村里民风淳朴，碰面时多会互相问候，因此在这些地点往往能看见三五个人在一起闲聊或者休息。前面提到的呷仁依村小学，是一个重要的公共建筑，也是村里的图书馆和开会的场所。本次考察，恰逢康定观音阁的喇嘛来到呷仁依村免费教授藏文，教授藏文的场所就是小学。

一些不承担集体活动但属于全体居民的建筑，在这里也归入公共建筑中，包括池塘、水渠等。这些是村里用于农业生产必不可少的配套设施。包产到户后，大量的公共建筑如晒场、公共仓库等因丧失实际作用而被拆毁。自1989年古碉受到丹巴县政府保护以来，古碉虽然表面上仍然隶属于其附近的住户，但实际上已经成为全人类的文化遗产，几乎每天都会有来自各地的游客游览。从这个意义上说，呷仁依村的古碉也已经成为了公共建筑。

（三）碉楼

1. 历史及现状

丹巴县自古以来就以石头作为建材。据史书记载，碉楼在汉代即已出现。碉楼的作用是作战时便于防守，碉楼的门洞往往内大外小，便于防守者瞭望和射箭。在没有火器或火器不发达的古代，据碉固守是抵御敌人攻击的有效方式。而在没有现代化机械的时代，修建一座碉楼需要可观的人力物力，因此碉楼又是藏家自身财力的体现——在藏区，至今仍流传着修不起碉楼的人家就娶不到媳妇的说法。千年来人们建筑的碉楼鳞次栉比矗立于中路乡，成为今日本地的一项建筑特色。

清乾隆大小金川战役时期，中路乡属于小金川土司的控制范围，距离当时的清军大本营章谷屯（今丹巴县城）很近，此处的碉楼群可能受到过冲击，但目前尚未发现具体的史料记载。战争结束后，清政府规定参与叛乱的地区必须拆除碉楼，将来也不能再建，并对住宅尺寸进行了严格规定。但中路乡至今依然保存着一定数量的碉楼，可以推测当时中路乡一带的居民可能向清政府投降，因而其碉楼得以保存下来。

现在村中的老人已不记得或听说过有人修过碉楼，这说明至迟到民国早期，碉楼原来的功用已逐渐丧失。民国时期，著名的藏学家任乃强先生在中路乡对面的山上发现了数十座碉楼[1]。

---

① 任乃强：《四川上古史新探》，四川人民出版社，1986年，第157页。

据村中老人介绍，以前中路乡的碉楼有统一的规划，是按照万字形排列修建的。但随碉楼功能逐渐丧失甚至被毁弃，已经看不出来当时的规划了。本地人缺乏对碉楼的保存意识，加上历次政治运动，导致大量碉楼被拆毁作为建筑材料。据不完全统计，至"文革"后期中路乡被拆除的碉楼已经达300多座。

1989年，丹巴县政府将碉楼作为文化遗产进行保护才防止了进一步的毁坏。呷仁依村现存碉楼21座，其中2座为八角碉。保存较好的有6座，分别是日碉、然卡碉、八黑碉、格黑碉、麦黑碉和卡比碉。调查期间，然卡碉就有垮石的情况发生。以前的住宅往往挨着碉楼兴建，以便利用碉楼作为仓库。现在，住在碉楼旁已经不安全，很多当地居民都已利用老宅石料另建住宅，目前只有黑沙碉和五二碉还与住宅相连（图版六）。其中，黑沙碉旁住宅的房主已另建新房，与碉楼相连的房子只是利用二层作为晒场。

呷仁依村现存的碉楼因已丧失实用功能，无人维护，保存状况不容乐观，麦黑碉甚至被用作垃圾堆放点。2004年开始，政府专门拨款对碉楼进行维护，目前呷仁依村经过维护的碉楼只有卡比碉。由于文物修复的特殊性，碉楼的维护工期长、投资大，其保护依然面临困难。

2. 碉楼的结构

修建碉楼时不用建地基，但仍然十分牢固。碉楼的选址比较讲究，一般不能选地下水位高的地点。碉楼形制为上大下小的覆斗形（图版七），墙厚一般在一米以上。这些特点使碉楼相当坚固，能够历经地震、战乱而耸立至今。

呷仁依村现存碉楼，大部分为四角碉，它的建筑设计相对简单，因此多见。现存两座八角碉，一座为五家寨旁的赤卡碉，一座为村公路尽头的噶扎碉，损毁都很严重，上部已不存，其边长1.5—2米，横截面类似规整的八芒星图案。八角碉比四角碉更为结实美观，但用料用工也更大。虽然目前只存在两座八角碉，但据居民介绍，以前锄地时（麻左波附近）经常能挖到八角碉的基座。碉楼用天然石料砌成，石料有大有小，缝隙以泥浆填抹，转角处利用角度垂直的片状石块作为墙角石。壁面平直，转角中矩，体现了藏族居民高超的建筑技艺（图版八）。碉楼内部根据情况分为若干层，每层之间用木板相隔。现在虽然木板隔层已经腐烂殆尽，但在碉楼内部依然可以看到隔层的位置，麦黑碉、然卡碉和格黑碉甚至能从外部看到隔层的位置。为了使碉楼更为坚固，修建碉楼时需在内部设置肋墙。肋墙的作用是将碉楼的整个墙壁连成一个整体，使其能承受住冲击和震动。如果碉楼内部空间过大，为了防止潜在的结构强度弱化，也有在碉楼内部建隔墙的做法，如麦黑碉。碉楼的最大边长近7米，高度至少20米以上。现存最高的碉楼是八黑碉，高42.8米；最矮的碉楼目测残高约有3米。

以前，所有的碉楼都是某户人的私产。主人家会把房屋修在碉楼附近，这样可以利用碉楼作为仓库。现在房屋与碉楼相连的还有两个例子，五二碉和黑沙碉。从这些房屋的晒场或者房屋里就可以直接通往碉楼内部。有些虽然不完全相连，但可以通过架设木板从房屋进入碉楼内，如现在然卡庙和然卡碉就可以搭设木板从然卡庙的三楼进入到然卡碉南边最低的门洞中（图五—3）。

　　建碉楼的藏人是虔诚的藏传佛教信徒，这在碉楼上也会有所体现。在各碉楼上部有白石砌成的观世音图案（图五—4），在然卡碉上嵌有玛尼石（图五—5），观世音图案和玛尼石体现了藏人宗教上的信仰。在麦黑碉上部存在白石砌成的牛头图案（图五—6），体现了藏人对牛头的一种崇拜，据说藏人进行战争时会利用牛冲锋陷阵，因此牛头有象征勇猛之意。但据碉楼主人介绍，麦黑碉上的牛头是因为建造此碉楼时建造者太疲惫了，于是杀了一头牛食用，为了纪念此事，在碉楼的上部砌出了牛头图案。

图五—3　然卡庙与然卡碉相接的门洞

图五—4　各碉上的观世音图案

图五—5　然卡碉上的玛尼石

图五—6　麦黑碉上的牛头图案

六、村落的构成单元

呷仁依村的田地往往成片分布，树林和房屋环绕在其四周。这是当地居民在长期的农业生产中形成的以土地为中心的村落布局。由于呷仁依村位于山坡上，能供建设的土地有限，因此民居建筑选择向上发展形式。一般来说，每家户在平均100平方米左右的建地上，兴建地上三层至四层的居住空间，由下至上分别作为客厅、厨房、卧室、经堂、晒台及卓日等。另又依据山势往下构筑了饲养牲畜的栏圈，包围着民居的是与建地面积相当的边田以及院落，院落外围则是以乱石堆砌而成的石篱笆。

（一）建筑材料

本村落受气候环境影响，民居建筑需考虑抗震耐风的材料，另因雨量不高，对防雨与防潮的要求不高，因此本村建筑就地取材，以自家附近盛产的云母及石英山石、杉木材、麦杆及黄泥构筑而成。

（二）建筑结构

本村落建筑采用石造外墙、辅以木梁柱混和承重的结构系统。基础形式则为深达岩盘的放脚基础，基础的深度平均达到一米到两米，宽度亦为一米以上。收分至墙体的部分基本厚度达60—70厘米左右。

门窗洞的上方均设有木压梁，压梁长度一般需超越门窗框40-50厘米，每层楼间还以木筋做一道圈梁，增加房屋横向耐震力。房屋楼板承重部分，除了石造外墙的作用外，还采用木梁柱作为辅助。一般来说木柱的直径为20-30厘米，圆木与方木皆有，柱脚以榫接方式与楼板或地梁相接合，柱顶则直接顶于梁下，不设榫头相接。

楼板部分由下至上依次为木梁、大椽子、小椽子及黄泥层。木梁基本上采用圆木，直径为20—30厘米，与墙面收边部分，通常直接插入墙面，甚至突出于外墙。大椽子与小椽子直径渐小，分别以垂直于彼次的方式满铺。上方黄泥层的厚度大约为20厘米，间以小石子与麦杆作为增加韧性的填充材料。在比较讲究的室内里，还会在黄泥层上加铺一层木地板。村内一些近期建设的屋舍楼板则以水泥取代传统楼板，可增强防水性并减少维修次数。

（三）建筑方法

1. 选址与申请兴建许可证

现代藏房申请兴建的程序与一般农村建房方式无异。选定兴建位置后，居民至乡里的国土局申请使用证，由相关机构派员来勘查与测量，发给使用证。

2. 准备材料

本村建筑采取就地取材方式，材料本身不需费用，但打石与修材部分就需要专业工匠处理。现今一块可供建筑的方形石材打石费用需要五块钱，通常加上运费，一块石头可能需要七至八元。现在也用机械采石打石，石料的尺寸统一，对建筑工事来说可增加安全稳固性，但却较为死板没有变化。我们询问居民："现在许多农村都盖起水泥房子，为什么村里的新修房子还是采取藏房的方式呢？"居民回答原因有二：一是其实以水泥修建房舍价格较传统盖房要高，仅一车沙子就需要花费一百多元，远不如就地取材便宜便利；二是居民的藏族文化意识仍然浓厚，传统藏房的形式与材料在现今生活中仍然受到喜爱。

3. 聚集工匠、设计兴建房舍

居民建房基本上会请专业的石匠与木匠设计与主导工事，匠师工资大约一天50-80元。但一旦完全由工匠建筑，房舍主体落成所需费用将达三万元以上，若加上后续表面粉刷、室内装修部分则可能耗费七八万元。大部分居民无法负担这样的花费，因此除了房屋主体结构的计算与安全部分由匠师负责之外，在匠师的指导之下，其他部分的工事通常采取邻人彼此换工的方式处理。在当地还有一句谚语来形容这种彼此互助的换工状况——"换工抠背"，意指"自己做不到的事情就要找别人来帮忙"。

因此，村内只要有人需要修建房舍，跟邻居朋友说一声，受托者一定会答应帮忙，并在自己每日的工作之外，抽空去帮忙，会做什么就帮什么忙，以时记工。无论多久之后，若换人需要兴建房子，过去受过帮助的人就去协助，以工还工。现今，许多男性居民在外打工，家里欠别人的记工，通常都由留守于家里的老人、女性或小孩去偿还，因此有少部分的人开始以金钱偿还记工，在本村内目前的价码是一工折抵15–30元不等。也许正是因为这样的换工传统，呷仁依村几乎每个人都对建筑工事有所了解，许多人具备相关的基本知识与技能。

房屋主体的修建一般一天需要二十多人参与，大约费时三个月。完工之后，居民旋即搬进去居住，但后续的墙体粉刷与木作彩绘等工作，就要等待黄泥等材料干透后，利用冬天较多的农闲时间逐步完成。

（四）家户基本空间分区与室内使用说明

藏族房舍都有名字，藏语中"波"即为"屋"的意思，例如郎巴尔波、然卡波等，表示郎巴尔家及然卡家。这些房名往往和地名一样，传自祖先，一般不会变更。如果兄弟分家后新建住房，往往于原有的房名后加"科萨"，即新的意思，例如"然卡科萨波"，即表示新的然卡家。另也有在原房名后加上"交"的，有"后面"的意思；"迪马梭"意思为"上面一点的"，"刚左迪马梭"意为"刚左波上面一点的房子"。汉人一般称为"某家"，如"陈家""李家"等。若是废弃老宅，另辟新屋，也通常将旧有的房名安在新房上，因此，只要家族仍存，传统的房名就永不消逝。

本次调查，由于时间较紧，无法针对呷仁依村内每一家的空间使用进行全面了解，故选取共六户民宅[①]进行空间平面测绘，于现场绘制草图后，再进行计算机后制处理。本次测绘家户选取分期共三类：第一期为1949年前，评估此时期建筑应为目前可见最传统式样，若附近有碉楼，也通常会与碉楼相连，据调查呷仁依村目前仅有两户符合此条件；第二期为1949年后至2008年5·12地震前，在呷仁依村106户房舍中，大部分属于此时期建造的房舍，经历年整修与加建偶有变形，在地震后，几乎所有房舍都出现结构性裂缝，为村内亟需解决的问题；第三期则为2008年5·12地震后至今修建的房舍，由于地震损毁房舍，据调查粗估目前每十户中有一户正进行建房工事，这些新修的房舍可能出现较为新颖的装修材料，如铸铁大门、阳台铝栏杆等（附表）。

---

① 因时间与人力因素，本组家户测绘图面仅于各时期选取一户进行计算机后制。

1. 民居平面配置图

（1）黑沙波，兴建于第一期，与黑沙碉于三楼相连，原居民已于前年另建新房居住，目前为闲置状态（图六—1）。

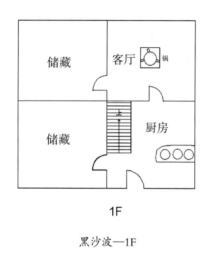

1F

黑沙波—1F

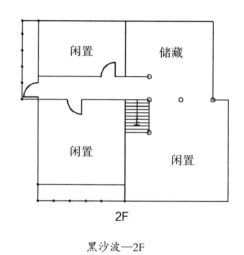

2F

黑沙波—2F

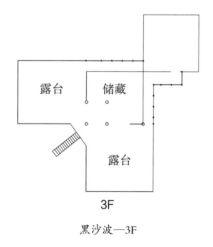

3F

黑沙波—3F

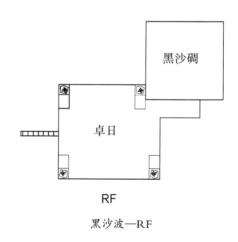

RF

黑沙波—RF

图六-1　黑沙波平面图

（2）二西波（图六—2），兴建于第二期（1992年）。

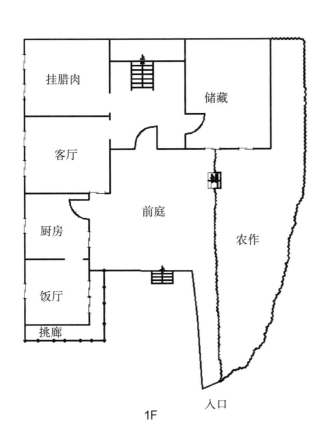

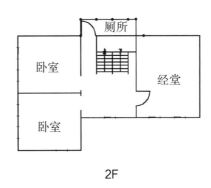

2F

1992，二西罗不家—2F

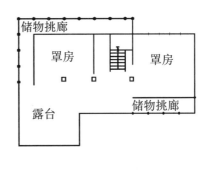

3F

1992，二西罗不家—3F

1F

1992，二西罗不家—1F

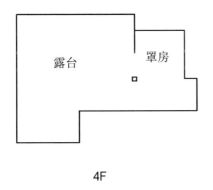

4F

1992，二西罗不家—4F

RF

1992，二西罗不家—RF

图六-2　二西波平面图

（3）麻黑波（图六—3），兴建于第三期（2009年），目前二楼仍在进行木工装修工事。

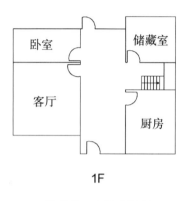

1F

2009，黑麻波，吉姆咕里家—1F

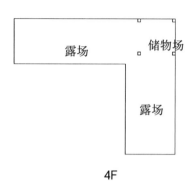

4F

2009，黑麻波，吉姆咕里家—4F

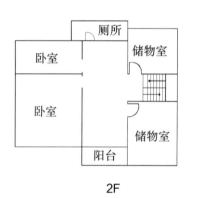

2F

2009，黑麻波，吉姆咕里家—2F

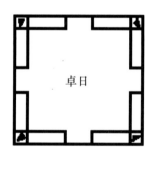

RF

吉姆咕里家—RF

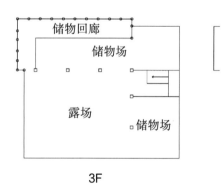

3F

2009，黑麻波，吉姆咕里家—3F

图六-3　麻黑波平面图

2.　基本空间分区与室内使用说明

（1）现代客厅与传统锅庄房

本次调查中发现村落中有两户民居建筑保持着早期藏族民居"田字型"及"四大间"的标准式样，一楼平面分别为厨房、锅庄、储藏室及卧室。这两户建筑皆建于1949年之前，目前已经闲置，原居民在附近盖了新房。这种房舍在一楼进门遇到厨房后，旋即能够看到"锅庄房"，也就是在村内常看到及听到的锅庄舞所指称的锅庄。锅庄房是传统藏房里最重要的房间，面积相对较大，房间正中央有一个直径约一米的火塘，上有三根石桩，摆放煮食的器皿。平时一家人的主要起居、会客或娱乐活动都在这个房间进行。由于传统锅庄房内的习惯为围着锅炉席地而坐，因此房内的家具摆设也较低矮。本次调查在一个新建的客厅中看到居民将传统低矮的木桌加高的新餐桌。听居民说锅庄房在90年代是很常见的，但十几年来陆续改建，现在要找传统锅庄房已经不容易了，锅庄房已经不符合现代使用的需要。

目前本村多数藏房已经没有锅庄房的存在了，取而代之的是新式的客厅，位置也远离厨房，以一条走廊与厨房隔离在走道两边。此外，客厅移往房舍的正面处，可轻松从窗户看到进入庭院的客人。新式的客厅里，居民不再席地而坐，沙发、茶几、电视与音响等家电用品出现。本次调查中还发现有一些居民会在客厅摆放藏床，当我们询问是否是将"睡在锅庄旁"的习惯留存，居民表示已经没有这个习惯了，在客厅里摆放藏床是因为家中大多数的人都出外念书或打工，留守在家中的人数稀少，偌大的房舍在夜晚有点恐怖与不安，因此晚上干脆就在客厅里吃饭、看电视和睡觉。

（2）厨房与饭厅

此次调查发现大部分的民居厨房已经用沼气发电煮饭（图六—4），虽然厨房仍配有传统大灶，但其功能仅剩下煮猪食或者需要煮很多饭菜时才使用。而居民经常会另外设一间饭厅，或在客厅用餐。传统的痕迹在厨房和饭厅中仍可看到：多数的厨房和饭厅墙面上贴有墨尔多神的画像，画像前有四个小酥油灯座和一个小碗。

图六—4　沼气池

当我们问及该神作为战神，怎么会出现在吃饭的地方时，居民解释墨尔多神是无处不在的，吃饭的时候要点一下酥油灯，将馒头、少量饭菜加上奶子茶放在小碗里拿去敬一下神明，表达尊敬，等大家都吃完后，再把小碗里的饭菜倒出来。

另外我们也在厨房里看到了唐卡，有位居民解释他们家唐卡的意义：家中同时有人属虎和属兔，放了这张唐卡家中就会安宁，不会有人吵架了。我们的判断是：即使在现代社会里，厨房仍是藏族一个很重要的社会空间，而掌管厨房的女性同时也是信仰最为虔诚的角色，难怪厨房除了掌管煮食大事，也成为了一个神圣的宗教空间。

（3）卧室

早先我们提到，锅庄房作为弹性的公共空间，有时候也成为睡觉起居的卧室。在本村大部分的房舍里，我们看到传统的三层楼房变成了四层楼房，二楼的空间几乎都变成了卧室，这体现了人们对于隐私权与生活舒适感的一种追求。

令我们感到有趣的是好几次在居民的卧室里看到神龛，有班禅、墨尔多神，有时候也有唐卡。我们不禁觉得奇怪，经堂怎么会出现在私密的空间里呢？得到的解释并不一致，有的居民表示是家里老人的卧房才会如此；也有的人表示一天到晚都在外头干活，对卧室的概念并不如汉人一样。

另外，我们也发现，许多卧房现在都变成储藏室了，原因在于留在家里的人口越来越少，只有过年时大家才会回到家里居住，到时候再把空间清开来就可以变成卧室了。

（4）经堂

一位村里的喇嘛告诉我们，传统的藏族通常不轻易让人进入家中的二楼，而作为客人也不会在主人没有邀请的情况下上二楼。原因在于传统的藏房会将经堂放置在二楼的房间内，若是不经邀请而让家中的神佛看到生人，就是对神的不敬。而我们现在看到的是部分经堂其实跟客厅布置在一起，不再是固定在二楼，喇嘛也感叹人们对于信仰与道德感的认定标准越来越低。

在我们的调查期间，我们得知每个月的固定时间，村中老长辈会聚集在某个人家中的经堂里一起念经，由参与的人家轮流从寺庙中借回经文与酥油灯。

（5）储藏室、敞房与晒台

由于大部分人出外打工，居民家中有许多房间呈现闲置状态，每年过节时，才为这些返乡游子整理出房间来。由于藏房适应山地地形向上发展的特性，采光是非常重要的需求，藏房三楼与四楼都会往内退缩，争取室内能够得到足够的光线；另一方面，楼房退缩产生了"晒台"，居民的农作收成后会在晒台上展开曝晒，当夜晚降临或完成曝晒后就暂时收到旁边的敞房存放，等到完全晒干了，才收到储藏室里。

（6）卓日

藏族房舍较显眼的空间在于顶楼，每个藏房的顶楼都有四个尖垛，垛上放置白石，白石上插上经幡。此外还会有一个燃烟塔。这个空间称为"卓日"。白石的安放标志着一个房舍的建成，有吉祥如意的意义，安放与换置都需要喇嘛主导。春节的时候请道士上去念经作烟供，有祈求平安幸福的意思。

（五）彩绘与符号

村里藏房的外观装饰很是精彩，完全修建好的房舍会在外墙上涂上白灰，门楣和门框会彩绘吉祥的图案。特别的是会在门与窗边涂上黑边，藏语叫作"那子丹"，居民打趣地形容这种彩绘：如果是在门（表示房子的嘴巴）边，黑边表示"胡子"；如果是在窗（表示房子的眼睛）边，黑边表示"眉毛"。

七、人群与社会结构

（一）家庭单元

由于政府对少数民族生育政策的放宽，一对夫妻可以生三个孩子，因此，在多数家庭中可见到二个或三个孩子。不过，由于村里的壮年与未婚的女性都到外地打工，在村寨中并不常见到这段年龄层的村人，目前家中的基本成员大多是爷爷、奶奶、妈妈和两个孩子，甚至只有老人与小孩。这样的组成方式似乎和别的民族相似，父母在外工作赚钱，将小孩寄托在家乡请爷爷、奶奶代为照顾。

由于村寨里的风俗习惯是结婚后就要分家，原本的家是属于家里最大的孩子的[①]，所以，其他的孩子在结婚前就必须要自己找地盖房。因此，附近的房子可能是自己的叔伯姨母们的甚至范围扩大到村里面，几乎每户都有亲戚关系。许多老一辈的居民都能够在村里看到自己的后代遍布全村。不过，也有少数居民因在外地打工，结婚后就在外地盖房子或是住到外地去了。

（二）婚姻生育

1. 藏、汉通婚

村长向我们表示，过去藏族不可以和汉人通婚，只能和藏族结婚，那是由于汉人和少数民族之间的战争使得种族之间怀有仇恨，村寨里只要有汉人出现一定会被杀掉，更不用说通婚。

---

① 无论是大女儿或大儿子。

但在红军长征后留下许多红军成员，这些汉人和藏族或羌族等少数民族的女性通婚，并留在藏寨里，其身份就被认定为藏族。所以，在那以后就不再分藏、汉了，而目前村里的汉族大约有三四十户，都是藏汉混合家庭。

2. 上门女婿

对中路乡的藏族来说，上门女婿这件事并不如汉人想象得那么不体面，并不会因为男方是入赘到家里来的，就认为对方是不如自家才嫁进女方家而因此待他不好。上门女婿对于藏族来说是一种传统的风俗习惯，多会将上门女婿看成是自己的孩子和家人，这样的传统至今仍然流传在藏寨中。

呷仁依村的居民表示，如果家中的老大是女儿，那她的丈夫就会是上门女婿。但由于现在许多男性都在外地打工，如果在关外有工作就会带着太太住在关外，在哪工作就在哪盖房子。而且上门女婿的规定也并非如此严格，这些都是可以谈的，只要男女双方谈妥，即使是大女儿的女婿也不一定就得上门。现在村里的男性在外地打工的多，即使成为对方的上门女婿也不一定是住在女方家中，直接搬到外地住的也不少。

3. 生育情况

村寨的计划生育政策从1978年开始实行，1980年落实。目前政府对少数民族的规定是可以生三个孩子，超过三个孩子就要罚款，罚金几千元。但现今的社会环境不如以往，因此在考虑到养育不易的情况下，多数居民都只生两个，目前在呷仁依村中没有人生超过三个孩子的。两个孩子之间需要相差2岁，有居民告诉我们，他的第二个孩子和第一个孩子就只差1个月就满足这个条件，结果他被罚了50元。

（三）教育状况

1. 教育水平

在1949年前村里是没有学校的，上学就是请喇嘛来讲课，喇嘛同时也是藏族文化的传递者。1949年以后，村里开始设有学校。但此地的教育水平与内地相比还是有差距，学校也会出现只重视优等生、漠视甚至是放弃学习能力较差的学生的现象，国家对于贫困学生的优惠政策往往被有背景的学生占用，真正贫困的学生往往享受不到。但村里的家长都很重视子女的教育，只要有能力都会供子女读书，因此文化程度持续提高。

居民表示，念到小学、初中以下学费还负担得起，但也有人只能读到小学，若到了高中、大学以上，学费比较昂贵，所以只能供书读得好的孩子上学。过去在呷仁依村中还有一个呷仁依村小学（图五—1），只提供村里小学一年级到三年级的孩子就读，但现在村里所有的小学生都得到克格依村的中路小学就读。而上中学的孩子则得到丹巴二中去上课，一个星期回来一次，伙食费一星期就要100多元。至于住宿，学生可以选择住学校也可以在外面租房子（100元／月）。

2. 藏文学习

由于过去有一段时间藏语学习是被禁止的，一直到1987年才开放藏语学习，村民的藏族语言和文字水平都在退化。有些居民对于不会说藏语或看不懂藏文也不以为意，他们认为汉文和汉语（普通话）是通用的沟通方式，不管是在学校学习或是到外地去打工都需要使用汉语，因此，说得好普通话、看得懂汉文字才是最重要的。附带一提，藏语是平时沟通时所说的语言，而藏文则是经书上的文字，因此，能说藏语的人不一定能看得懂藏文。

但也有部分村民认为学习藏语和藏文是很重要的，认为这是藏族的传统文化。而且对年轻人有另一项意义：藏语、藏文的认证对于未来不论是升学或就业都具有加分的作用。因此，学校也会有藏文学习的课程。但上级单位并未强制规定学校设置教授藏语、藏文的课程，现在的小学虽然有上藏文课，但也只是认识30个字母；而在丹巴地区的中学，初中一年级会教藏文，初中二、三年级就不一定会教藏文了，藏文的课程每周也只有一堂课。

图七—1　藏文课

身为藏族文化传递者的喇嘛认为，村里藏族文明的退步远比关外严重，例如以前长辈说话后辈不敢顶嘴，现在说一句顶十句。羌族就是一个很严重的教训：目前羌族的文字已经快失传了。文字的失传就代表着文化的消逝，所以他认为眼下藏文的学习非常急迫，因此，他便在呷仁依小开办了免费藏文学习课程（图七—1）并备好教材（图七—2），针对中路乡所有想学藏文的孩子授课。调查小组发现，报名当日（2010年7月14日）已

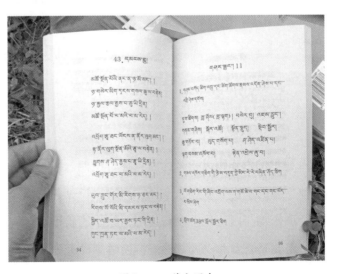

图七—2　藏文课本

有67人报名，似乎村里几乎所有的年轻人都报名了这个免费的藏文学习班。事后听说这个藏文学习课程总共有200多名学生报名，由此可见，多数居民们还是认为藏文学习是极为重要的。

（四）卫生与医疗

目前呷仁依村没有医院也没有村医，如果居民身体不舒服需要看医生，要到克格依村的乡上去看病。现在村里部分地区道路尚未开通，因此，即使病情很严重也要自己想办法下山找村医；若病情严重到村医无法治疗时，得想法子自己到丹巴县城的大医院就医。

在卫生方面，村寨中的住户厕所都设置在房屋二楼后侧的回廊上，与房屋的内部结构是分离的，厕所并没有马桶的设置，只在地上挖洞。回廊底下是一个石头砌成的空间，排泄物会直接排进回廊底下的石窖中，进入沼气池（图六—4）中转化成沼气。此外，村寨中的民房将饲养家禽、家畜的空间设计在房屋的最下层，使人和动物之间的生活空间分离，不会造成人、畜共生的问题，而动物的排泄物也能排进沼气池中变成沼气。2009年后居民利用沼气烧水、炊煮等十分普遍。但对于不熟悉沼气的居民来说有相对的危险性存在。

（五）管理状况

目前村里主要的行政干部设有村长一员及村书记兼会计一员，因此村里的领导人还是以村长为主。村长的遴选方式是采取五年一换的直接选举制度，村长每月的薪资收入有800多元，支书900多元。

村长的工作主要是主持各项事宜及处理居民纠纷和村务工作。呷仁依小的草地基本上是呷仁依村主要的集会场所，无论是传达政策或是跳舞都是在这里进行。而村书记则负责传递党的精神及发布政策，但本村书记身兼会计，因此也需要处理财务管理及预算分配等事宜。

八、生业与经济结构

（一）农业

村里的农作物以玉米为主，在村里四处可见一大片一大片的玉米田（图版九），田内会再轮种少量的小麦、黄豆、土豆、辣椒、长豆、黄瓜、南瓜、包心菜、葱、蒜等农作物。其主要的经济作物与内地几乎没有差别，除了气候不适合种植水稻外，其余皆同。一般玉米和麦子不卖，主要是自食和送人。村里沿途两侧种有许多花椒（图版十），花椒和核桃也是主要收入之一。

2010年全国蒜头的价格能卖到一斤8元左右，但居民卖出去的时候依然是只能卖到一斤4元。以前外地人来收花椒的时候，价格是25—26元一斤，但后来外地人受到刁难，结果造成了花椒垄断，现在花椒的价格一斤只有10多元，而这种垄断行为也就是在近5年内形成的。

一般家庭的食物都是自给自足。家中喂养的禽畜多半是放在山上或路上，让它们自己觅食，但家中仍会给予一些晒干的猪草（土豆叶、梗）和剩菜。藏式住宅的二楼或三楼是居民的晒场（图版十一），他们将猪草或麦秆置于楼顶晾晒，待麦子脱粒后将麦秆安放在楼上晒场旁的回廊（图版十二），麦秆主要是用来铺在猪圈上形成农家肥，也可以引火①。

（二）畜牧业

村里主要畜牧有牛、羊、鸡和猪。牛又分成奶牛和耕牛，奶牛挤奶用，随地放养；耕牛集中放养于海拔约4000米处的牧场，亦有少量散户养在自家附近。耕牛一般是两家共有，但亦有一家一头者。本村饲养牛、猪情况普遍，平均每户都养有猪只10-20头，多者可达30多头；平均有牛7—8头，多者10多头。平时猪、牛都会在山上放养，白天在民居的圈栏里不常看到太多禽畜，而农业生产得来的剩余粮食也会用来喂养禽畜，牲畜在冬季是需要人为喂养的。

来村的兽医②会帮猪只结扎，他表示一头猪结扎的费用是5元，但由于这村的经济条件较差，如果阉割很多则会少收几头猪的价钱，平均每头猪3元钱左右。他医疗牛、猪是依照实际所使用的药品再加上一些费用来收取，例如药品是10元，他就收12元，一般有2块钱的利润。

（三）果树种植

呷仁依村种植的果树有桃子、梨子、李子、苹果、石榴和核桃等（图版十三），但呷仁依村的果树种植并不是居民主要的农作生业之一，且村中并未见到大量的果树，大多数是居民自己种植自己食用。而此次调查期间也正值李子和苹果的生长期，未见到居民将成熟的果实送至村外贩卖，但桃子、梨子、李子、苹果和石榴的平均售价都在一斤1块5左右；而核桃的部分，据居民表示，目前价格是一斤2-3元，干核桃价格最多一斤4元。不过，他组调查团队的组员表示，他们曾在其他村落向居民购买干核桃，其价格是一斤8元，而由于时间的关系，我们并未去厘清这之间的价差。

---

① 一般晒干后的玉米取下玉米粒后，玉米梗的部分用来引火。
② 本村无村兽医，我们在村里遇到的兽医是从岳扎乡过来的，村民家中的牲畜需要医治或结扎就会打电话请他过来。

（四）工商业

1. 村寨内部

村寨内部的主要经济收入还是以种植为主，工商业的平均收入不高。主要是村里有"换工"的风俗习惯，居民彼此之间相互帮忙，即使需要支付工资也是以日薪15~20元来计算。专业的石匠或木匠则有50~80元的日薪，但比起在外地打工，这样的收入并不稳定也不高。有居民表示，在村里帮别人砌墙一天可能有160元的收入，顺利的话一年能够有几万，但也有可能一年也挣不到钱。因此，如果有机会可以到外地打工的话，大家还是倾向出去打工。

2. 村寨外部

现在村寨里的居民到外地打工的情况普遍，大多数的人会去昌都、拉萨打工，也有人会去成都等地打工，打工的时间多在3月到9月，所做的工作很多元化，每人的收入也不一定，平均年收入1万到3万元不等，工作内容和个人的教育水平有关，教育程度较高的就能获得薪水较高的工作。

举例来说，据居民表示，她的弟弟和先生都在外地工作，但弟弟的受教育水平较高，因此他可以在西藏的一家烟草公司工作，其薪资一个月固定有1000多元，加上下乡收烟草一天是50元，一个月可以有3000元左右的收入；但她的先生因受教育水平不高，所以只找到农作的工作，一个月只有几百元的收入。"农业"也是村里的工作项目，可是有力气的壮年都到外地帮别人农作，收入也高于村内务农，因此，家中的农地只好交由妇女来耕作。

（五）其他收入来源

除了农业、畜牧业、果树种植及工商业外，村民放假在家时还会上山挖天麻（图版十四）、采蘑菇（图版十五）。一般天麻的价格在一斤30~40元之间，过去，在天麻还没被大量开采时，价格可以到一斤50~60元，村民多认为天麻不会被采完，虽然现在的产量已经少了很多，但是如果认真找，一天仍然可以挖到2~3斤的天麻以补贴家里的收入。蘑菇也是一样，多是他们在山上边找边采的野生蘑菇，平均一天可以采到10多斤，目前售价是一斤10元。而这些挖天麻、采蘑菇的工作多是由青壮年甚至还在上学的年轻学子来做，一些学生放假回家，也喜欢上山去采收，为家里增加经济收入。

（六）经济结构

村里主要的经济收入来源是农业，畜牧业、果树种植与其他收入为家庭经济的副收入，这里的贫富差距并不大，但教育水平、劳动力及土地的多寡与外出打工等因素，还是会影响个别家庭的总收入。而家庭的支出主要还是在孩子的学费和修建房宅上，另外就是偶发性的医疗费用等。

九、生活方式与风俗

（一）服饰

1. 平时穿着

村中的居民在平时所穿着的服饰多与一般汉族无异，并非传统服饰，尤其是男性、年轻人及小孩，而村中妇女则较多会穿着藏族的传统服饰农作或整理家务，藏族女性的传统服饰大致系由三片（藏语为戈戈）、头巾（巴勒）及黑色背心（单嘎）所组成。

三片（戈戈）指的是前、后二片黑色裙子再加上头巾（巴勒）部分。而头巾又分成白色及黑色（图九—1），头巾装饰了吉祥纹样的刺绣，以花朵的样式居多，这些刺绣可以由女孩们自己绣（十八九岁的少女就可以自己做），也可以直接在县城买。头巾分白色和黑色，春夏天气热，所以平时会戴薄的白色头巾，秋冬及跳舞或表演时则戴厚的黑色头巾，年长的女性会将头巾折成二折，年轻女性则是折成三折。此外，头巾上会系上假发（辫子）及毛线，毛线的颜色又分成红色、蓝色和黑色，颜色和配戴者的年龄有关，40岁以下的女性缠绕红色毛线，40-60岁为蓝色，60-70岁以上则是黑色，所以只要从他们头上的毛线颜色就可以分辨出妇女的年龄层。

图九—1　巴勒（合）

在上衣的部分，现在的居民多穿着一般汉族服饰，仅有少数妇女仍会加上一件传统黑色背心（单嘎），多数人即使是穿着背心，也都是一般服饰的背心。

2. 传统服饰

居民们在节庆时会穿上传统藏族服饰，盛装参与盛会，一起跳锅庄舞、旋子舞等。男性传统服饰是：羊毛大外套，夏天跳舞时会将大外套挂在腰间，冬天则是披着或穿在身上；衬衫多以白色为主，也有淡黄色上衣，材质是以绸缎为主，也有棉制的，而上衣皆为长衣袖（图版十六），舞动时会随音乐摆动衣袖；脚上穿着藏族传统长靴（图版十七），踩踏时会跟随节奏发出趴趴的声音；头戴圆帽，身无银或铜的装饰。

女性的传统服饰是：黑色呢绒长外套，下摆及领口边绣有金色滚边，下摆有流苏，夏天跳舞时会只穿上一只衣袖（左边），上衣为白色长袖衬衫，右边露出的袖口卷起，而外套下的百褶裙则是连身长裙，也有非连身百褶裙，其颜色系依各人喜爱而有所不同。女性的服饰上配戴了许多华丽的宝石及银、铜制品，如项链的部分（图版十八），基本上饰品可以依自己的喜好选择各式各样的饰品宝石，但现在多到县城购买，都是假宝石。除了项链外，每个人的胸前也会配戴铜制的小盒子，裙摆两边都各有三条到五条银制饰品，样式各有不同（图九—2），头上的辫子也会配戴许多饰品（图九—3）。

（二）生活习俗

1. 念经

村里的妇女一个月念经的日期有五天，分别为农历的初八、初十、二十一、二十五、三十日，而村里的男性则是佛教节日才念经。念经的地点各有不同，念经时还需要准备供养物品。举例来说，村长家是每月初八要念经，他会在初四的时候去色拉科寺把经文、108个酥油灯及活佛照（里冉龙的活佛）装在两口大木箱子和一个木盒（里面放着活佛照及一尊小的泥菩萨，图版十九）里给背回家里，这是为了要让家里或想来念经的婆婆们（据村长说有10位）在家里念经。由于不是每个人都看得懂经文，所以会将带回来的经文挂在经堂，每次念经都在早上吃过饭后，10点或11点左右开始，都是念整天的，这也是居民的日常生活习俗之一。

2. 过年及转山

转山主要是佛教重大节日才会去，呷仁依村里主要有两个神山，一是兹巴鲁神山（4月15日去），另一个则是木尔资神山（7月15日去）。村民到神山去念经、作烟供与缠忽迭[①]，在过年期间居民也会去转山。要特别说明的是，目前呷仁依村已经不过藏历年了，现在居民都过汉人的新年。据

---

① "忽迭"是一种悬挂式的金幡，其金幡是由五种色彩所组成，又分成"马经"与"菩萨经"二种。

图九—2   银制品

图九—3   头部饰品

喇嘛表示藏历新年是农历十一月二十九，但每年的日期都不一定，有时会差个几天，这个部分连喇嘛也无法和我们说清楚。在过年的时候到外地工作的人会回来过年，而藏历年只有在关外才过。

（三）饮食习俗

从居民所种植的农作、畜牧情况及调查来看，这里的饮食主要是以玉米、小麦、花椒、腊肉和奶子茶或酥油茶为主。

这里的农作量大，有食大米的习惯，也会将小麦磨成面粉做成馒头，馒头也是居民平时替代大米的主食之一（图九—4）。此外，村民也会将玉米磨成粉，做成馍馍或将玉米粒直接炒来吃。从观察中发现，居民会在菜色中加入青色或红色辣椒、花椒及腊肉，但腊肉仅有油脂的部分，而红肉的部分则是晒好后作为礼物或节日时食用，平时在餐桌上很少见到红肉。另外，花椒是居民主要使用的食材香料之一，大部分居民表示，他们赶市集所赚取的费用，多半会去买花椒，在平常食用的菜色中多有花椒入菜，村里栽种花椒的情况也甚多。平常的饮料为奶子茶和酥油茶，区别在于酥油茶若不添加酥油即为奶子茶（图九—5）。酥油茶的成份主要是乳牛的牛奶、盐、茶和酥油。一般家庭这两种茶都喝。

肉类的食物以猪肉为主，不太常见鸡肉或牛肉，更不常见河鲜食物，虽然中路乡靠近小金河，但因藏传佛教的信仰是不吃河鲜的。而近来村寨与外界的联系频繁了，加上在外打工的人

图九—4　饮食

图九—5　奶子茶

也变多，所以餐桌上偶而也会出现鱼类，但还是有长辈们是不吃的。据村民说过去甚至连山上的野兽也不吃，只吃自己所饲养的禽畜而已。

（四）礼仪风俗

1. 婚嫁习俗

在呷仁依村一般藏族的婚嫁不像汉族有嫁妆，只有生完小孩后娘家才会送值钱的东西。他们的聘礼是哈达、酒、猪膘（腊肉）、酥油，在结婚前男方向女方提亲事时，会先请介绍人带这些聘礼去女方家，但现在介绍人大多是男方的父母。而结婚时会由男方的妹妹去接新娘来家里住个两三天，之后新娘会再回家住，然后男方的妹妹会再去接新娘来家住两三天，这样来来回回大约三四次。但也有一种说法是不用这么繁复的过程，就像一般汉族那样：结婚当天新郎到新娘家将新娘娶走，但必须在天黑前迎娶回新郎家，路上会有许多祝福的人们。新娘要出嫁时，村里最年长的长辈或是最德高望重的长辈会送哈达①给新娘。他们结婚也像汉族一样会请道

---

① 藏族的习俗除了结婚要送哈达外，逢年过节也要送哈达，哈达代表吉祥如意的意思，所以长辈要带头送哈达。

士或喇嘛①看日子，选择适合结婚的好日子。

吃喜酒的习俗也有别于汉人的传统。办一次喜宴要3天左右，甚至还有更长到7天的。而过去吃喜宴时一定要让长辈先入座用餐，然后才是晚辈陆陆续续地入座，但现在这项传统已经改变了，变成住远的人先吃，这样他们才能先回家。去喝喜酒的人不用包礼金而是送腊肉。

办喜宴时会请村里的厨师或是亲朋好友约十八九人来帮忙，煮馍馍②的约四五人，其他帮忙加水、搬桌子等杂事的人手全加起来要八九十个人，几天下来大约要办100多桌喜宴，总花费大约是2万元，主要还是以换工的方式进行。过去藏族人结婚是没有喜帖的，都是口头上邀请大家来喝喜酒，现在也使用喜帖来邀请大家。

2. 丧礼及祭拜

村里大多实行火葬，也有土葬的，但他们认为土葬不卫生，会生虫。而水葬在这里比较少，只有十岁以下的孩子夭折时才使用水葬。天葬则是没有的，主要是中路乡这里没有这个传统。喇嘛或道士③会推算死者的下葬方式，如果不能火葬或土葬则只能水葬。土葬一般不采用，只有不信教的人（都是汉人）才使用。墓地周围为经幡，为下葬时所竖立，墓地选址会请喇嘛算卦。

若举行火葬，喇嘛或道士会告知遗体要停灵在哪里，放几天，通常是2-3天，也可能是4-5天。火葬由亲人举行或是请专人举行，之后捡尽骨灰装放盒内再埋入墓地中。土葬是将遗体净身后穿上白色或青色的绸缎④，死者屈肢坐在棺木里，在入葬前遗体要停放在哪里、该放几天也是由喇嘛或道士算卦决定。但也有另一个说法是，无论是火葬或土葬都是净身后不着衣⑤，且都是平躺在棺木里等待火葬或直接土葬；若为火葬，在举行时是立起来烧的。

一般会选择使用水葬入葬方式的只有十岁以下夭折的儿童，方式有三种：1.将遗体直接放入河中；2.将遗体放在木板上再放入河中；3.将遗体火化成灰，洒入河中。其地点为小金河或大渡河。访调时呷仁依村正好有一实例，居民表示，近日村中有一位小女孩落水，他日若寻获遗体，则遗体不可带回家，需直接进行水葬。

村里的丧礼只烧烟、点灯，不烧纸钱，家人要帮忙念经49天，亲朋好友则是每7天来为死者念经，49天后再请示活佛、喇嘛或道士推算何时再念。同时他们也有些禁忌必须要遵守，例

---

① 藏族里的道士和喇嘛念的经文及拜的神明是一样的，只是修行方式不同，道士是在家中修行，而喇嘛则是在庙里或在山上闭关修行。
② 饼类的通称，例如馒头或玉米饼。
③ 要请喇嘛或是道士，这个是可以由自己决定的。
④ 若死者的长辈还在，是穿白色绸缎，反之则穿青色。
⑤ 表示光着身子来也要光着身子离开这里。

如：三年内不可以到娱乐场所游玩；49天内不能在家洗澡、刷牙洗脸、剪指甲等，必须要到外面去洗，49天后才能听音乐等。而丧家也会办酒席招待这些来祭拜亡者的亲朋好友，而亲朋好友则必须要送腊肉给丧家，但现在也有送白包的。

除清明节外，每年的春节也是居民扫墓的日子。扫墓方式和汉人不同，他们是烧烟、点灯，不烧纸钱。而平常居民在吃饭前都要先祭拜祖先，他们会将桌上的菜、米饭、奶子茶各取一些，放在一个祭拜用的小杯子里祭献给祖先，然后再开始吃饭，等大家吃完后再把杯子里的食物倒出来。

3. 白石崇拜

在丹巴县境内沿途可见传统藏式民居屋顶上的四角[①]都镶有白石（图版二十），有人将之称为是一种"白石崇拜"，其镶白石的用意是象征房子已建成完工，并有吉祥如意的意义。白石也有雪山或者脑壳的意思，被居民视为是一种圣物，在呷仁依村的每一块土地上，都可见闪着微微亮光的石头（图九—6），而白石不仅用在屋顶上也用于墓地和白塔上。

图九—6 遍地白石

4. 藏刀

在与居民聊及藏人带刀习俗后得知，藏人带刀是因为过去森林很多，藏人上山需要用刀做标记以防迷路。五六年前政府禁止居民带刀，现在人们已经不带刀了。但在此次观看甘孜州建州60周年的表演活动——跳锅庄舞时，仍可见老一辈的居民在后腰间系着一把藏刀，其习惯性装饰大于原有用途了。

----

① 典型的房屋屋顶是四角，也有五角、六角的，但每个角都镶有白石。

（五）文化娱乐活动

1. 耍坝子

这是一种大家聚在一起开心的活动，大家会带着酒、食物到耍坝子的场合去，唱歌、跳舞、喝酒。耍坝子的场合并非固定的，时间也不固定，一个月可能也就是两三次。在本次调查期间，便遇到两次居民所举办的耍坝子活动，其地点并不相同，第一次的地点是在居民转山（兹巴鲁神山）的山脚下，而另一次则是在基喀依村的观景台。

2. 乌丹

村里除了耍坝子的活动外，另外还有类似的集会活动，称为"乌丹"。这是好朋友的集会，也就是由一群关系比较好的朋友发起，大家一起做"乌丹"，就是打平伙，凑肉、面等到一家一起吃。

3. 舞蹈

村里的传统舞蹈分为锅庄舞（图版二十一）与旋子舞（图版二十二）两种。老一辈的居民喜欢跳锅庄舞，锅庄舞在90年代还很普遍，但年轻人则喜欢旋子舞。

一般跳锅庄舞只要四五人就可以跳，是过年与节庆时重要的传统活动。跳锅庄时居民会围绕着一个放着水果、花束和酒的桌子跳舞，或是随意围绕成一个圈，无论男女皆穿着传统服饰出席，先由男性带头后接女性。男性会边唱边跳并甩动长衣袖，口中唱着传统藏文歌曲，现在只有少数几位老人家或喇嘛才能听懂所有歌曲的意思。男性跳锅庄时常常踩踏出趴趴趴的脚步声并喊出"Shi ya~"的壮声词；而女性则是彼此手牵手前后摇摆，脚步缓缓左右移动，身上的饰品因身体的摆动而发出响亮的碰撞声。华丽的服饰加上整齐的步伐，使得锅庄舞变得庄严隆重。一般儿童在四五岁时便会随着大人们一起跳，因此，在村里的每一个居民都会跳锅庄舞。

旋子舞有别于锅庄舞，是一种旋律轻快、舞步又轻松的舞蹈，几个人围绕成一个圈，随时都可以跳，音乐可以是自己唱也可以使用播放机播放。而村里的每一个人也都会跳旋子舞，由于旋子舞舞步轻松，音乐取得也方便，因此，只要几个人在一起开心就可以跳，在穿着上也就不那么讲究，但若是在重要节日跳旋子舞，居民们依然会盛装参与。

十、宗教信仰与禁忌

（一）宗教现状

1. 宗教派系

呷仁依村居民多信仰藏传佛教，村里汉人不信的较多。由于藏传佛教中派别较多，这些派别对居民的影响各不相同。中路乡主要有红教（宁玛派）、黄教（格鲁派）、黑教（本教、本波教）等三个主要派系。

本教是西藏最原始的宗教，主要崇拜自然神，对释迦牟尼佛并不崇信，主要宗教活动是占卜吉凶、驱鬼降神、祈福消灾，并以巫术治病。据居民介绍说如今呷仁依村一共只有两三户人信仰本教。

红教由莲花生大士传承而来，也被称作宁玛派。宁玛在藏语中意思是"旧"，表明这个派系是藏传佛教中历史悠久的一派。因为僧人身着红色僧衣，故被称为红教。莲花生大士是佛教中的未来佛，传说释迦牟尼佛圆寂时，预言其继承人会来到世间，指的就是莲花生大士。莲花生生于巴基斯坦乌苌国，故也称"乌苌仁波切"。相传在湖上莲花中被发现继而被领养，故名莲花生。莲花生的生日是农历七月初十，而这一天无论红教黄教寺庙，都会举行盛大的庙会，罕额依村的色拉科寺就会举行晒佛节，将寺内珍藏的佛像抬出挂晒。

格鲁派是藏传佛教在15世纪初由宗喀巴建立的佛教派系，其教义系统严密，强调戒律，是目前藏传佛教中的主流宗派。据居民说因为黄教是新派，为了标新立异，把衣服反穿，因此可以看见黄教喇嘛衣服有镶边。

在此地，红教徒与黄教徒之间彼此友善，没有冲突。由于大部分的居民都不知道两者的区别，因此很多人都既是红教徒也是黄教徒。在平时请喇嘛超度亡魂或者念经减轻病人痛苦的时候，往往既请红教僧侣也请黄教僧侣。双方僧侣也不冲突，只是彼此不坐在一处。据说关内均如此，只有到了关外不同宗教派别才开始有矛盾。虽然大部分居民都说不清自己是红教信信徒还是黄信教徒，但在庙会或朝拜的时候会优先选择某派寺庙。

呷仁依村附近较大的红教寺庙是罕额依村的色拉科寺，较大的黄教寺庙是里然龙村的岭青寺。居民往往只会选择其中一个前往，这可能是家族传承下来的传统，并不能作为区分红教信徒与黄教信徒的标志。访谈得知，村内60岁以上的老人都还能知道自己所信仰的派别的名字，而中年人则不清楚也不关心。麦黑波的阿木古丽老人认为自己信奉的是格鲁派（黄教），因为她只会去里然龙的岭青寺而不去色拉科寺。但是她平时常念的经文包括加年庚德和马扎格，这些经文都是颂扬"乌苌仁波切"的。在呷仁依村小学无偿教授藏文的喇嘛曲桑，就认为藏传佛教中各个派系目的都是一样的，只是修行方式不同。比如去北京，可以搭乘飞机，也可以搭乘火车，藏传佛教也是一样的。

2. 喇嘛、道士、活佛

在村里面，一般认为没有去过拉萨朝圣的出家人被称为和尚，去过拉萨朝圣的人称为喇嘛。据村里喇嘛解释说，这是村里的一种误解，其实只要受过沙弥25戒和比丘125戒后的出家人都能被称为喇嘛。喇嘛的修行靠个人，诵经礼佛和转经都是重要的修行方式。而同派系的寺庙喇嘛可以随意驻留或云游寺庙以便进修。

喇嘛在呷仁依村是非常受人敬重的，因为喇嘛本身被看作是藏文化的传承者和藏民族的导师。很多家庭愿意自己的子女出家当喇嘛，认为喇嘛可以为家人与世人积福德。后来政府认为做喇嘛是一种逃避劳动、享受不合理特权的方式，在1958年开展了"四反"运动（反叛乱、反违法、反特权、反剥削），拆毁佛像，强迫僧人还俗，将寺庙拆除或作为私人住宅和仓库。包干到户的时候政府有计划地恢复寺庙，该村共有20多人愿意出家做喇嘛，但是还俗者很多。现在村里的喇嘛人数为8人（一说3人）。现在在居民心目中，做喇嘛要么是有知识的人，要么是无法娶到妻子的人，而半路还俗是对神灵很大的亵渎。喇嘛如果发了大心愿，可以在呷仁依村大转经筒庙附近山崖的山洞中（图版二十三）面壁修行，这种修行也不能半途而废，修行天数可以是三天、三个月、三年或者十年。

道士是在家修行、具有一定的法力的人。一般居民家中有事，就请道士来看看风水或者念经。比如丧礼中需要请道士来念经，主要目的是祈求土地神蒂姆龙借出这块葬地给死者。呷仁依村的然卡庙虽然被居民认为是红教寺庙，但由道士管理。每个月初八和初十，道士会来到然卡庙进行清扫和念经。现在村里面有道士2人。

活佛是在佛教理论和实践方面取得很高成就、达到佛的境界的喇嘛。当他去世后，可以根据自己的意愿转生，即临终时将自己的灵魂投向别的生命体也就是灵童。灵童坐床后就是活佛本身，延续前世活佛的精神，继承其职位。但活佛如果不遵行教义，往往也会被信徒遗弃和唾骂。

（二）佛教活动

1. 日常佛教活动

呷仁依村居民普遍信奉藏传佛教，平常日子里居民也会在闲暇时念经、转经、听经等。

男性居民由于空闲时候少，往往不念经。即使念，也只在重要的节日，如新年中的正月初八。男性往往照着经书念经，由于现在多数的藏民都不会藏文，也限制了他们念经的热情。但他们会听经，以前是请喇嘛或者道士到家念，现在用VCD放佛经。居民普遍认为听经文是非常吉祥的，能够保佑家人平安、万事如意。在一个月里面，初一、初八、初十、十五、二十一、二十五、三十这七天都是很吉利的日子，女性尤其是老年女性，会尽量在这几天里面念经，往往多个老年女性聚集起来，年高者可优先选择日子，然后每人选择一个日子。到了吉日，所有的老年人都会到选中该日子的老人家里念经。一般先念然格尔若干遍（为人生祈福），再念观音经若干遍（观音为所有佛之母），最后念加年庚德若干遍（使当天所念经文效力增加相当于两倍念数）。念经的遍数是必须要达到的，否则不祥。因此，老年女性往往在去往目的地的途中就开始念经，以防最后时间不够不能达到要求的遍数。订好日子的老年人家里会提供场所及中晚饭，及相关宗教物品（第九节第二部分"念经"已说明，此不再赘述）。

除了上述提到的经文外，还有马扎格，也是居民常念的经文。马扎格和加年庚德都是颂扬莲花生大士的，由此也可以看出本村受红教影响很大。观音经其实就是六字大明咒"唵嘛呢叭咪吽"。即使没有集体的念经活动，村人多会戴上嘎乌（即护身符）和念珠。

在传统的藏式民居中，在其二楼都有一个经房，是用来祭拜神佛的。如果家中有老人，也住在经房中，方便随时供养。现在几乎所有的房间都可以张贴佛像或者设置神龛。据观察，神龛有祭拜墨尔多神、班禅的，神佛像则有墨尔多神、班禅、观音、文殊、如来等。藏族规矩是吃饭前要供奉三宝，但现在则是平常随意供奉，但有特定节日则必须供奉。比如七月初十是墨尔多神的生日，会在神龛前供养四个酥油灯和一个盛上馒头的碗等进行祭祀。

村里现在一共有庙宇4座，转经塔2座，居民在路过这些庙的时候，往往会进去顺时针转动转经筒，口中诵观音经。转数不拘，但至少三转以上。转的时候在转经筒上撒上麦粒等效果更佳。转经筒也有放在水中或风中，让水力和风力来转动转经筒的。转经塔在大路边，过路的信徒必须绕一圈以示礼佛然后方可离开。

2. 宗教节日

藏民族有许多属于自己的传统节日，如林卡节、雪顿节等，但在呷仁依村，这些节日都无人知晓。现在除了法定的元旦节、春节、五一劳动节、六一儿童节、十一国庆节、十一月二十四日建州节外，只有藏历春节为人熟知并被认为是最大的节日。另外，此处纪年用公历和汉族的农历，藏历因为通晓藏文的人很少而不被使用。过年的时候，会请道士或喇嘛来家里念经与祈福；居民会拜访长辈、祭拜先祖、布施僧侣，以及上山转经。中路乡的呷仁依、克格依、基喀依、罕额依、波色龙村的居民会沿着这几村依次走一遍转经，而最高点就是呷仁依村，这种活动往往持续几天，直到正月十五日。转经也可以其他地点为目的地，如墨尔多神山或者更远的康定观音阁、马尔康观音庙、峨眉山、拉萨布达拉宫等。转经一般选择在正月和四月，因为这两个月份做善事功德会翻倍，作恶事果报也会翻倍。

除了新年外，另外比较重要的宗教节日有正月十五、四月十五、七月初十、七月十五和八月十五。至于这些节日的名目，村中似乎无人知晓。

正月十五，色拉科等寺庙会聚集信徒念经、点酥油灯，抬佛绕寺庙一周。

四月十五，是祭拜兹巴鲁神山的日子。兹巴鲁神山即呷仁依村后最高的那座山峰，传说是大鹏金翅鸟的化身，藏文称为"赞角琼"。从梭坡乡那边看过来山形很像一只鸟。大鹏对于藏民族以及佛教来说都是很神圣的动物，祭拜神山需要用一天的时间，信徒爬上神山，在神山上一处比较开阔的草坪上作烟供、念经与缠风马旗。

七月初十，是墨尔多神的生日（有人说莲花生大士也是这天出生）。在这一天，所有的寺庙都会举行庙会。主要活动内容是聚会作烟供、念经与缠风马旗。

七月十五，是祭拜木尔资神山的日子。主要内容与祭拜兹巴鲁神山相同。在呷仁依村各碉楼附近有一处草坪，地名叫作然黑，是供体弱不能上到神山上的人祭拜神山的场所。在这里有泉眼，对于当地人而言是很神圣的水，因此专门建了一米左右的四方形围墙。

八月十五，呷仁依村的信徒会去里然龙村的岭青寺做"哑巴经"。需要在十三日到寺庙，这一天可以吃一餐素食，十四日也可吃一顿，但十五日不能进食，十六日午后方能离开进食，但也只能是面块和稀饭。从十三日到十五日这几天信徒就宿在经堂、院坝、僧人房或附近亲戚家中。

另外还有一座神山南然，离呷仁依村较远，但也是居民会去祭拜的神山。祭拜内容大同小异，祭拜时间一说也是七月十五。

（三）宗教建筑

呷仁依村的居民在忙碌的农作生活中，除在自家经堂中、神龛佛图前以及顶楼卓日上燃烟敬拜神佛之外，于农闲时也成群结队至村外与村中的一些宗教空间进行朝拜。

呷仁依村内公共的宗教性建筑物，大抵来说可以分为两类，一是转经塔，一是为寺庙。这些宗教性建筑选址都是在喇嘛的指示下完成的。建材方面，在本村落里，除了较常见用本地云母矿石以乱石糊土堆砌而成的白塔之外，共有五处较具规模的宗教性建筑，分别是然卡庙、斗卡豁庙、大转经筒、水神庙以及岩窝拉玛庙。

1. 然卡庙

然卡庙位于呷仁依村北侧山麓，是本村最具规模的寺庙，地址在原杨千户官寨遗址及然卡碉旁，据附近居民表示该庙的兴建年代与土司官制时期的杨千府官寨相当，然卡碉、杨千府官寨以及然卡庙等建筑群在废除土司制度之前是中路地区一个重要的政治教化中心。据然卡波居民表示，约在六七年前，因为然卡碉的石块时常由上崩落，原居住于原杨千府官寨的住户因为安全因素，于南侧新建屋舍搬迁过去了，而原杨千府官寨的建筑材料也在当次兴建中使用，因此现今已不复见官寨的建筑遗迹。该批建筑群仅剩然卡碉及然卡庙。

※空间分区与使用说明

然卡庙（图版三）由寺庙主体（面积75平方米，三层，石木混合结构，平屋顶）以及转经塔（面积20平方米，二层，石木混合结构，木作二面坡水屋顶）组成，建筑材料及方法与民宅相同，不再赘述。

转经塔2002年由居民共同兴建而成。一楼与寺庙本体无门窗相通，内部设有直径一米三的彩色转经筒一座，墙面挂有已褪色的经文布幔，四周墙面涂有白灰并有彩绘唐卡七幅，门旁有一退缩洞龛，从熏黑的墙面推测为放置烟供炉之用。墙角有一支老人家转经后可随手打扫用的扫把。门框上有"扎西德勒"及六字大明咒等藏文涂写。有门无锁，但内部干净通风，可见使用频率不低，维护良好。

转经塔二楼为基本功能完整的厨房，本处需由寺庙本体二楼前廊木门进入，内有火灶、锅炉、两只橱柜（内有数套碗筷）以及一座木桌，为道士与居民念经时所使用。

然卡庙主体为二进三层建筑，一二楼设有木构前廊，提供通风与光线，内部空间由六根木柱支撑杉木楼板。一楼空间目前由然卡波居民使用，堆放营建用木料，观看现存格局，在西侧前面仍有与二楼神龛相同之壁柜，推断过去一楼亦为宗教神圣仪式空间。内部墙面虽仍可看出涂有白灰，但不知何故几乎全部熏黑。一楼大门设有门锁，钥匙目前由然卡波居民保管。

二楼则为道士诵经之所，屋内陈设完整，有神龛、法器、唐卡及矮桌等，但据说仅在特定日子有道士与居民使用，从损坏的天花板与熏黑的木柱及墙面推断，建筑与使用年限不短。二楼前廊的外墙面有类似墨绘灵芝、云彩及飞鸟等图样，都已斑驳不易辨识。于空廊的北侧有一木门，门后有一段架空木石地坪。

三楼塌毁严重，从二楼木梯顶端观看，三楼柱间梁下挂有经文布幔，西侧与南侧有两损毁门洞，屋内空荡无任何家具，地坪上有大小石块碎片，应由门洞崩塌而来。由寺庙外高处下看，寺庙屋顶卓日空间尚属完整，但部分边角塌陷，并未插经幡、旗帜。

转经塔门前石垛上有两座一高一低焚烟用小塔，以乱石糊泥堆砌而成，上插有经幡与周边林石相接，经幡与香烟随风吹动，飘散在寺庙周边，与寺庙里的转经钟声在空气中共同形塑出一种无形的神圣感。

2. 斗卡豁庙

呷仁依村小石头围墙外，相连着一座面积27平方米的斗卡豁庙（图版二）。

寺庙的转经塔为一层石造外墙，木石混造屋顶，外涂黄泥与白灰，正立面檐下与门框、门楣均有漂亮的彩绘。前方为一宽阔的土豆田，左后方另有小门通往相连的呷仁依村小。

※空间分区与使用说明

这座寺庙相较于村内其他寺庙的特别之处在于：内部设有三个直径一米三的大转经筒，三个彩色大转经筒并列，每一次转动均需绕行三个转经筒，似乎象征着福报也增加三倍。内部墙面为白灰粉刷，无彩绘符号，挂有褪色的经文，右侧墙腰有一退缩木框洞龛，上面摆置了两个十公分高的石刻菩萨像。屋顶卓日完整，无固定梯向上，判断应以活动木梯上下。

3.大转经筒

为一座面积12平方米的单层转经塔（图版二十四）。此庙为石造结构主体及木石混和顶盖，外墙以白灰粉刷，正立面门楣以上有漂亮的云彩与经幡彩绘。红色的木门板上有整面涂金漆的龙纹雕饰，搭配了藏族门面常用的黑色"那子丹"。转经塔正面檐下设有四座金色小转经筒，来此处转经的人们会先在门前转上一圈后再行入内，以表示信仰的虔诚。

※空间分区与使用说明

此转经塔为单层单间配置，内部仅一座直径一米七的彩色转经塔，四面内墙之内层以黄泥混麦秆涂布后，表层以白灰粉刷，面层则以缤纷的宗教符号与唐卡彩绘装饰。转经塔外侧右后方，设有两座烟供使用的塔子。转经塔的左侧筑有一道一米左右的挡土矮墙，可能是防止滑坡的人为设计。

4.岩窝拉玛庙

本次调查因时间有限，对于岩窝拉玛庙未开始调查。该庙位于呷仁依村与神山之间，海拔较高。平时大门紧闭，需要找保管钥匙的人开锁方能进入。

（四）宗教物品

1. 玛尼堆

玛尼石是表面刻有经文或者菩萨像的石头，最多见的是表面刻有六字真言。这种石头不但被置于人们经常转经或出入的地方，还被放在窗台、房顶或直接嵌在墙壁中。当房屋重建或者遗弃的时候，玛尼石往往被放在一个专门的位置。久而久之，就形成了玛尼堆（图版二十五）。玛尼堆对藏民来说是很神圣的，路过需要绕其一圈并祈福，作用与转经塔相同。

2. 玛尼擦擦

擦擦的意思就是泥制小佛像，玛尼擦擦是以泥土压塑而成。在呷仁依村所见的玛尼擦擦，往往为圆柱体和表面有涡纹的圆锥体组合在一起，可能体现了这里的地域特点（图版二十六）。制作玛尼擦擦前，必须先准备好凹形模具，将湿泥巴填入模具中制成泥坯，晾干后即是玛尼擦擦。其有保平安的意义，如果家中有人生病，往往会制作玛尼擦擦放在家中。

3. 风马旗

风马旗，藏语称为龙达，意为风马。一般是在一方形布片上印刷上佛像、宝马驮经、简单经文、六字真言等。布面颜色有白、黄、红、蓝、绿等。往往一组一排地挂在树枝或绳索上（图版二十七、图版二十八）。也有印在四五厘米见方的小纸片上，然后随风挥洒的。藏族民居的屋顶上往往也会悬挂数列风马旗。除了宗教场所和民居外，在水边和山脊上也会有人悬挂，是藏区最常见的宗教物品之一。风马旗是利用风来念动旗面的经文，或者祭拜神灵。本地人一般在远行或出征时竖立风马旗，有祈福之意。

4. 经幡

在呷仁依村，可以看到所有藏族民居前都飘着一杆旗，旗的颜色有白、黄、红、蓝、绿等。和风马旗不同，这些旗上是藏文经文，体量大许多，当地人称之为"格兰都"。一般将风马旗翻译为经幡，我们不知道"格兰都"的标准译名，故暂用经幡替代。经幡其实是一种方便法门，利用风来念诵上面的经文，一般是免除灾祸的意思。虔诚的信徒会请喇嘛或道士选定经幡的位置。传说如果经幡位置不佳，主人家的身体可能出现疼痛。但也有人自行选定经幡位置。

5. 转经筒

转经筒（图版二十九）是藏区最常见的个人法器，每转动转经筒一圈，就相当于念诵了其上的经文一遍，而且转动经筒是为世间万物祈福而不单是为了自己，所以被称为是一种方便法门。村中的年长者多会手持一把一边转动一边诵经，以增加自己和众生的福慧资粮。

6. 其他

对于村民来说，以信仰的宗教符号作为装饰如符咒等贴在家门之上，用白石砌在藏碉楼上，佛教中的万字、菩萨像、牛头、日月等（图版三十），多被认为能保护家人平安健康与辟邪。此外，个人带在身上的护身符也比较常见，多是请喇嘛开过光的宗教小物件，如活佛像章等。

（五）禁忌

1．家里人如果生肖不对，如一人属虎一人属兔，会性格不合，这时需在厨房里面放唐卡。

2．不可在核桃树下睡觉，以防魂魄被带走。

3．不可用手指神山，否则是对神山的不敬。

4．午后及晚间欲入别人家门者，只能用手敲其大门或"喔！喔"吼叫，不能直呼其房名或该户家庭成员之名。上山打猎或砍柴等，呼喊同伴也只能以"喔！喔"相招，以防山神、鬼怪将同伴魂魄摄走。

5．进别人家门如不经允许不能上楼，因为二楼经堂中供着佛，外人擅入是对佛的不敬。

6．帽子、装饰物或身上挂的护身符不能让他人乱摸，以免得罪神灵。

附录

受访名单如下（依访谈顺序排列）：尔西罗卜（呷仁依村）、朗朗（呷仁依村）、各中麦（呷仁依村 村长）、阿木古丽（呷仁依村 麦黑碉）、郎珠曲桑（呷仁依村 喇嘛）、徐多权（岳扎乡 兽医）、春美（呷仁依村 空巴坡）、拉姆簇（呷仁依村 沙果科沙坡）、李开复（呷仁依村罗豁波）及桑丹老师（克格依村 东波）。

文字整理：白露、邓佳铃、谢如惠

摄影编排：白露、邓佳铃、谢如惠

审稿：王怡苹

附表：   呷仁依村碉楼调查表

项次	碉名	碉形	有无靠近	外墙尺寸（离地1米处）	本次是否进入内部	碉楼状况描述
1	日碉	四角	有		否	1.从克格依村往上到的第一个碉楼，由旅游局立牌标注"界碉"。村民并不清楚表示什么样的界线，但据我们的调查，界碉以上是呷仁依村。 2.碉楼的外观完好。 3.位于村书记家篱笆里。
2	然卡碉	四角	有	5.5m×5.5m	否	1.北侧第一个窗旁刻有梵语"嗡嘛米背米哄"。 2.碉楼的外观完好。 3.高度：约20多米 4.门离地高度：3米
3	拔左碉	四角	有	5.2m×4.9m	否	1.碉楼的外观完好。 2.位于杂草灌木堆中。
4	卡比碉	四角	无		否	1.碉楼的外观完好。
5	黑然碉	四角	有		否	1.毁坏严重，最高处两侧墙角崩塌。 2.周边杂草灌木，无法靠近。
6	呷达碉	四角	无		否	1.位于玉米田中。 2.碉楼上方已毁坏，现存碉身可见四个细长洞口。
7	树古碉	四角	有	5.1m×4.9m	否	1.碉楼上方四角已毁，但仍可见顶部。可见面的碉身有一个大洞口及四个小洞口。
8	呷扎碉	八角	有	边长1.5m	否	1.听说里面住了一尾大蛇。 2.八个墙垛塌了三个。 3.碉楼上方仅剩三个角。 4.旁边连着一间屋子的遗构，墙面糊黄泥并且被熏黑，这是因为要把黄泥熏干。 5.高度：约18米
9	江几碉	四角	有	5.9m×5.9m	否	1.碉楼顶部已毁坏。 2.墙厚：1.2米 3.门离地高度：5米
10	各碉	四角	有	6.3m×5.8m	是	1.位于玉米田旁，因庄稼填土，门高度可攀爬进人。 2.楼底内有蛇皮，焚烧后的竹枝、石块。 3.门窗框木全毁。 4.顶部已毁，门窗框木及石块有烧过的痕迹。 5.墙面有一尊白色菩萨像。 6.墙厚：1.66米 7.门离地高度：3.6米

周边建筑	备注
村书记家（日波）	●GPS坐标：E30° 53′ 34.4″ 　　N101° 56′ 31.6″ ●记录日期：2010/7/11
1.土司（杨千户）官寨－杨千寨（遗址所在） 2.本教喇嘛庙 3.北侧住家为格绒泽里的大姨妈家（然卡波） 4.西侧有住家	●土司官寨本与此碉连结，六年前因落石严重被居民拆除，原住户于北侧新建房舍。目前碉楼下种植黄豆，判定应无建筑遗构。 ●红教喇嘛庙，过去二楼有空廊与碉楼相连，目前仍可看到空廊部分遗构。朝门锁起，可进入。 ●喇嘛庙的转经筒室可进入，有老人会进去。经筒直径约1.4米，据格绒泽里说，这是六七年前做的经筒。 ●转经筒室外有念经时燃烟用的塔子，并插有经幡。 ●转经筒室外有一座藏族坟墓。 ●转经筒室外有一个"玛尼堆"，上面堆放着写有梵语的石块。据说写有宗教文字的石块不能乱丢，要统一放在此处。 ●记录日期：2010/7/11
无	●旁有一座藏族坟墓。 ●记录日期：2010/7/11
无	●记录日期：2010/7/11
以前无建筑，现今在碉的西南5米处修建了一座藏族住宅。	●记录日期：2010/7/12
无	●记录日期：2010/7/12
位于树古波旁10米处	●记录日期：2010/7/12
无	●记录日期：2010/7/12
附近有江几波，碉离该家的猪圈只有不到10米的距离。	●记录日期：2010/7/12
以前附近有两家住户，现已迁走。	●记录日期：2010/7/12

续表

项次	碉名	碉形	有无靠近	外墙尺寸（离地1米处）	本次是否进入内部	碉楼状况描述
11	格达碉1	四角	有	5.1m×5.2m	是	1.碉楼顶部已毁，洞口高度需攀爬2～3米才可进入。 2.墙厚：1.3米 3.门离地高度：5.5米
12	格达碉2	四角	有		否	1.矮碉 2.碉楼顶部已毁，可见的二面皆无洞口。
13	格黑碉	四角	有		否	1.公碉 2.房屋以前和碉相接，6年前移至现址。以前从房屋上可通过木板进碉。碉中有三层，作为仓库使用。 3.保存完好，木筋完整，碉尖在1976年地震中略有破损。
14	五二碉	四角	有		是	
15	八黑碉	四角	有		否	1.高度：42.8米
16	黑沙碉	四角	有		否	1.为本村现存最高的藏碉 2.保存完好
17	麦黑碉	四角	有		是	1.以前的住宅就在碉旁，现宅在离碉10余米处，去年才修。 2.以前宅楼顶和碉最低的门洞有木板相通，可以储存麦草粮食等。 3.此碉可爬上，门洞墙缝中发现有藏文纸。内有隔层将碉内部空间分为左右两半，仰头可见残留的木头横梁。 4.保存完好 5.碉上部墙壁发现有用白石砌成的牛头图案。据主人介绍，传说修碉时工人很辛苦，杀了一只牛，于是在碉上用白石砌成牛头图案。
18	呷则碉1	四角	有		否	1.位于接近神山高处
19	呷则碉2	四角	有		否	1.位于接近神山高处 2.毁坏严重
20	呷则碉3	四角	无		否	1.位于接近神山高处 2.毁坏严重
21	赤卡碉	八角	有		否	1.位于呷仁依村和古卡伊村的交界处 2.毁坏严重

周边建筑	备注
无	●记录日期：2010/7/12
无	●旅游局编号：16号 ●记录日期：2010/7/12
位于格黑波院坝内，距离房屋10米左右。	●记录日期：2010/7/15
	●记录日期：2010/7/16
	●记录日期：2010/7/16
距八黑波15米左右	●记录日期：2010/7/16
距麦黑波10米左右	●记录日期：2010/7/13
旁有一毁坏屋舍，已废弃多年。	●记录日期：2010/7/12
与呷则碉1相距不到10米，两碉通过残破石墙相连。	●记录日期：2010/7/12
无	●记录日期：2010/7/12
原来赤卡碉与赤卡波相连，后由于修路住宅移至现在公路对面。	●记录日期：2010/7/14

第 三 篇
四川丹巴县罕额依村调查简报

一、概述

丹巴县位于四川省西部，甘孜藏族自治州的东部，地处大、小金川河的下游，大渡河的上游。小金川、大金川、牦牛河、金沙江、大渡河五川在丹巴县内汇聚，墨尔多山、贡嘎山、雅拉山、革涅山、四姑娘山环绕丹巴县，群碉耸立，山川巍峨，一幢幢具有藏族特色的民居分散在平缓的坡上，构成了丹巴地区独特的景色。

"丹巴在秦、汉为西羌领地。隋代时为嘉良蛮夷之地。唐代置东、西嘉良州，隶雅州，后被吐蕃所据。宋代仍置东西嘉良州。元属吐蕃等路宣慰使司都元帅府。明代属长河西鱼通宁远宣慰司。清康熙三十九年（1700）置革什扎安抚司和巴底安抚司，康熙四十一年（1702）置巴旺安抚司，乾隆三十九年（1774），巴旺、巴底安抚司升宣慰使司。乾隆四十四年（1779），置章谷屯，隶懋功（今小金县）屯美诺直隶厅。民国2年（1913）康定辖属的鲁密章谷24寨连同丹东、巴旺、巴底置丹巴县。1935年红军长征过境，建立了丹巴县苏维埃（又名格勒得沙）政府和大桑区、巴旺、巴底、丹东、边耳、聂呷、半扇门乡等苏维埃政府。民国28年（1939），属西康省第一行政督察区。1950年，属西康省藏族自治区。1955年，属四川省甘孜藏族自治州。2005年，全县辖14乡、1镇、181个行政村。县治章谷镇，距州府康定137公里，距省府成都368公里。丹巴置县时，取丹东、巴底、巴旺三土司音译汉文首字为县名，故名丹巴。"[1]

此次所调查的罕额依村是四川省甘孜藏族自治州丹巴县中路乡下属的一个行政村。中路

---

[1] 蒋成、陈剑等：《丹巴古碉群现状及价值》，《康定民族师范高等专科学校学报》第15卷，2006年8月第4期。

乡，距离丹巴县城约10公里，位于北纬30°53′，东经101°56′，毗连呷仁依村、克格依村、折龙村、波色龙村。村寨坐落于小金川东岸山坡半山腰的一个相对平缓的地方，与雄浑奇伟的墨尔多神山（图一——1）相望，物产丰富，天蓝水清，气候宜人。罕额依村下面划分有四组（图一——2、图版一），全村总有107户，486人。一组分布在色拉科寺庙的周围，有26户；二组比较集中分布在山脊上，与克格依村、呷仁依村相毗邻，共有36户；三组集中分布在磨子沟的左侧，共有21户；四组分散在三组东北面，共有24户。

罕额依村于2006年修建了与邻近村寨和外界相通的乡村公路。乡村公路连通了罕额依村的一组、二组和四组，由于三组靠近磨子沟，地势险要，故无乡村公路相通，但有人们平常走的乡间小路可连通各家各户。村内80%的人口是嘉绒藏族，18%的人口是汉族，2%是其他的民族，嘉绒藏语、四川话是人们平常交流通用的语言，各民族杂居，和睦共处。

本组采用人类学学科的田野调查方式，通过踩点、深度访谈等多种调查方式对中路乡罕额依村的地理环境、历史变迁、村落的内外部结构、人群与社会、经济方式、宗教信仰、生活习俗等方面做了调查，为以后学者的专门研究提供基础资料。

图一——1　墨尔多神山

图一——2　罕额依村

二、地理环境和资源

中路乡罕额依村位于墨尔多神山西面，小金河的东岸山上，海拔在2400—3400米之间，距离丹巴县城约10公里，与墨尔多神山隔河相望。

丹巴县气候属于青藏高原型气候，随地势垂直变化十分明显。中路乡罕额依村处于山地温带半干旱区，每日昼夜温差较大，可达10℃左右。日照充足，紫外线强烈，太阳辐射总量较大。雨热同季，干湿季分明，降雨集中，春夏季降雨量大于秋冬季降雨量，干冷季从每年的10月份持续到次年的4月份，湿热季从每年的5月份持续到9月份，夏季气温平均在24℃左右，冬季气温平均在3℃左右。本地夏季多雨，易引发泥石流和滑坡，冬季则多风雪，风速较大，多有暗冰。

罕额依村山体主要由土石构成，结构松散，在雨天等恶劣气候下容易出现泥石流和滑坡。20世纪80年代后，当地过度砍伐树木，森林覆盖面积急剧减少。自2000年实行"退耕还林"后，除了柴薪，森林内林木砍伐已经全面禁止，森林复育状况渐渐转好。

罕额依村完整的森林（图版二）多分布在村寨的上方海拔2800—4000米的山区，主要是由松木、数种杉木、麻柳树等构成。森林中盛产各种野生菌类，同时还盛产药材，比如天麻等；在过去，森林里还有很多野生动物，如野猪、熊、豹、兔子、土猪等，但由于森林覆盖面积逐渐减少，动物的种类随栖息地的消失也减少了很多，野猪、熊、豹这类大型食肉动物据村民说已经很少见，目前在林间多可见到的则是一些中小型野禽，如野鸡、雕、老鹰等。磨子沟东侧的山上，是一大片荒坡，树林呈零散、小区域分布，大多是低矮的灌木丛，到了夏季由于日照充足，整个山会被丰厚的草丛覆盖，成为较好的放牧地。在这里经常可以看到人们放养的牛、猪（图二—1）和羊。

村民将海拔高度在2400—2800米的山腰缓坡处的四周开辟成山田，种植各种粮食作物，近年来由于交通方便，也会多种花椒树、核桃树（图二—2）、苹果树等经济作物。

村寨内随处可见的大石头，也是一项重要的自然资源，是修建村中房舍主要的建筑材料。当村民要修建房舍时，就会找石匠拣选坚硬适合的石头打成平整的条石，然后背回家。由于罕额依村三、四组所在的地方坡度较陡，水流湍急，落差较大，所以从山上引流来的水富含充足的水能动力，村民便充分利用水资源，在水渠上方修建水力磨坊和水力转经筒，这成为村寨中一道独特的风景线。

图二—1　村内放养的猪群

图二—2　经济作物核桃树

总的来说，在罕额依村，依照山势而分布的田地、森林、草地构成了良好的生态圈，为人们生活提供了多元化的可能，也为生活提供了便利。

三、村落传说与历史

（一）族源传说

到达中路乡，我们去拜访中路乡文化干部，他们介绍了中路乡的来源：中路乡原是宁夏当羌的一支，这支部落在一次历史上的败仗后逃到这里，同行时带了两只羊，他们认为羊自然死亡之处为吉地，可以作为定居之地。后来部落走到中路乡，羊自然死亡在有泉水的地方，于是族人就定居于此，经过千百年的发展后，形成了现在的中路乡村寨规模。村中色拉科寺的色披大师也说：相传中路人的祖先由西藏向外迁徙时，恭请佛祖指点出一个适合的去处，代表佛祖旨意的喇嘛就给了他们两只羊，指示说，羊自然死亡之处就是适合他们居住的好地方。于是迁徙者带着两只羊来到此地，羊自然死亡了，迁徙者就在这里定居下来繁衍后代子孙，逐渐形成了现在的村寨聚落。

另外，根据史料记载，中路乡改土归流之前是明正土司卓笼土百户的领地，中路在藏语中的意思就是"向往的好地方"。

我们走访村中的老者们，向他们了解除了两只羊的传说外是否还有其他关于族源的传说。老人们在努力思考、探讨一番后，多摇摇头说村子的历史很长了，都说不清了。而关于村落的历史沿革与发展轨迹，已经没有相关的文字资料记载，人们只能凭着有限的记忆重建过去。

（二）新石器石棺葬遗址

对于村寨的来源和历史，访谈村里的耆老还是无法完全证实，但在罕额依村发现的一处"中路乡新石器时代文化遗址和石棺葬墓群"（图三—1），却足以说明村寨历史悠远。罕额依村新石器时代文化遗址及石棺葬墓群的位置主要以色拉科寺为中心，GPS定位在东经101°17′—102°13′、北纬30°23′—31°29′之间，海拔为2300米。在1989年至1990年间，四川省文物考古研究所和甘孜州文化局联合组成考古队，对该遗址进行了为期14个月的考古发掘调查工作。

在丹巴县文物管理所工作的东波桑丹老师提供给我们的《丹巴中路遗址及石棺葬墓群》材料记载："丹巴中路遗址及石棺葬墓群位于中路罕额依村小金河左岸的半山平台上。古遗址面

图三—1　中路乡新石器时代文化遗址和石棺葬墓群

积2万平方米，石棺葬面积1万平方米，裸露地面的墓葬有50余座。1989年至1990年间，发掘古遗址面积123平方米。共发现灰坑8个，房屋遗址2处，并出土了大量的石器、骨器、陶器和装饰

品等。"①经过专家的确定，中路乡罕额依村遗址和石棺葬群的文化堆积是不同于周边地区同时期古文化遗址的。经过专家分三期的碳十四测定，大致确定其年代为距今5000—2000年。罕额依村新石器时代的石棺葬遗址初步展示了大渡河上游地区，从新石器时代晚期到西汉时期人们的社会生活和文化面貌。

考古出土材料分析证实，早在距今5000年前就有先民在此定居和生活。从古遗址出土的陶器、石器、骨器、铜器上，可以看出当时人们对工具的掌握以及钻孔技术的运用已具有高水平的工艺水准。我们在调查中发现，古代石棺葬墓群（图三—2）今日依然可见，在罕额依村、呷仁依村、克格依村、基卡伊村、折龙村都有分布。

图三—2　石棺葬遗址

①　四川省文物局：《丹巴中路遗址及石棺葬墓群》，由东波桑丹老师提供材料。

四、村落的基本单位

（一）家庭的构成

罕额依村内共有百余户家庭，作为村落的基本构成单位，最普遍的家庭便是父系核心家庭。人们以血缘姻亲来区分我群和他群，通过凝聚我群从而共享、保护和争夺生存资源。罕额依村主要是藏族聚居区，但是在整个村里，人们是按血缘关系或者地缘关系来区别他者，而忽略了彼此的种族。当访调问起民族问题的时候，村民们都会说"汉藏一家亲，没有特别的区分了"，汉藏通婚杂居的情况在罕额依村非常普遍。

在调查中我们了解到，罕额依村没有纯粹的汉族家庭或藏族家庭，都是汉藏融合，现列举几个典型的家庭，详见下表：

组别	父亲姓名	族别	母亲姓名	族别	子　女	备　注
罕额依村三组	华富勇	汉族	甲呷初	藏族	降初（大儿子，藏族）华格玛（小女儿，藏族）	儿子随妈妈姓李，女儿随爸爸姓华。
罕额依村三组	华富君	汉族	次的阿姆	藏族	华尼玛（大儿子，藏族）华贵芳（大女儿，藏族）华贵蓉（二女儿，藏族）	大儿子已结婚，妻子是白嘎村人；大女儿在成都电力公司工作；二女儿在雅江县当医生。
罕额依村二组	岳国富	羌族	格绒拉姆	藏族	岳正有（大儿子，藏族）岳正全（二儿子，藏族）岳正琴（三女儿，藏族）	三个子女都已经结婚生子，都在甘孜州和康定县城工作。

在这三个家庭里面，父母亲都是不同族别互通，但是他们的子女都是藏族。由于政府政策较偏向于保护少数民族，如在升学方面会有加分政策，工作时也会有政策倾斜，所以父母登记子女户口多填写藏族。村民认为无论是汉族还是藏族都没有严格的区分，这只是政策上的一个选择而已。在罕额依村，这样的家庭很典型，在生活习惯或者宗教信仰上文化多合一了。关于村里的生育计划，我们访谈了村妇女主任罗成珍，她的主要工作就是统计育龄妇女、推行计划生育政策。罗主任说现在政府指标允许生三个子女，但现在村民因为负担重都不愿意生养三个子女，多数家庭生养一至两个孩子，独生子女户越来越多，村里的人口增长速度比较起20世纪60年代反而下降了不少。

（二）家庭的延展

在罕额依村，人们对族群的认同以家庭为出发点，以同心圆的方式向外扩展，根据血缘或者拟血缘关系的亲疏程度凝聚为"家庭""家族""宗族""族群"，血缘联系着村里的家家户户，联系着罕额依村和外部更为广大的世界。

村内结婚后的男子，会立即在很短的时间内独立家户，通常是最大的儿子继承老家与父亲遗留的产业。但是当本家族的土地不足，或者家里的儿子很多时，男子会选择到临近村寨缺乏男劳动力的家庭当上门女婿。罕额依村里的可耕地在1983年农村土地联产责任制时变动过一次，至今再也没有变动过，所以当时家中全劳力少而今人口增多的家庭，土地上的生产结果是不够食用的，衍生出的多余劳动力会选择去外面务工安家或者去其他地方"上门"，来缓解土地资源分配的紧张。

村寨中父辈或祖父辈有血缘关系的几个家庭经常紧邻而居，平时来往密切，在经济或劳力上会互相支持。虽然如此，在一大家中，各家户不一定都可以和睦相处，由于土地资源的匮乏，分产经常会造成家庭成员内部潜在的对立和冲突。此问题虽不严重，却会造成亲朋人际间的隐性矛盾。

（三）婚姻与家庭

联姻的关系扩大了一个家庭的亲属圈，延展了家庭的范围。调查显示，老一辈人都是本村或与邻近的克格依村、呷仁依村、基卡伊村等村寨互通婚姻，年轻一辈的人因为外出打工、上学，交友范围更加广泛，所以婚姻对象也不断地延伸到更远的地方。

访谈中，村民告诉我们，他们希望自己的女儿可以嫁到距离家很近的地方，或者到乡镇和大城市里去。因为女儿嫁在邻近的地方，随时都可以看见女儿，在农忙的时候，女儿和女婿还可以回来帮忙，补充家里的劳动力；嫁到乡镇和大城市，是因为那些地方生活条件好，女儿在那些地方可以过得很好，自己也有面子。

家族举行婚礼时，平时较少联系的家族此刻又由婚姻这条纽带联系在一起，借由通婚又可扩大家庭的范围、扩展家庭成员的人际关系网络，他们会彼此结成一个小团体，互相帮扶，共享或者共同保护资源。婚姻是除了血缘纽带外的另一条维系人际关系的纽带。

（四）住宅的空间布局

中路乡罕额依村的藏族住宅空间，多依循生活方式或畜养牲禽需求而建。村里修盖一座房子大概需要花费5万—6万元，而这还只是房屋材料钱或者请石匠的工钱，房子的修建多是请自己的亲戚帮忙，动工期间平均每天会有几十个亲戚来帮忙修盖房舍。普通民居一般会分为四层，少部分为五层，都是石木混合结构建筑。一般民居的最底层为牲畜圈，牲畜圈的出入口与人居室的出入口分开设置，不相混杂。传统民宅会将人居室与猪圈纳为同一空间，少数新建房屋人居室与猪圈分离，猪圈另设。猪圈分为两部分，内部以石头与水泥作为遮蔽（防风或防水）之空间，外部则无遮蔽，而以大量木材筑起一道墙，地上则都是泥巴。猪圈中放置有废轮胎或一个大容器，作为喂食猪只的食器。有些猪圈同时饲养鸡只，因此里面也会有叶菜类的饲料。

　　猪圈与前院（二楼）以木梯作为通道。前院通常饲养鸡只，或栓一只看门狗，但多为空地。一层的内部空间以客厅、厨房、杂物房为主。客厅作为平时亲友聚会场所，由于政府补助每户无线电视接收器，每家客厅也都有电视、影碟机等视听设备；座椅以沙发为主，部分摆放藏床，很多住户也会挂上披有哈达的毛主席画像，甚者还点酥油灯；厨房主要以灶台或轻便沼气炉为烹调设备。可见图四—1。

　　二楼主要为睡房，有主卧房与次卧房约4间，若有空房挪出则当成置物间。楼层外墙用木头隔出类似吊脚楼的悬空厕所，有些人家也会设置存放草料的附属建筑设施。经堂多设于二楼干净之地，朝向东方或与房屋正门同方向，大多使用柏木建造，一般供奉观音或莲花生大师，也会挂上唐卡（图版三），信徒会在此念诵嘛尼、观音经；居民晨早起洗手并供奉清水，点上酥油灯，烧香，一天一次，下午需倒掉清水并拭净杯子以备第二日使用。可见图四—2。

　　三楼主要设为晒坝和仓库，用于农作物脱粒、曝晒、存储等用途，或供家人休息用。以木头区隔出约四个空间，内可堆放杂物，且梁柱间会挂上"嘛尼旗旗"，最外侧则设堆放农作物草料的空间。此楼层也是信徒聚集念嘛尼之处，他们会选择一个较为干净敞亮的地方，在墙上挂上经幡和唐卡，点上藏香和酥油灯，一起念经文。可见图

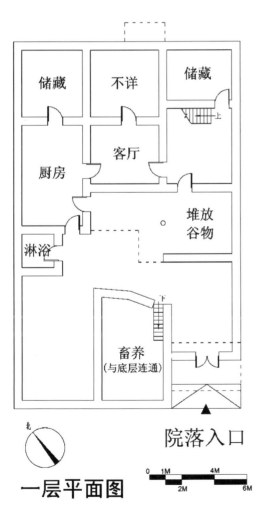

一层平面图

图四—1　住宅一层平面图

四—3。

四楼为一个较小的空地，藏语称为"卓窝"，四周有半月形的造型，在当地被称为"卓日"，在至高处镶入白石，用柏木挂上"嘛尼旗旗"。中路乡有白石崇拜的习俗，白石代表着吉祥如意，顶上的嘛尼旗每年都会买新的，去庙里让喇嘛开光后再重新挂上，以保佑家庭和睦平安。这种民居顶层四方的半月形造型（图版四）非常独特，从宗教的意义上是代表四方诸神。在有些家庭的"卓窝"上还设有"烧烟供"的圣山造型石炉，上面放置白石表示尊敬。而赛萝家顶楼还供奉着从老家请过来的观音，一般在好日子时才上顶楼拜拜。可见图—4。

罕额依村民居外围的墙体都被刷成白色（图版五），而房子的横梁或者木质

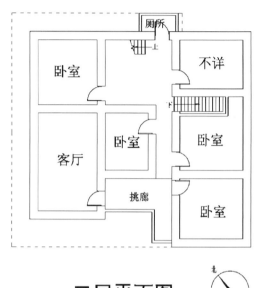

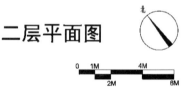

二层平面图

图四—2　住宅二层平面图

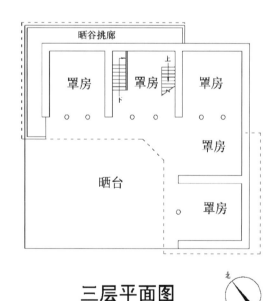

三层平面图

图四—3　住宅三层平面图

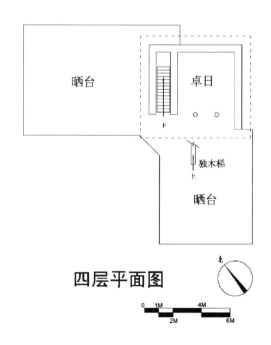

四层平面图

图四—4　住宅四层平面图

部分都会涂上红色、绿色、黑色、白色等色带,在窗户或者房门框上还会画上色彩斑斓、造型独特的云彩、莲花、佛像等吉祥图案(图四—5),村民说这都是为了房屋的美观。有些住宅的院门和墙壁上还镶嵌有牛头骨(图四—6),用于辟邪;许多房宅的门上都挂有五色风马旗(图

图四—5 色彩斑斓的门

图四—6 墙上的牛头

四—7），这是他们去庙里请喇嘛开光后的经幡，一般都是平安经，是为了保佑家人的平安健康。

在调查中，我们发现罕额依村年代久远的民居的整体造型都分为三个阶梯，一级降一级。据桑丹老师介绍说，这种造型的房屋象征着一个盘腿打坐修行的和尚，这个说法是否可靠，已经无法考证了。村里近两年来新修的房屋在造型方面都已有更多的变化，以追求房子的美观和适用。

远观村中的民居，给人的印象是造型独特、形体高大别致，装饰着色彩鲜艳、极富层次感的图案，与绿树、田园、远山相映成趣，构成一幅美丽风景（图版六）。

图四—7　门上的风马旗

（五）房屋的建造

由于村寨位置在小金河河谷地带，山体主要是由沙土石构成，地质构造不稳定，容易发生滑坡和崩塌，所以房屋的地基一定要坚固结实，才能抵御恶劣的自然环境。村附近的山崖以云母片岩为主，于是村民就地取材，选用坚固、适合建房的石头和山上的木材，加上特殊的修建技巧，使得罕额依村的民居坚不可破（图版六），对于防风、防震都有很好的效果。

村民建房时会选择一个相对平缓的地方，在建筑的底层挖一个很深的基角沟，用打磨好的石条砌成基角，有的也会利用大岩石作为墙基，以保持建筑基础的稳固。墙体主要是以黄泥加上打磨好的石条砌成，为了增强墙体的整体性，在房屋的墙体内侧会加一道木圈梁。每修好一层时，就先用打磨好的白杨木或者杉木等坚固的木头作为横梁（图四—8），然后在横梁上铺上"角子"（比较细的木板），然后再铺一层平常用来当柴火的木头"柴花子"，上面再铺上一层稀泥土，最后铺上干泥土，现在很多人家都会在最上面贴上木质地板或者地砖。一般房屋会采用逐渐内收的方式，这是借用了碉楼的修建工法，以增强建筑的稳定性和牢固性。

在房屋的四层顶上，罕额依村的藏族民居一般会修筑平整的晒台（图四—9）。一是受气候影响，这个区域雨量不大，不需要修建坡面屋顶以利排水；二是由于丹巴地区平地较少，充分利用屋顶设为晒台就可以堆放和晒粮食。为了防止雨天晒台漏水，村民们会把泥土平夯在晒台

图四—8　民宅内的屋梁

图四—9　民宅四层的晒坝

上，同时开凿排水口以供顶上雨水的排放。现在随着外面信息的传入，很多人家也会在晒台上铺上水泥。

罕额依村的村民若要新建住宅，需先向村委会报备，在2009年约新建11户新宅。盖新宅时，会请喇嘛先选地或算卦，选择适合家庭的一块吉地修建。修建房屋时，亲戚或同一组的村民会相互帮忙，这就是所谓的"换工"——村民的互助模式，主人在以后会通过各种方式把这些"工"报还给别人。所以在罕额依村修建一栋房子，只需要花钱请石匠打磨石条，请拖拉机搬运石、土等建材，买一些水泥、木头等建材，在修建工程中则无需另请人工修建。而且，在罕额依村人人都有修建房屋的经验，凭借着丰富的经验就可以修好一栋房子。

案例：罕额依村一组色拉珠儿赛萝家在2008年汶川地震后，自行修建房屋，赛萝上山背运石材，其丈夫负责砍木材，当时约有50位亲戚帮忙修建，房屋从准备材料到最后完工大概修建了3个月，花费3万元左右。

罕额依村村长岳国富家的房子是在2008年汶川地震后修建的，共修了5层楼，花了4个月时间，请了自家亲戚来帮忙，每天大概有40多个亲戚帮忙，也因较有经济能力雇请了石匠打石块，工资约一天40元，整个房子花费约3万—4万元。

我们在访调过程中遇见一户正在新建的住宅，当时约有11位妇人、1位男子、3位男孩及2位女孩，正在使用竹篓背砂石至顶楼。此户人家原本住在罕额依村四组，因处于顺向坡有泥石流之危险，决定搬至一组较平缓之地。

而房屋的内部装修则各有特色，较新的住宅会将墙壁漆上白色油漆，但大多仍直接暴露水泥墙。部分人家中的地上会铺上木板，但许多还是维持水泥地。内部灯饰，有的直接以灯泡为主要光源，少部分会装潢较华丽的吊饰灯，这主要是根据家里的财力来决定。经济条件比较宽裕，或者与外界接触较多的家庭，屋内布置与装潢会很讲究，有精美的沙发、时尚的组合家具、音响组合等；而普通的人家就会按照传统的装修方式，内设藏床（图版七）、藏桌等，凸显本民族的文化特色。

五、村落的内部结构

（一）村寨聚落

罕额依村的东边有一条较大的冲沟——磨子沟（图版八），水量较大，为罕额依村的生活用水、农田果树灌溉、水力磨坊提供了极大的便利。

罕额依村的四个组，因为地理位置、生产条件而产生差距。比如说位于色拉科寺庙周围的一组，地势相对平缓，交通便利，较多的区域都被开发出来种植庄稼、花椒和苹果；罕额依村二组主要是沿着山脊分布，交通也还便利；三组、四组则分布在磨子沟周围，处于泥石流和滑坡多发地带。在访调村民时，住宅位于危险之地的村民很激动地告诉我们，一到下雨，他们都寝食难安，如果发现房子后面漏水或者地面出现了裂缝，就会更加焦灼。村民说，虽然情况如此危险，政府也动员搬迁，可是他们找不到可以搬迁的地方，因为在相对安全的地方已经没有足够的土地可供他们修建房屋了，政府也没有更好的措施来安抚大家，所以他们对于居住的焦虑恐怕还会持续一段时间。

（二）村内的道路体系

从丹巴县到中路乡的进乡道路可直达克格依村，进乡道是以水泥重新硬化后的乡级道路。克格依村的地理位置相对较好，罕额依村对比克格依村，其道路情况则差了许多。

罕额依村道路体系大概分为三类：公路、旅游道、村内小路。公路是村民集资自行修建在相对平缓地区可以通车的路，主要有两条路线进入罕额依村：一条是从克格依村，经过呷仁依村，到罕额依村二组和四组；一条是从克格依村直接到罕额依村一组。罕额依村三组位于其他三组的中间地区，公路无法直接或间接到达。在罕额依村的这两条公路，彼此相接连且路况较差，都是初步修成的毛坯路，每逢雨天道路就变得泥泞不堪。

近年来，丹巴县境内的甲居藏寨被评为中国最美丽的村寨，逐步提升了其在国内外的知名度，丹巴县藏寨旅游的开发也日益兴盛。中路乡为了方便旅游者游览，2007年政府出钱聘请工程队设计和修建了一条宽约一米，用石板、水泥铺设的步游道（图版九），覆盖克格依村、呷仁依村、罕额依村的部分地区。罕额依村的步游道在一组和二组分布较多，一组的步游道主要环绕色拉科寺、转经塔、新石器时代文化遗址和石棺葬墓群一周，沿着山脊通向二组，再由二组通往四组，沿途有水力转经筒（图版十）和水磨坊。三组由于交通不便，没有修建步游道。

村中小路是平常村民与邻居联络或者下地干活经常走的路，这种小路在村里非常密集，蛛网交错、条条互通，把整个村子的家家户户都网罗在一起，方便了大家的交流和沟通。

（三）给水和排水系统

丹巴县为典型的青藏高原季风气候，中路乡的五个村——克格依村、呷仁依村、罕额依村、波色龙村、基卡伊村，除波色龙村主要分布在小金河河谷地带外，其余四村均分布在海拔2000米以上的半山坡上，所以水资源相对不甚丰富，但夏季优于冬季。

在罕额依村内，全村的灌溉用水都引自水量较丰富的磨子沟（图版八）。近年来中路乡为了旅游开发，乡政府修建了一条长4100米的水渠，由磨子沟引山泉水从罕额依村四组流经罕额依村二组和一组，同时分水道于呷仁依村和克格依村，让五个自然村共享"中路大堰"。这条水渠多是沿着步游道而修，算是村里的一道人为景观。村民则利用水渠的水洗菜、洗衣服或者灌溉。同时由于地势陡峭，水力资源丰富，所以在水渠上村民多修建有水力转经筒和水力磨坊。

村内的饮用水为村民自行到山上泉水源头处，以水管接引下来到各家。而村内并没有修筑专门的排水系统，家庭生活用的废水会被再次利用或作灌溉用。另外，村里都修建有小型的储水池，把多余的水接到储水池中，在干旱的时候可缓解危机。除了珍惜水资源外，村里自然资源的再利用体现在几乎每家每户都修建了沼气池，平时生活的废水都会流进自家的沼气池，用于生产沼气。

（四）公共场所及建筑

1. 碉楼

丹巴是我国石雕最集中、数量最多的地区，有着"千碉之国"的美称。2006年5月26日，丹巴古碉群被国务院列为第六批全国重点文物保护单位，目前"丹巴中路、梭坡藏寨碉群"正在申报世界文化遗产。丹巴古碉群是四川省乃至整个青藏高原地区古碉的代表和集中体现，具有较高的价值，也是嘉绒藏族文化的重要载体[1]。

中路乡呷仁依村石碉的数量最多，而罕额依村的石碉的数量相对较少，目前可见7座碉尚完整。古碉在造型上分为四角碉、五角碉、八角碉、十三角碉；按照功能可分为战碉、哨碉、寨碉、家碉、界碉、风水碉、经堂碉、祭祀碉、要隘碉等。罕额依村的7座碉造型上均为四角碉，功能上则有家碉、经堂碉、界碉、哨碉几种类型，如下分述：

色拉碉1、色拉碉2——位于色拉科寺庙后面的两座四角碉。这是两座经堂碉，里面是中路乡道士修的庙宇，目前都很残破。

四季碉（图五—1）——位于罕额依村一组，是保存最为完好的一座四角碉。作为罕额依村一组与二组的界碉，四季碉与民居距离较近，但没有被使用。

桑根碉（图五—2）——位于罕额依村二组，较为完整，是以前的家碉。桑根碉距离罕额依村副村长周金华家很近。据周金华回忆，这个碉存在很久了，以前他家的房子和碉是挨在一起的，碉的一面就是房子的后墙。为了节省空间，周金华的家人把房子和碉连通，把碉的一层和二层开辟为仓库，用于储存东西。后来在修建房屋的时候，由于找不到合适的石条，就把碉顶部的三分之一拆了下来，这对碉楼的损害较大。近年来不断有学者和游客来参观古碉楼，丹巴

---

[1]　蒋成、陈剑等：《丹巴古碉群现状及价值》，《康定民族师范高等专科学校学报》第15卷，2006年8月第4期。

图五—1　四季碉

图五—2　桑根碉

县的文物干部也对古碉楼进行了文物普查，并对村民讲解了古建筑的重要历史文化价值，要求民居距离古碉50米远。由于地势陡峭，周金华家只能重新选址，在距离古碉5米左右的位置修建房屋。目前周家还是使用桑根碉来堆放柴禾。

共巴拉碉（图五—3）——位于罕额依村二组的一座四角经堂碉，破损很严重。据色拉科寺的色拔大师介绍，这是一座本教（黑教）的庙宇，喇嘛以前为了方便信众的朝拜，就在共巴拉碉上面修建了本教的庙宇，庙里塑有本教的神像。可是在"破四旧"和"文化大革命"时期，这些庙宇都遭到了毁灭性的破坏，庙里的神像被毁坏，庙宇也被废弃至今，整个碉都残破不堪，时刻都有坍塌的危险。

磨子沟碉——位于罕额依村三组磨子沟的上方，保存相对完好。不过由于地理位置险要，外界对其了解甚少。

残碉（图五—4）——位于罕额依村到本教岩窝寺的路上，破损严重。碉矗立在罕额依村东边思所泽山的一个小山丘上，向导二西泽仁介绍说这可能是一座哨碉，用于瞭望和放哨，是村里通讯预警的一部分，但是现在碉已经残破不堪了。

据桑丹老师介绍，这些古碉有些是没有挖地基直接在坚硬的表土层上修建的，有些则是以整个岩石为地基，然后用石头和黏土混合在一起逐层向上修砌的。有些古碉在修建时每一层会加上木圈梁以起到稳定和坚固的作用。修建过程中，依据工匠的技术和经验，会把碉逐渐向内收，使得碉下宽上窄中空，坚固而稳定（图版十一）。在碉的墙体上，工匠会留下方孔（图版十二）和小窗户，这是在紧急情况下，方便把木板或木头搭在这些方孔里然后架上独木梯（图版十三），以把贵重的东西先存放在古碉内，人也躲进碉内从窗口观察敌情。由于碉楼易守难攻，战争中能够同时保全财物和人的生命安全。有的古碉墙体上还刻画有各种符号，或者镶嵌有牛头骨以求趋吉避凶。这些古碉的修建工法基本相同。

另外，我们访谈了大部分的村民关于碉楼的修建时间或者关于古碉的传说，大家说时间太久远了，即使是村内年纪较大的老人们对于小时候已存在的古碉记忆也仅是：那时候的古碉数量很多，是现在的几倍，是名副其实的"千碉之国"。

罕额依村老人班马泽里说在当年"乾隆王打金川"①的时候，村里纷纷修建碉楼来防止战火的蔓延，那个时候碉楼的数量很多；在金川战役结束后，人们纷纷觉得战争威胁降低了，就再没有大规模修建碉楼，已修建的碉楼也处于无用的状态。班马泽里又说，在20世纪三四十年代时，基本上有经济条件的家庭都会修筑碉楼，它是财富和实力的象征，如果家里没有碉楼，男性就很难娶到媳妇，因为女方会认为建有碉楼的人家才能保护家人的安全。由此观点可以判断

---

① 清乾隆年间（1747—1776年），清廷对四川大、小金川地方土司进行的作战。

图五—3　共巴拉碉

图五—4　残损碉

出碉楼在冲突或者战争中确实起到了防御和保护的作用。

罕额依村的古碉在1949年前保存情况较好，虽然经过久远时间的洗礼有一定程度的残破，但是在"文化大革命"时期和"大跃进"人民公社时期，对碉楼的人为破坏巨大，人们纷纷把古碉的石条拆下来以作其他用途。近年来，由于家家户户翻修房子缺少石料，就把古碉的石块拆下来修建自家的房屋，这使得碉楼再一次被大规模的破坏，村内的碉楼数量急剧减少。例如周金华说在80年代，当时其住家附近有5座并排在一条直线上的碉楼群，后来都被拆了，只剩下住家后面的一座碉楼。

2002年丹巴古碉群被公布为省级文物保护单位后，古碉的历史文化价值逐渐被重视，政府也禁止拆碉取石的做法，目前古碉暂时得到了保护。

2. 寺庙

在整个丹巴县内，藏传佛教在民众信仰中具有很高的地位，藏传佛教的五大教派——红教、黄教、黑教、花教、白教信众甚广。中路乡罕额依村几乎每个家庭都有2—3人会信仰藏传佛教。村内现在保存完好、还在使用的寺庙大概还有如下三座：

色拉科寺（图五—5） 大约建于公元8世纪后半期，该寺的创建者是中路乡一个名叫札巴降参的藏传佛教宁玛派僧人。札巴降参为白若杂纳大译师的弟子。白若杂纳大师在赤松德赞王时被流放到嘉绒地区，大师希望能将在印度所修习的《大圆满

图五—5　色拉科寺

法》在康区和嘉绒地区通过广收弟子传法流布，本寺的创建人札巴降参便是其在嘉绒地区的首批授法弟子之一，此寺是丹巴县现今留存较古老的一座宁玛派寺院。

色拉科寺经历了千余年的历史，承载了很多藏传佛教的精髓。在"文化大革命"期间，色拉科寺遭受到了严重的破坏，僧人多还俗回家，经书、法器多被毁掉，寺院被当时公社集体占用。寺院的庙院被当作仓库，院落被当作集体的晒坝，至今未还；大殿和护法神殿被当作粮仓和保管室使用，寺院周围也修建了村民的住房，围绕寺院的转经道被占用，现在也无法修复使用；伏法神殿的壁画也遭到破坏，被村民用牛粪和泥巴涂抹，颜色尽失，至今仍无法恢复。1978年以后，党和政府重新恢复了宗教政策，该寺也在主持喇嘛康丹真等僧众的努力下，重建寺院、招徒传法，经过三十多年的努力，寺院才有了今天的规模。目前寺院规模虽然还不是很大，但它在建筑风格上融和了藏族和汉族的传统，具有浓郁的地方特色，整个寺院呈"回"字形，僧房分为上下两层，全部围绕大殿而建。大殿为重檐楼阁式建筑，分为上下两层，在大殿的上层屋顶上有一个佛塔雕塑，象征着佛法无边。在佛塔雕塑的左右两边，各有一个法轮雕塑，象征着佛法弘扬。同时在屋顶上还有两条龙塑，威严庄重，栩栩如生。在大殿下层屋顶的正中有一个法轮，左右为一雄一雌两头神鹿，色披大师说是因为在释迦牟尼佛第一次讲经弘扬佛法时，这两头神鹿来听佛经，因此成为佛教传法中的一个重要象征。屋顶的左右两边各塑有一对转经筒，是传播佛经的重要器物；屋顶的两侧边缘则各立了一个金刚塔，象征庄严。

大殿正中供奉有两尊释迦牟尼像，一个是汉地的释迦牟尼像，一个是藏地的释迦牟尼像（图版十四）。在释迦牟尼像的左边分别是文殊菩萨和四世观音的塑像，右边是宁玛派创始人莲花生大士（图版十五）塑像及其左右护法。横梁上和墙壁上多挂有藏族唐卡。佛前的酥油灯排列得整整齐齐，供养的多玛被塑成各种图案，色彩斑斓。喇嘛们做功课时，诵经声极具穿透力，充满整个殿堂，僧众在这声音中进入忘我的境界，有超然世外、融入净土之感。大殿左边为科罗房（科罗意为经轮），右边是护法神殿。护法神殿里的壁画是本寺一绝。壁画线条粗犷，色彩对比强烈，用笔严谨，造型精确，绘制了诸多宁玛派的护法神（图版十六），还有宁玛派北传始祖扎西朵杰和五世达赖喇嘛罗桑嘉措等宁玛派、格鲁派、本教的高僧大德，为众教合一的古代艺术杰作和稀世之宝，在整个康巴实属罕见，极为珍贵，也颇有研究价值。在寺院的外围都设有转经筒，筒内放置有经文，人们从寺庙外走过时，都会虔诚地转动经筒。

目前的色拉科寺共有10位僧人（札巴），其中长住在寺庙的僧人有色披大师和阿米西两位，其他的僧人都去关外学习或者去其他的地方做法事，长期不在寺庙里面。

色拉下寺（图五—6） 色拉下寺是色拉科寺后面的、一个已经废弃的寺庙。据村里的老人和色拉科寺的色披大师描述，色拉下寺是由道士建立的一个寺庙，在"破四旧"运动和"文化大革命"运动中遭受到巨大的破坏。"四人帮"被打倒后，道士曾筹钱重新修缮寺庙，无奈资金不够，只好作罢，至今寺庙也没有被修缮好。但是每个月初八，道士都会到色拉下寺以柏树枝作烟供。

岩窝寺　岩窝寺又称黑金寺（图五—7），位于罕额依村距离磨子沟约8公里的东山梁上，是公元1341年"首届活佛登巴降参主持修建的"[1]。寺庙的主体建筑顺着一块巨大的岩石修建，这也是岩窝寺名称的来源。岩窝寺是本教（黑教）的一个重要庙宇及修炼场所，也是存放历代活佛骨灰盒的圣地。以前岩窝寺有喇嘛7人，现在岩窝寺的喇嘛都在家修行，但是一到本教的重要日子都会回到寺庙念经点灯。

图五—6　色拉下寺

图五—7　岩窝寺

---

[1]　四川省丹巴县志编撰委员会编：《丹巴县志》，民族出版社，1996年6月，第141页。

寺庙的山门是一个历史古老的石门（图版十七），门上刻有古朴的雕花，绘有佛教壁画，寺庙四处悬崖峭壁生长的树枝上都挂有嘛尼经幡。庙的正中位置供奉黑教的佛祖和菩萨，四面墙上挂有唐卡，向信众传达了本教的历史故事以及佛祖传经弘道的场景。庙中设有香炉、酥油灯塔以及鼓（图版十八），寺庙外有风力转经筒。

岩窝寺在历史上曾遭到巨大破坏，近年来，罕额依村以及其他乡镇的信众都筹钱对寺庙进行了修复，佛像、经书、壁画逐渐受到了较好的保护。

3. 佛塔

佛塔（图五—8）是藏传佛教自古以来重要的象征之一，根据藏传佛教故事记载，释迦牟尼的舍利子被安放在佛塔底下，佛塔中会同时放置多本经书。后来历代修道高僧圆寂后的舍利子和骨灰都会装藏于佛塔中，所以在藏传佛教中佛塔具有神圣性。

关于中路乡佛塔的传说，色拉科寺的色披大师告诉我们：很久以前，丹巴因为佛教未传入而妖魔横行，莲花生大士见到百姓受到妖魔的危害生活痛苦，于是就派了座下弟子前来伏妖降魔，每收服一个就把它镇压在白塔之下，并借此传播佛教，所以现在中路乡到处都可见到镇压妖魔的白塔。

另外，在罕额依村色拉科寺的背面有一座佛塔，传说这是当地得道高僧修建的，具体修建年代已经没人记得了，村里的老人都说在他们出生时佛塔已经矗立在此接受人们的朝拜了。

村内佛塔的建筑，基座多使用条石，塔身是泥石结构，在佛塔的最顶端用木头做成日月的形状（图版十九），人们说这是因为日月是最大的神。整个佛塔都用白石灰涂抹成白色，在基座上还有喇嘛刻录的藏字经文，在佛塔的一侧还有用石头垒起来用于烟供的烟炉（图版二十），在烟炉的上面放着一块白色石头，当地老人说它代表"脑壳"的意思。

据喇嘛介绍，佛塔里面装有经文，普通的信众读不懂藏文经文，所以就来"转塔子"，走一圈就等于把经文读了一

图五—8 佛塔

遍，功德无量。于是每天来这里"转塔子"的信众，将围绕佛塔的一圈地踩成了瓷实光滑的小路。佛塔周围还挂有嘛尼经幡，风把经幡吹到哪里，佛经就会传法到哪里，使那个地方的百姓受到护佑。

六、村落的外部结构

（一）村落的田地

整个村寨共有435亩耕地，自2000年丹巴县实行退耕还林后，可耕地少了七八亩，因为整个罕额依村可耕土地面积总体较少，所以就没有实行大规模还林的政策了。

耕种的土地和村民的住屋关系密切，多分布于屋舍的前后或者比较平缓的地方。为了保障水土，一般田地的边缘都以石头砌成围墙来防止水土流失，或种上花椒、苹果、核桃树等，既可防止野兽、牲畜对庄稼的破坏，也充分利用了土地资源。田地间一般都有可供行走的小路，彼此互通。

（二）村落的林地

村里共有250亩林地、800亩荒地，在1982年，把一部分林地划分到每户的户头上，同时把一部分林地划为公有林地。

罕额依村的公有林地禁止砍伐，如果修建房屋需要砍木头，需到乡政府和村委会提交申请，得到批准后才能砍伐。而每户的柴薪林都是自己管理，平常村民都会把树枝砍下来作为柴禾，等到修建房屋时才会挑选成材的林木砍伐。

（三）与邻近村庄的关系

中路乡罕额依村与呷仁依村、克格依村、基卡依村、波色龙村相毗邻，村寨之间的距离很近，因此房屋、田地、林地相互交错，没有明确的界限。罕额依村同呷仁依村、克格依村、波色龙村的语言、风俗习惯、宗教信仰、服饰等各方面都相差无几，区别不大。

罕额依村的村民同其他村的村民互相熟悉，交流密切。在宗教节日里，或者修建房屋、红白喜事的时候，几个村的人们都会聚在一起，不分彼此。他们的教育、建设、医疗卫生等都是统筹管理，资源多为共享，这在中国的村寨中比较特殊。

（四）与外部世界的交流

1. 整体的观光资源

整体而言，在中路乡与外界的交流中，旅游业方面占了很大的成分。游客到此大多旅游二日，夜宿私人招待所——东波桑丹家，此招待所最多可接待七十人。罕额依村的观光名气不小，在本组调查期间，有来自各省份与国外的旅客，游客类型则有旅行团、自由散客或背包客。由于当地拥有独特的新石器时代遗址、藏族传统民俗风情和山间碉楼群，吸引了许多摄影爱好者至此猎取美景。当地政府也特地铺设了石板路作为观光步道环村一周，并在途中建立了观景台（图版二十一）。

此外，当地小孩或青年因熟悉地形、路况，旅客请他们协助带路深入各村寨，部分游客最后也会给予小费。若自家住宅邻近碉楼或具有良好观望视野，可让游客进入屋内顶楼眺望，但有些民宅会在墙上注明进入参观需给费用。

通过这些游客，外部的信息传达到了中路乡，这些来自不同地方、不同国界的文化也传播到这里，使得中路乡和外界的交流较为频繁。

2. 个人与外界的交流

个人与外界交流最频繁的渠道为打工与上学。许多村中男子会至外地打工，他们只身出发或成群结队到上海或西藏。而为了协助村民与外界沟通，丹巴目前推广普通话教学，让村民能顺利适应外界的环境与工作。打工时间多为春、夏季，冬天则返乡准备过年，因此平时家中多留妇女、小孩与老人。

由于政府补助各家装设电视频道接收器，因此电视也成为当地接收外界信息的渠道之一。青少年因为需至外地学习也时常接触外界讯息，但大多是到离丹巴较近的地区就读，如丹巴县城的中学、水子乡中学、康定姑咱学校、成都的学校等。当地青少年会追随流行文化，如穿着时下流行服饰，或听流行歌曲，而在部分民宅的客厅或小孩房间墙上贴有许多歌手或影星的海报。从墙上的挂饰可以推测，父母与子女两代间的价值观已有变化，虽然许多家中仍摆有毛泽东像，象征对党与主席的尊崇，但如流行海报等的出现，也代表村中新一代青年对于外界或有了不同世界观。调查过程中也发现，部分家庭会在墙上贴着到外地旅游的照片，他们大多穿着时装而非传统服饰。

村落与外部环境的关系，有很大一部分也建立在买卖的关系上，例如需要购买民生物品、幼小鸡只等，需搭车至丹巴县城或者更远的地方购买。而村民也会种植苹果、李子、花椒或土豆，或上山采收菌类、菇类，等到晒干后拿到丹巴以及其他城镇去贩卖。

总体来说，罕额依村同外界交流联系的渠道非常多，包括旅游者、去外地念书、打工、电视手机等信息媒体、进城得到信息等，这些渠道使得罕额依村和外界的信息互换频繁而又密切。

七、人群与社会组织

（一）嘉绒藏族的自我认同

据色拉科寺的阿他师父介绍，整个甘孜藏族自治州境内只有丹巴县居住的是嘉绒藏族。"嘉绒"一名因丹巴县境内的墨尔多神山得名，意指墨尔多神山四周地区。师父说，嘉绒藏族和康巴藏族语言与习俗不一样，但是同康巴藏族一样都信仰藏传佛教。丹巴县内的嘉绒藏族多是从西藏日喀则迁徙过来的，同四川其他地方如阿坝州的嘉绒藏族都是一个支系的。在甘孜州内，康定以北、昌都以西属于康巴藏族。

（二）地缘识别

这次访调过程中，经常听村民说起"关内"和"关外"两个词。据色披大师介绍，"关外"即折多山以外的其他的藏区[①]，"关内"是对丹巴、康定、泸定境内的称呼。"汉地"为甘孜州境外的汉族地区，相对于"汉地"而言的藏族聚居区则被称为"大藏区"。整个大藏区内信仰一样，但是语言和习俗不一定相同。

（三）本土的历史记忆

罕额依村一组的班马泽仁（2010年86岁），接受了关于村子历史记忆的专题访谈，具体描述了自己在罕额依村的生活经历。

班马泽仁（图七—1），1924年出生在罕额依村，藏族人，现家中有9口人。他于1956年3月加入中国共产党（图七—2），1956年民主改革的时候参加工作。班马泽仁曾任中路乡"农协"主席，兼任中路乡民兵自卫队队长，主要管理分田分地，管理富农地主并对他们进行改造。在1957年民兵自卫队改名民兵中队时，原丹巴县委组织部部长杨基学来中路乡任命班马泽仁担任中路乡民兵中队队长，月工资35.53元。

在中路乡民兵改革运动中，班马泽仁积极带头，向广大人民群众宣传党和政府的方针，彻底废除农奴制、高利贷、差役，使得劳动人民真正成为新生政权的主人。民主改革结束后，丹

---

① 指在甘孜藏族自治州境内18个县中除了丹巴县、康定县、泸定县3县以外。

图七—1　班马泽仁

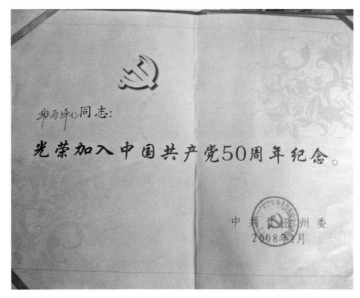
图七—2　班马泽仁加入共产党证书

巴县部分地区出现了"叛乱"，丹巴县委及县兵役局下令，调令各县乡民，由民兵中队长带队投入丹东剿匪前线以平息叛乱。从1958年3月—1960年3月，整整两年，班马泽仁带领中路乡民兵排在冰天雪地之中战斗。平叛结束后，中路乡民兵排返回中路乡，班马泽仁仍负责中路乡民兵中队的工作。

三年自然灾害时，中路乡情况比其他地方都要好些，村里的土地生产还足以养活村民。到1964年，班马泽仁因为组织上对他不信任，暂停他的工作又停发工资。"文化大革命"期间，他受到严厉的批斗以及红卫兵的监控，平时如果遇到红卫兵，多会拦下让他背几句毛主席语录，才会放开他。1977年"文革"期间的冤假错案开始平反，而中路乡直到1982年才开始为冤屈的人翻案。班马泽仁从1982年开始就给组织写申请，希望能够证明自己是被错划为反动派的，可是一直没有线索，这也是老人现在的一块心病。

同时据老人回忆，20世纪初期，中路乡的人口很少，总共才十几户，后来慢慢搬来很多的藏人、汉人，村子才开始发展和扩大。2008年的5·12大地震后，班马泽仁的房子受到很大的破坏，政府补贴了20000元让他新建房子。丹巴县从2009年开始也对县内的老人实行"三老"补助。

（四）语言上的沟通

中路乡罕额依村使用的语言，一是当地的藏语，一是四川方言（当地人称为汉话），基本上村人可用四川话和别人顺畅交流，而同家人或邻居说话时，他们又会选择当地的嘉绒藏语。值得注意的是村民们能说嘉绒藏语，却无法书写，当地现在通用的文字是汉字，藏文只有寺庙的喇嘛能看懂和书写。

丹巴县内有五种地方方言，由于各地口音差异很大，可能隔着一座山，山两边的口音都不一样。在丹巴县城的中学里，学生来自县城的不同地方，彼此都听不懂对方的方言，所以他们多以四川话互相交流，因此四川话（汉话）反而成为了通行语言，连目前村里最老的老人都能以四川话沟通。而除了地域的语言差异以外，因为与外界接触交流的多少，一般而言村里男性的汉话水平高于女性、年轻人的汉话水平高于老年人。

（五）村民自治

村委会属于村民自治机构，村委会领导班子每三年改选一次。选举时会把全村每一户的成年人都召集到色拉科寺庙前面的大坝子里，然后通过公平、公正的投票选举产生村长、支部书记等人选。

目前罕额依村行政组织的主要干部如下：村长兼支部书记：岳国富，罕额依村二组；副村长：周金华，罕额依村二组；副书记：王刚银，罕额依村二组；会计：华国，罕额依村三组；妇女主任：罗成珍，罕额依村二组。村中设有调解委员会，专门负责解决村内纷争，此组织主要由副村长周金华负责；若村内有事情无法解决，就会呈上到乡的层级解决。其实村内的纷争不多，村民多因顾及面子而较少在村内与人冲突或违法，而对于到外地打工后可能滋生的事故则鞭长莫及。

在村委会的传达下，村民可以时刻了解并享受政府的各项政策，村民也可以互通信息，这种村民自治的机构使得村民的生活与生产处于一个有序的状态中。

八、生业与经济结构

（一）经济结构

虽然罕额依村的开发历史较早，与城镇地区交流密切而频繁，可是除了出产花椒与外出打工外，农业产出还是每个家庭经济结构中的主要部分，主要有种植业、养殖业、林业。在罕额依村可耕种的农田约有435亩，由于受气候的限制，农作物为两季作物：在每年的10月份到下一年的5月份，主要种植冬小麦，附种一些荞麦和少量青稞，蔬菜主要是萝卜、白菜等耐寒蔬菜；每年的6月份到9月份，主要种植玉米，这时期的蔬菜选择很多，如黄瓜、土豆、红薯、豆角、南瓜等。由于海拔较高，中路乡不适合种植水稻。

村内没有专门的养殖户，各户务农之余都会兼养鸡、猪、牛等禽畜。根据调查，每户都会养6—10头猪，养羊的人家不多，一般养3—5头。牲畜会放养在户外，在山上或者路上常可以看见一群群的猪、牛、羊自行觅食。在农忙时，耕牛可耕田，平时则放牧。除耕牛、乳牛外，全乡的牛都放养在大牛场，从中路乡到大牛场需要走两天，途中需经过一个临时休憩场所，村民称之为小牛场。在村中三组，华国（约50只）和华富贵（约60只）两户人家养了较多的羊只，据华国会计介绍，羊群平时会赶到对面的山上放养，一个月中偶尔一两次到山上查看，村里不会有人去偷羊，山上很少有野兽攻击这些羊只，只是偶尔有雕会抓刚出生的小羊羔。到了成熟期，会有收购者来购买。另外，家户也会饲养鸡只，平均每户养10—20只，鸡蛋和鸡都会拿到丹巴县城去卖，或者自家食用。禽畜的饲养是村民一项重要的家庭收入来源。

村里共有250亩林地，800亩荒林，林木有人工栽种的也有野生的，到成材时村民会砍伐树木修建房屋或者做家具。而在磨子沟上方的大片荒林里，多是低矮的灌木丛，这些灌木主要被用作柴薪供村民生火做饭，在修建房屋的时候作为边角料，也会被用到。

（二）收入来源

据罕额依村村长岳国富讲，村里主要经济收入的高低顺序依次为——外出务工、花椒收入、核桃收入、粮食收入及其他收入。

外出务工：中路乡罕额依村处于高山峡谷地区，资源较为贫乏，村里的耕地面积有限，人多地少。并且在2000年退耕还林后，土地资源更加紧张，村里的可耕土地已经远远不能供养日益增加的人口，因此越来越多的人都会选择去关外或内地务工。村中人家的青壮男多外出务工，选择的行业主要是建筑行业、服务行业、歌舞表演团等。从事建筑相关工作者多到北京、上海、青岛、广州、深圳各大城市，有些还会去西藏、青海等城市修建庙宇，一年会有1万—2万元的收入。从事服务行业主要是一些年纪较小的女性或者青年的男性，主要是宾馆和饭店的服务生、迎宾员等，服务业的工作较为稳定，但是工资不高，每年也会有5000—10000元的收入。

从事歌舞工作的村内年轻人，会到县城里的歌舞团或者观光地区表演藏族的歌舞，以吸引游客，这类工作不是很稳定，收入也不稳定。

在罕额依村接受过高等教育的人很少，大多数人在初中毕业或者高中毕业后就放下学业，出去打工。少数接受高等教育的人则留在条件更好的城市的企事业单位或政府机关单位工作，工作收入高，也相对稳定，如罕额依村三组华国的大儿子在康定县物价局工作，三儿子从姑咱卫校毕业后在一个乡镇上当牙医；村长的二儿子在甘孜州城建局工作，媳妇在甘孜州税务局工作等。

花椒收入：村中的田地边缘或住宅四周随处可见结满花椒的花椒树，据华国介绍罕额依村的花椒种植范围很大，平均每家有300棵花椒树。在花椒成熟时，会有外地的收购者开车前来收购。花椒会给每户带来2000—10000元的收入，是村里另一项重要的家庭收入来源。

核桃收入：据桑丹老师介绍，目前中路乡最古老的两棵树就是核桃树，说明核桃种植在中路乡历史很久而且也很普遍。近年来随着核桃的药用价值被认识，核桃的价格也提升了好几倍，核桃收入也变成了一个很重要的收入来源。

粮食收入：村里农民种粮多是为了家用，很少有人卖粮食。虽然现在国家政策对农民有很多补助，粮食价格较以前有所增加，可是大家普遍认为粮食的收入与种粮所投入的人力、物力是不成比例的，只是有时候去丹巴县城赶集时会顺带背一些黄豆、荞麦去卖。

其他收入：在罕额依村，家户的房前屋后都种植有各种果树，比如说李子、桃子、杏、苹果树等，到了果实成熟的时候，村民会把较好的果实拿去卖，补贴家用。但是这些都是受时间限制的，而且没有大面积地种植果树，所以果树收入只占家庭收入的一小部分。

每年夏季，罕额依村的林地里会长出许多的野生菌、木耳和天麻，村民就会上山去采野生菌（图版二十二）、木耳和天麻，回家晒干后拿到县城去卖，一个夏天过完，野生菌和木耳、天麻会为家里增收200—2000元左右。

在中路乡随时都有外地、外国游客前来参观旅游，中路乡的旅游开发正在以发展的势头向前冒进，有时候村民会为这些游客担当导游，收取一定数额的导游费，但是这种情况很少见，收入也不多，并不是村民的主要收入。

（三）家庭个人经济来源说明

根据调查，村内可分为富裕家庭收入、一般家庭收入两类。

村长岳国富家：岳国富当罕额依村村长已有36年，目前家中有6口人：岳国富和妻子格绒拉姆，大儿子岳正有和大儿媳高春花以及两人18岁的儿子泽里降初和14岁的女儿岳格玛6口人。格绒拉姆和大儿媳高春花在家里务农，是家里的主要劳动力；大儿子岳正有在康定县一个建筑工地打工，一年收入15000元左右；18岁的泽里降初也在外打工，由于年轻人花费多，所以一年下来收入在5000元左右；14岁的岳格玛目前在水子中学读初二（2010年时）。加上岳国富担任村长的薪水与饲养禽畜等收入，每年家庭总收入约30000—40000元。岳国富的二儿子岳正全和妻子李春燕在城市机关工作，育有一个1岁的女儿，岳正全目前在甘孜州城建局，收入大约每月2000元左右，李春燕在甘孜州基金委工作，收入大约每月3500元左右，他们已在城市安家，两人年收入约70000元。

木匠华富君家：华富君是罕额依村三组人，目前家中有7口人：85岁的母亲袁大姐，华富君和妻子次的阿姆，大儿子华尼玛和大儿媳魏建蓉，二女儿华贵芳，三女儿华贵蓉。华富君的祖父和父亲都是木匠，他和弟弟从小和父亲学习木工，手艺很好，是村内很有名声的木匠，两兄弟基本脱产从事木工。由于他必须赡养母亲，所以只选择在邻近的地方工作。据他介绍在丹巴每天的工价不是很高，1983年工价是2元，1984、1985年工价是2.5元，1986、1987年工价是3元，1990、1992年工价为5元，1993年工价是8元，1994、1995年工价是10元，1996–2007年工价为15元，2008年工价是20元，2009年工价是30元，2010年工价涨到50元。但是华富君的弟弟在关外做木活，工价则是每天100—200元。华富君的妻子次的阿姆和大儿子华尼玛以及长媳魏建蓉在家务农，农闲时儿子和儿媳两个人会一起去外面打工，一年也可以收入10000—20000元。二女儿华贵芳在成都电力公司工作，工作较稳定，月收入2000元左右。三女儿华贵蓉在雅江县当医生，工作稳定，月收入1500元左右。

　　以上就是村内两个较典型性家庭的经济来源收入。

九、生活方式与风俗

（一）民众的日常生活

　　罕额依村由于人多地少，土地资源紧张，但劳动力又富足，为了保持平衡，农村剩余劳动力多到外地打工。一般在每年的开春以后出门打工，到距离村寨比较近的地方如丹巴、康定县者，农忙时节多会回家帮忙农活；到内地或者西藏者，一年中只在过春节的时候回来。

　　留在村内的年轻妇女成为家里、农务的主要劳动力，平时老人和孩子也帮忙干活。在农忙季节，妇女和老人每天都在田地里劳作，非常辛苦。家里的孩子则在放学后或假日帮忙，暑假期间大一点孩子回家后也会帮着母亲上山采菌子、割猪草、背柴草等。

　　村民的日常生活与佛教活动有密切的关系：每天早上老人们会去"转塔子"；在农历的"好日子"，人们会去转经筒，有时还会在家"念嘛尼"；重要的佛教节日会去庙里面拜佛、念经或去转山。

　　通常正月修缮房子，亲朋或邻人会一起帮忙。村民们也会相约一起去丹巴县城赶集，购买一些生活必需品。

（二）喇嘛的日常生活

　　色拉科寺庙的喇嘛日常生活是很有规律的。大喇嘛每天早上6点起床，洗漱后，7–9点就在经堂做晨课（图版二十三），每到佛教的"好日子"，就整天诵经。午饭以后学习经文，6点打坐修禅。吃完晚饭会回到卧室看看电视。

　　司职杂务的喇嘛每天早上起床洗漱完毕后，先打扫寺院经堂、大殿的卫生，然后用炉子生火融化酥油，点灯供养佛祖和菩萨。在"好日子"的时候会取柏树枝作烟供，下午会在院子里除草或者干其他的杂事，然后跟大喇嘛学习诵经。基本上喇嘛的活动范围都是在寺庙里面。

　　有时候庙里的喇嘛会被村民请去家里念经，主人则会为喇嘛准备素斋饭和休息的地方。有时候信众也会自己到庙里来请求喇嘛开光或者求平安经。虽然色拉科寺的喇嘛都是中路乡的人，但是他们平时不常回家，几乎都是家人来看他们。

　　在色拉科寺的喇嘛中，有3个喇嘛去关外的寺庙或佛学院学习，只在当地的寺院或佛学院放假的时候回来。另外4位喇嘛在外为人办法事或四处云游，不固定时间回寺。寺里的喇嘛们一生中会多次到西藏的母寺去朝拜，或到藏传佛教的圣地朝拜。

（三）节庆日

　　在村中由于藏传佛教的盛行，人们的生活和宗教紧密联系在一起，节庆日也大多与宗教紧密相关。

　　春节：春节是汉族地区最重大的节日，村里原本也是汉人过春节，汉藏融合后，藏族也一起过春节，村人会隆重庆祝这个节日。每年到了农历十二月份，村寨里就弥漫着春节的气息，外出打工者纷纷回到家中，孩子们也放寒假回来，一家人就开始置办过年的年货了。过年时，村人为菩萨点灯，把屋顶和门上的经幡全部换成新的。然后宰杀一到两头的"过年猪"，并制作长条腊肉（图版二十四），储存起来平时食用。以前如果家里的腊肉越多，说明经济条件越好，现在每个家庭都在养猪，所以就没有这个观念了。

　　除夕与汉人相同，家人围坐一起吃一顿丰盛的团圆饭，看"春节联欢晚会"，大家一起喝酒、跳锅庄、放花炮、守岁。从新年的初一到十五，人们都会互相走春或去庙里念经，寺庙的喇嘛在这个时候也会回家和家人一起团聚，其他习俗与汉族无异。现在罕额依村没有多少人会过藏历的新年了。

　　转山节：每年农历四月初五这一天是佛教的一个"好日子"，也是罕额依村南边的神山——南山古山的生日。从四月初一开始人们就会相约去南山古山转山，转到山顶念经、作烟供、烧香、点酥油灯。初五当天，到山顶转经后，中午下山就在呷仁依村的一个大坝子里面跳锅庄，这时寺庙的喇嘛会在庙里念"哑巴经"。

　　端午节：汉地每年五月初五的端午节也逐渐流传到中路乡嘉绒藏族聚居区，原来是村里的汉人过端午节，现在逐渐扩展到全村人都过。村人到丹巴县城里买粽子回家然后煮腊肉，在门上挂上艾草，然后家人一起吃粽子过节。

　　晒佛节：藏历七月初十是红教创始人莲花生大士的生日，所以红教的寺庙都会隆重地庆祝。色拉科寺从七月初七开始，庙里的喇嘛会每天念经，为佛祖点酥油灯、挂上哈达、作烟供。到了初十这天，喇嘛会把庙里面珍藏的画有莲花生大士佛像的大唐卡从寺庙的屋顶垂挂下来，即为"晒佛"。喇嘛们在寺庙中念经、打坐，而全乡的信众会带上酥油、哈达、经幡、灰面、茶叶、藏香等来到庙里，虔诚地跪拜。在十一、十二、十三这三天，村里的信众都会在家里或者转经屋作烟供、跳锅庄，以庆祝莲花生大士的生日。

风情节：这是丹巴县为了开发当地的旅游资源，吸引外地游客观光考察，由官方设立的一个民俗风情节日。此节没有确定的时间，因为才刚开始试点，经过一段时间实践后，官方会把丹巴县内各个乡的嘉绒藏族民俗特色展示出来。

其他节日：现在村民过的节日和汉族一样，有清明、中元、中秋、重阳、元旦以及官方法定的三八妇女节、五四青年节、十一国庆节等。在节日这天多是跳锅庄，没有特别的庆祝活动。

（四）取名方式

在罕额依村，嘉绒藏族人的名字都没有姓氏，名字是跟着房名来取的。当村里的小孩出生满月时，家人会请家里的长辈或请庙里的喇嘛为小孩取名字。家人将婴儿抱至庙中或请喇嘛到家中，喇嘛会观察其生相、面相，根据出生时辰或当日的日子而取名。男孩名或女孩名中，较吉祥的名字都会有较多人采用，如：泽仁斯朗，泽仁在藏语里是长寿的意思，斯朗是有福气的意思，取这个名字就是希望他长寿有福气；二西泽仁，二西是智慧的意思，希望他做一个智慧长寿的人；多吉泽仁，多吉是金刚的意思，这是希望他可以像金刚一样健壮长寿；卓玛拉姆，卓玛是佛教中的白度母，拉姆是仙女的意思；扎西措，扎西是吉祥如意的意思；德吉格绒，德吉是生活富裕的意思，格绒的意思为出生在好的时辰。

这些具有吉祥含意的名字，都是父母希望孩子可以健康成长而取，但是重复率很高，所以在每个人的名字前面要加上自家的房名。在罕额依村每一间住宅都有自己的名字，房名都是根据房子的特点来取的。比如说东波，是表示房子里有一块大石头的意思；解放波说明是在解放时修建的房子；高低波表示房子里一家住楼上，一家住楼下；色拉珠儿波是说房子建在色拉科寺的尾巴上；牙子波说的是房子建在一个山脊上；高黑波是说房子的年代很久远了。

人们谈到一个人的时候都会说东波桑丹、高低色披、色拉珠儿塞罗，这样就可以知道具体指的是哪一个人而不会引起误会。只是在户口登记时房名是不会登记在内的，而是沿用传统的称呼。而村里的汉族家庭，依主人姓氏为房名，如张家、王家、李家。在汉藏结合的家庭，孩子同时拥有藏族和汉族名字，也可以在藏名前加上汉族的姓氏，比如说华格玛、李降初等。

一般来说，藏族人的名字会陪伴其一生，可是如果孩子生了大病或者运气不好，家人会回到庙里请喇嘛重新取名，希望换名给孩子带来好运气。

（五）传统服饰

村里现在的藏民穿着打扮和汉族无异，多是街市上买来的成衣。女性平时若穿戴传统服饰与头饰，为了干活方便会在围裙里穿上牛仔裤。村里的女孩到17岁以上才能穿传统服饰，头帕由母亲或奶奶手工制作，衣服则买现成的。女性头帕分为黑色跟白色两种，一般冬天多戴较厚的黑色头帕，夏天多用薄的白色头帕。妇女的头饰上装饰有四种颜色的发辫，60岁以上戴黑色发辫（图九—1），40岁以上戴蓝色的，红色为40岁以下，17—30岁则戴粉红色的（图九—2）。若在发辫上簪有银色花则代表未婚。另外，传统项链多是以铜制作，传统裙上的装饰则为银饰。每次节庆跳锅庄时，村中妇女会穿上更为复杂精美的藏族服装，配戴传统藏族银饰（图九—3），跳舞时环佩叮当，让节庆的气氛更加欢乐。

男性具有藏族特色的袄子，多半在节庆期间才穿。跳锅庄时会加上白色的藏袍，穿上特制的藏靴，可以用来表现踩点和节奏（图九—4）。另有红色长袖的传统服饰，穿着时会将一只袖子不穿垂放一侧，或将不穿的袖子绑在腰际，再戴上遵循传统用牛皮制作的白色帽子。男性的藏族传统服装目前都到县城购买，已较少亲自缝纫。

图九—1　60岁以上妇人的黑发辫

图九—2　17~30岁妇人的粉红发辫

图九—3　盛装的妇女

图九—4　盛装的男性

（六）传统工艺

1. 玛尼擦擦

玛尼擦擦（图九—5）是佛教里面的一种工艺品。每户人家会自行用铜制的模型做玛尼擦擦，主要以泥巴制作。玛尼擦擦，有佛塔之意，内亦印有经文和佛像，因此做玛尼擦擦也就等同于盖了一座佛塔的功德。玛尼擦擦一般会放在洞窟、山洞或自家经堂，而且一放就是整片。每年每家在1—2月份做约108个玛尼擦擦，而平时聚集念玛尼时也会做玛尼擦擦。

2. 藏床

藏床（图九—6）是藏族重要的家具，上面刻有精美的花纹和鸟纹代表吉祥富贵的意思。若家中较富裕可请师傅订做，也可以自行制作。藏床同时具有坐与躺两种功能，客厅放的藏床面积较小，一般坐的功能强；而放在房间的则面积较宽，躺卧的功能强。

图九—5　玛尼擦擦　　　　　　　　　　　图九—6　传统藏床与藏桌

3.转经筒

村中的转经筒有水力、风力、玛尼三种，如下所述：

a.水力转经筒：四组有一个修建在水渠上面的水力转经筒（图版十），利用水位差的冲击力转动转经筒下的轮子，使得转经筒一圈一圈地转动，将经文随水流布四方。这样的工艺设计，充分利用了水资源的动能，达成佛教教导的教义。

b.风力转经筒：由于自然气候的影响，此处易有风速较快的风能，村民就利用这一资源在岩窝寺建立了风力转经筒，风吹动转经筒（图版二十五）上方的装置后，就会带动转筒，这样既利用了资源又积累功德，一举两得。

c.玛尼转经筒：色拉科寺寺庙外墙有一排转经筒（图版二十六），经筒上面写着藏文的经文；另外，还有拿在手上转动的小玛尼转经筒，在转经筒上也有经文。村民相信转经筒也像喇嘛的诵经一样可以修功德。

（七）礼仪风俗

满月礼俗：在罕额依村没有给婴儿办满月酒的习俗，一般是在婴儿出生满月后，亲人们互相约定一个好日子去看望婴儿和产妇。当天会带上腊肉、哈达、酒、鸡蛋、小孩衣服、长命锁等送给产妇家，主人家会做丰盛的饭菜招待各位亲戚，午饭后大家才会散去。

成人礼：现在村里已经没有成人礼的仪式了，男孩女孩在满18岁后，就会被看作是成人，会得到更多的权利和资格，会成为家里的一个成年劳动力或者被当作一个有决定权的人，家人会和他一起讨论各项事情，然后一起决定。无论是谈恋爱还是念书都由他们自己决定，父母只是给参考意见。

结婚礼仪：罕额依村结婚礼俗较为简易。现在的男女多通过自由恋爱而确定婚姻关系，交往过程中双方关系比较成熟时，男女会到对方的家里"看门户"，主要是看对方家的经济条件、家人等各个方面，如果都还满意的话，双方就会继续交往。谈及婚嫁时，男方会请比较有威望的长辈拿着酒、腊肉和哈达去女方家提亲，女方如果接受了这些礼物，就算是答应了这桩婚事。双方的父母会请喇嘛或者道士看两人的生辰八字，选定一个吉日结婚。

婚礼的当天，新郎家会找八位男性亲友加上女性亲友共十八人组成迎亲队伍去迎娶新娘。迎亲的男女会穿上藏族的盛装，同时会带上酒、腊肉、哈达、火炮，哈达用来献给新娘和其父母。这时新娘家会准备丰盛的酒席招待迎亲队伍和亲朋好友，晚上会请喇嘛念经，诵经后，亲朋好友们一起跳锅庄祝贺。第二天迎亲队伍要迎回盛装的新娘，亲朋好友会聚集70—100人送新娘到新郎家，并带上酒、肉、哈达作为陪嫁。迎亲队伍到的那天是正酒，新郎家会请来喇嘛和道士念平安经为新人祈福，并大摆筵席请亲朋好友和附近的邻居来家里庆祝。第三天新人要拜见双方的长辈，长辈赐以红包和哈达祝福他们。第四天是谢客，远方的客人和邻居会在新郎家跳锅庄继续欢庆。

老人寿辰：当村中老人满60岁寿诞时，家人会为老人举办寿宴，祝福老人多寿多福；满70、80、90岁时也会举办寿宴祝贺。

丧葬礼仪：色拉科寺的色披大师表示，藏族和汉族的葬礼仪式有些差异。

村中藏族如果有人去世，先请寺庙的喇嘛或者道士为死者念经超度，之后，就用清水给死者净身，完毕后在亡者的嘴里放块酥油，不会给亡者穿寿衣，而是光裸地坐在棺材里。被通知的亲友们来到死者家里默哀，家人会请来喇嘛算出棺材要埋葬在哪儿，什么时候出殡，要在家里停尸几天等。一般是在家中停棺三天，由喇嘛念经超度，家人要为死者守灵，主人不能在自家洗头、洗澡、洗脸。在出殡那天，把死者棺木抬到墓地火化，一般男人死了用核桃树烧，女人死了用李子树烧，喇嘛则用柏树枝烧。主人家要摆酒席招待来奔丧的亲人和邻居，亲朋好友则会送给主人家肉、钱等。在火化过后三天再捡回骨头和骨灰，装进沙罐里，再埋入地下，或者把骨灰洒在河水里。一般来说藏族的坟墓都会修建成佛塔（图版二十七）的样子，在坟墓的周围插上玛尼经幡再种植柏树或松树，树之间也会绑着玛尼经幡。

村里的汉族则是土葬，在净身完毕后要给死者穿上寿衣，死者仰身平躺在棺木里，其他仪式同藏族无异。男性的棺木使用核桃树，女性则使用李树制作。下葬时，有些会选择与家人埋在一起（图版二十八），有些则另选墓地。

村中人往生后，每隔七天，家人会请两三位喇嘛和道士为死者念经超度，七七四十九天后，再请多位喇嘛和道士为死者念经超度，每一年亡者的忌日也会请喇嘛来念经祈福。丧事期间，村民也会同时请红教、黑教或道士来超度，在亡者家会彼此分开坐。但若有人信仰道教，则会到外村请"阴阳先生"为亡者看日期超度。守灵期间家人不带孝，但有如下禁忌：四十九天内不洗头、不洗澡、不理发、不刮胡子。且一年内不能结婚、杀生，需为死者服丧。

待客礼仪：在罕额依村，如果家里有贵客，主人会向客人献上洁白的哈达，并且拿出最好的腊肉和茶叶（图版二十九）来招待客人，也会煮酥油茶给客人喝。在吃饭的时候，好客的主人会劝客人喝青稞酒，嘉绒藏族的人们酒量都很好，也热情好客，所以客人都招架不住藏民们的热情。

十、结语

此次丹巴县藏寨调查之行，我们来自不同地方、不同学校的18人组成了一个大集体，用自身的文化眼光去审视和调查另一种文明或文化。一开始大家都有些茫然无措，不知道这个文化意义上的"他者"角度该如何把握。

当我们到达丹巴县中路乡罕额依村时，首先吸引我们的是美如诗的风景——好一幅恬静的田园画！一种陌生而熟悉的文化向我们直面袭来，当地的"文化"通过各种媒介的展演，被外面的人认知和了解。

在接下来的调查中，我们采取人类学的田野调查方式，或翻山越岭去探访村寨中的住户，或在溪边田间与当地人交流，目的都是为了探索该族群的历史与文化。田野调查的经验让我们体验和观察到"文化"和"历史"在被建构之后所涉及的个人与群体利益的关系，一些"历史"总是在不同人的想象中被有选择性地建构，一个"他者"的角度是多么得微妙。这也让我们重新审视原有的文化偏见，我们所看到的和我们所猜想的完全不一样，原来我们也是在用自己的偏见建构他们的"文化"和"历史"。

作为民族村寨文化的调查者，努力构建出一个接近真实面貌的"民族村寨"，让当地的文化以一种最真实的状态存在于人们的眼中和心中，是我们这次丹巴藏寨调查的一个基本原则。

附录一：罕额依村落基本单位（陈筱）

一、家庭—住宅

户数变化：（喇嘛未参与分户）

时间	户数	人口	备注
20世纪50年代以前	13户人	每户10—20人	据窦相贵介绍。
1972年	50户	270人	据岳国富村长回忆，20世纪六七十年代曾有知识青年到罕额依村插队，虽时间不长，村民仍能记住部分知识青年的名字。
1983年，包产到户	60户（65户？）	不详	据窦相贵介绍，从1998～1999年开始分家，一户多十余口人的大家庭情况被一户四至五口人的小家庭所取代。
1999年8月	93户	男238人，女211人，劳动力234人	1999年8月10日重新办理土地经营证。
2006年	造册共100户		2006年10月8日核准。
2010年	107户	共486人，一组分布在色拉科寺庙的周围，有26户；二组比较集中分布在山脊上，与克格依村、呷仁依村相毗邻，共有36户；三组集中分布在磨子沟的左侧，共有21户；四组分散在二组和三组之间，共有24户。	据村长所述，在会计处得到证实。

另将罕额依村华国会记的统计数据整理如下：

分户时，总户60户，平均每户划荒坡2亩，合计120亩。当时全劳223个，半劳161个。1999年8月10日经重新办理土地经营证，总户数93户。全村当时人口449人，其中男238人，女211人，劳动力234人。

全村土地面积为441.89（亩），其中水地144.91（亩），干地296.98（亩）。其中一等水地123.55（亩），一等干地77.46（亩）；二等水地21.36（亩），二等干地77.46（亩）；三等水地——，三等干地77.74（亩）；四等水地——，四等干地98.01（亩）。

二、分布的变化

60年以来，罕额依村的住宅分布出现了一些变化，将影响因素及大致情况总结如下：

（1）宗教活动中心的转移对住宅分布的影响。据村中老人回忆，磨子沟北侧的岩窝寺周边原有居民（寺庙雇农）居住，"文革"期间被迫迁移，现虽已恢复岩窝寺，但寺庙周边无人居住，仅存住宅、碉楼基址。根据我们的实地踏查，岩窝寺周边荒草繁茂，仅能够看到一座碉楼基址，残高3米左右。

（2）改善生活条件和便利交通的需求使得住在高海拔地区的居民向低海拔地区迁移。据村民介绍，磨子沟南侧的高海拔地原本也是村民居住点，近年多向山下迁居，具体时间不详，大约在20—30年之间。如今，这一带仅有三户人家，访谈得知，这三户人家原本以为居住在人口稀少的高海拔地区可以得到更多田地，因而不愿搬迁。如今，考虑到交通、教育、医疗等方面，他们希望往低海拔地区迁移，可惜这些地区已经没有多余土地可供建房。

（3）泥石流、山体滑坡、地震等自然灾害对住宅分布的影响。大约从2000年开始，罕额依村临近磨子沟一带的三组、四组饱受泥石流和山体滑坡等自然灾害的影响，这是近十年来影响住宅分布最重要的因素，如后文所述王德林家的搬迁。然而，更多的居民因为无法搬迁，终日生活在恐惧中，2008年汶川地震后，他们的住宅从受地震影响较大的地段搬至安全地区，如后文所述塞罗一家。长远来说，罕额依村三、四组仍难避免受到山体滑坡的影响，若能找到较好的搬迁方式，住宅的布局将出现较大变化。

三、个案调查

1.王德林家

王德林原来的家在罕额依村磨子沟一带，受山体滑坡影响，2005年搬迁至现址。这一栋房屋是王德林花2万元从亲戚处购得的，国家为鼓励搬迁补助了8000元。据王德林介绍，与他们家一样的"移民搬迁户"在本村内还有三家。

王德林家位于罕额依村二组，可分为两部分。主体部分三层一底，建于20世纪50年代左右。2008年，王家在主体建筑西南侧新建小屋一栋，基底面积40㎡，兼作厨房及餐厅。新旧两部分在底层相连，作为畜养家畜的场所。主体部分是本次调查的重点。

底层以上各层建筑面积、晒台面积详见表1，各房间的功能布置详见图1（后同）。

表1：王德林家各层建筑面积统计

层数	主体建筑面积（㎡）	晒台面积（㎡）	合计（㎡）	备注
二层	96.5	0	96.5	
三层	93.2	36.56	129.76	主体建筑面积包括挑厕及挑廊部分
四层	31.19	73.09	104.28	顶层平台面积：35.82
合计	220.89	109.65	330.54	

房屋的外墙上可看到大小两种窗扇，这是居民为改善生活条件对老宅所做的改动。

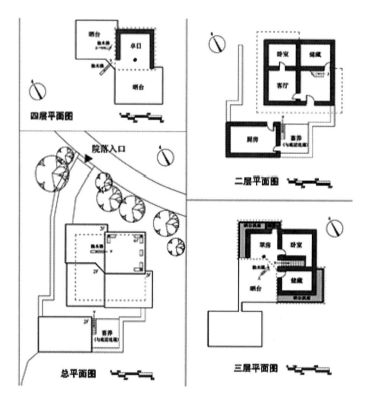

图1　王德林家测绘图

2.王刚银家

表2：王刚银家各层建筑面积统计

层数	主体建筑面积（m²）	晒台面积（m²）	合计（m²）	备注
二层	139.43	0	139.43	
三层	112.66	65.1	177.76	主体建筑面积包括挑厕及挑廊部分
四层	51.22	106.92	158.14	顶层平台面积：88.3
合计	303.31	172.02	475.33	

　　王刚银1943年出生，汉族，1961年在丹巴县参军，属甘孜州十三团，1968年就复员退伍回到罕额依村。在部队时，王刚银在战斗班、勤杂班、通信班、打猎班都待过。因为表现优秀，1964年王刚银在部队加入了中国共产党。1968年从部队转业回家后，就一直留在农村，担任村里的干部，现在担任罕额依村副书记一职。王刚银家同样位于罕额依村二组，大致建于50年代，家中共6口人。2010年年初，王刚银家又在旧宅以西约200米处盖了新宅。调查时，新宅主体已经完工，装饰装修尚未完成，王刚银已独自搬至新宅居住，家中其他人仍在旧宅居住。

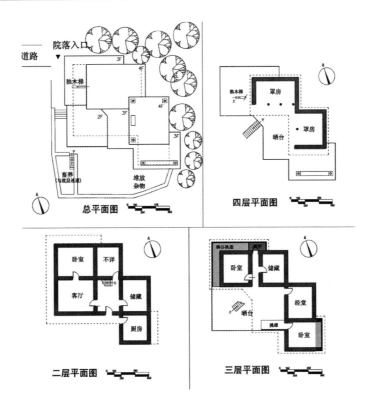

图2　王刚银家测绘图

3.华国家

华国在罕额依村担任会计一职超过30年，他家位于村四组，北邻磨子沟，房屋经过三次建设。第一次建房在1976年，当时找人帮忙修建，2元/天的工价。1995年，找亲戚帮忙扩建房屋，没花钱。2009年，对受地震影响开裂的墙体进行了一些维修，改院内黄泥地面为水泥地面，因而华家已将晒谷场地从三层晒台移到院子中。今年又增建淋浴间，尚未添设淋浴设备。

表3：华国家各层建筑面积统计

层数	主体建筑面积（m2）	晒台面积（m2）	合计（m2）	备注
二层	164.34	0	164.34	主体建筑面积包括2009年增建淋浴间部分
三层	171.81	0	171.81	主体建筑面积包括挑厕部分
四层	148.86	85.18	234.04	主体建筑面积包括挑廊部分
五层	30.90	127.07	157.97	顶层平台面积：53.52
合计	515.91	212.25	728.16	

图3 华国家测绘图

4.岳国富家（2009年）

岳国富当罕额依村村长已经有36年了，目前家中有6口人。他家的房子是在2008年汶川地震后修建的，共修了5层楼，花了4个月时间修建完毕，请的自家亲戚来干活，每天大概有40多个亲戚干活，也因较有经济能力，雇请了石匠打石块，工资约一天40元，整个房子花费3万—4万元。

表4：岳国富家各层建筑面积统计

层数	主体建筑面积（m²）	晒台面积（m²）	合计（m²）	备注
二层	189.90	0	189.90	
三层	193.70	0	193.70	主体建筑面积包括挑厕部分
四层	147.88	108.86	256.74	主体建筑面积包括挑廊部分
五层	38.51	160.77	199.28	顶层平台面积：54.69
合计	569.99	269.63	839.62	

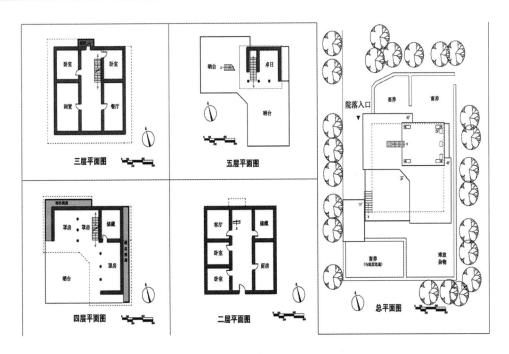

图4　岳国富家测绘图

5.赛萝家（2009年）

罕额依村一组沙拉珠儿赛萝家在2008汶川地震后，自行修建房屋。赛萝上山背运石材，其丈夫负责砍木材，当时约有50位亲戚帮忙修建，房屋从准备材料到最后完工大概修建了3个月，花费了3万元左右。

赛萝家最大的特点是没有建底层，而是将养牲畜的房、圈移至房屋一侧，从而将生活区域与养殖区域分离。

赛萝家的经济状况不如村长岳国富家，这是显而易见的。在修建房屋这一件"大事"上，两家表现出了一定的相同，也有一些不同。相同之处如：较60年前的房屋，这两栋新建房在面宽方向都增加了开间一间；不再使用独木梯，而是使用普通楼梯，宽度增加，坡度减缓，方便使用；窗洞增大，完全使用木框玻璃窗。不同之处如：受资金所限，赛萝家在进深方向较岳家少一间，窗扇玻璃暂未购买，房屋多使用老屋材料。

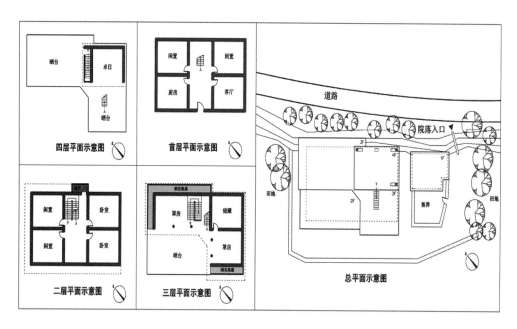

图5　赛萝家测绘图

四、其他

1.族属对住宅建筑的影响

汉藏混居是罕额依村有别于中路乡其他村的最大特点之一，然而，从住宅建筑的外观形态很难区分居民族属的不同。从调查来看，族属的区别主要体现在某些房间的布置上。据华木匠介绍，藏民一般在二层东屋设经堂，汉民则在正房（即入口房间）设"天地君亲师神位"，有些家庭还设土地神、财神、灶神等。从调查的情况来看，藏民家庭并不一定要设经堂，如塞罗家尚未设经堂；汉民家庭也可设经堂，如王刚银老宅；少数汉民家庭设"天地君亲师神位"，如华国家在正屋和厨房两处设神位。

2.工匠传承

木匠华富君：华富君是罕额依村三组人。华富君的老母亲袁大姐，85岁，年岁已高，体弱多病，由儿子赡养。他本人是一个很有名声的木匠，他的祖父和父亲都是木匠，他和弟弟从小和父亲学习木工，手艺很好，基本都脱产做木工。他还承包管理着村里一、三组电费，进价0.33元，卖出0.45元。电费少则几元，多则上百，一般冬季较多，夏季较少，一季度收费一次。每组有一个变压器。

3.住宅建筑与山体滑坡

岳村长介绍，前些年，省地质勘察队来到村里勘查地质灾害的情况，划定磨子沟一带为危险区，建议村内50余户搬迁。与此同时，国家制定了"五跨"迁移政策，即受泥石流、山体滑坡影响的家户可跨越地区（州）、县、乡、村、组搬迁。但由于田地有限，这一政策难以落实，因而村内仅有4户人家搬离危险区。华木匠介绍，一般来说，这一带加固建筑的方法主要是：首先是选材，挑选好石料（材质好，石块大）和良种木料；其次在构造处理上，如转角处理，设墙筋木。墙筋木的传统做法是，窗子以下设一排，1—2米设一排，一层房屋大致设两层墙筋木，多设于内侧。为了预防山体滑坡对建筑的影响，他在建筑结构、梁柱交接的做法上还进行了一些改良尝试，但他仍认为这并不解决根本问题。到春天，树叶繁茂后，看不到滑坡对地面沉降的影响；到冬天，树叶凋落则可看到地面沉降300mm—400mm，房屋墙体多处开裂。三组19户人家，除位于上面的家庭较安全外，多数房屋都受到山体滑坡和沉降的威胁。但难以置换土地，这个问题很难解决。10年前冲过一次，曾将磨子沟磨坊冲走。如今，在磨子沟较安全地带，每年仍新建1–2户。

五、罕额依村碉楼调查概况表

2004年文化馆调查资料				本次调查情况		
编号	名称	尺寸	完整程度	坐标点	类型	基本描述
罕字1	萨拿科卡碉	8.6*7米，高8.7米	残碉	即本次调查的色拉科碉2	30° 54'8.74"北，101° 56'35.33"东	经堂碉	原与宗教活动有关：与房屋、回廊共同组成色拉科下寺。现已废弃，破败不堪，立于花椒树丛中，与修缮一新的色拉科上寺形成鲜明对比。相较而言，萨拉科碉1保存较好，碉体一、二层尚存小型洞口，显示其防御功能；三层架设木构回廊，东北面七间，西北六间，似于共巴拉空碉；四层上端为卷棚屋顶，让人联想到然卡庙碉的形制。
罕字2	萨拿科卡碉	8.2*7.8米，高17米	较完好	即本次调查的色拉科碉1	30° 54'8.36"北，101° 56'35.21"东	经堂碉	
罕字3	斯机卡碉	5.8*6米，高32米	缺顶有洞	即本次调查的四季碉	30° 53'55.42"北，101° 56'39.74"东	家碉	周边没有旅游路或公路经过，未能到近处探访，这是罕额依村现存最高的碉楼，或可视作"高碉"。

续表

罕字4	三根卡碉	6.4*6.4米，高11.3米	缺顶有洞	即本次调查的桑根碉	30° 53'55.77"北，101° 56'47.10"东	家碉	位于罕额依村出纳员周京华宅院内，距房屋2-3米。"文革"期间，周京华通过社员大会的批准，搬入三根碉旁旧宅居住。近年经济条件好转，拆旧宅；按照益西桑丹要求，将新宅建在离碉楼有一定距离的地方。据周京华回忆，"文革"期间，碉楼曾作为粮仓、避难所。
罕字5	共巴拉空碉	6.8*6.8米，高15，米	顶盖已塌	即俗称的破庙子	30° 53'50.70"北，101° 56'50.38"东	经堂碉	罕额依村副书记王刚银认为这是磨子沟上岩窝寺设在村里的祭拜场所，益西桑丹则以为不然。
罕字6	德若卡碉	5.3*5.5米，高16米	完好	不详	30° 53'36.08"北，101° 57'28.74"东		坐标点为推测位置。
罕字7	来左卡碉	6.5*6.8米，高6米	残碉	不详			
罕字8	爬拖卡碉	4*4.8米，高8米	残碉	不详			
罕字9	爬拖卡碉	5.2*5.2米，高5米	残碉	不详			
罕字10	吃班卡碉	4.8*4.8米，高5米	缺顶	不详			
罕字11	呷斯卡碉	5*4.8米，高7米	缺顶	不详			
罕字12	无名卡碉	5.5*5.6米，高2米	残碉	不详			

附录二：色拉科寺的纲常禁忌

色拉科寺喇嘛说明了佛教中的禁忌。如：红教教规有三百条，最根本的就是不许喝酒，不许抽烟，不许杀生，不许吃牛，不许结婚等。色披大师说寺院本身没有任何惩罚，详细的规定由"中路乡色拉科寺寺管委会"制定。

在色拉科寺庙的墙上我们看到了《僧侣管理制度》，节录如下：

一、如有喝酒、盗窃、打架、闹事违者处理。写出书面检查，严重者清出寺庙。

二、如有赌博（麻将、纸牌、台球）违者一次惩500元，二次1000元，三次直接清出寺庙。

三、天黑不准出寺，特殊情况请假，违者惩30元/次。

四、在寺内不准穿俗衣，违者惩20元。

五、庙里有宗教活动准时参加，如有事要请假。

六、严格财务制度，每个季度算一次账，定期公布财务收支情况。

七、值班人员要负责打扫卫生，防盗，防火。

除了这些以外，还有《寺庙公约》《学习制度》《爱国公约》《财产管理制度》《学习制度》《请锁假制度》等。内容如下（文字未予校改）：

《寺庙公约》（图版三十）

一、热爱中华人民共和国，拥护中国共产党的领导。

二、维护法律尊严，维护人民利益，维护民族团结，维护祖国统一和稳定。

三、爱国爱教，团结进步，坚决反对"藏独"，反对境外敌对势力的分裂和渗透。

四、坚持走社会主义道路，发扬"民间佛教"精神，普度众生，护国利民。

五、认真学习党的宗教政策，必须在国家宪法、法律、法规和政策允许的范围内进行宗教活动。

六、刻苦专研佛教经典，积极主动学习文化知识，关心国家大事，努力提高自身文化和道德修养素质。

七、寺庙要成为庄严肃穆、环境优美、具有佛教文化特色的文明单位。

八、严格财务制度，实行经济公开和民主，定期公布财务收支情渭（况）。

九、搞好僧人之间、寺庙之间、各教派之间、寺庙周围群众之间的团结协调工作。

十、坚持走"自养"道路，逐步做到自养。发扬佛教"农禅并重"传统，逐步做到自养。

《寺庙学习制度》

为了依法加强对寺庙的管理，保证宗教事务的规范化、制度化，对宗教教职人员加强政治学习十分必要，为此，结合寺庙实际，制定本制度，请认真执行。

一、目的要求

通过学习，使广大僧侣自觉维护国家、民族尊严，维护祖国统一、民族团结，自觉抵制境内外分裂分子的渗透。通过加强对政策、法律、法规的学习，使宗教教职人员懂法、守法、护法，形成自觉参与国家政治的良好风气。

二、学习场所

寺庙要在现有的公房中，安排一间学习室，专供僧侣学习使用。

三、学习时间

每月组织僧侣学习一至二天。

四、学习内容

1.重点学习时事政治，党的各项方针、政策和县委、县政府有关重大决策。

2.《宪法》《刑法》《民族宗教事务条例》《民族区域自治法》《义务教育法》《社会治安管理处罚条例》等法律、法规、条例。

3.按时收看中央新闻节目，阅读甘孜报。

五、学习纪律

1.寺庙民主管理委员会负责组织僧侣学习。

2.学习期间任何僧侣不得缺席，保证学习质量。

3.采取学与论相结合的办法。

4.寺管委每季度要将学习情况书面报乡党委、政府，县委统战部、民宗局。

《寺庙卫生制度》

一、公共卫生

1.为改造良好的寺庙环境，确保卫生整洁，特制定本制度。

2.寺管会负责本寺卫生具体工作，专人负责，采用轮流值日制，严格按照卫生标准执行，责任到人，定期进行检查评比。

3.确定一名卫生员，严格做好本寺卫生防病工作，积极配合县卫生局相关领导的监督指导。

4.重视健康教育，每月由卫生员定期对僧侣进行卫生健康教育，培养僧侣良好的卫生习惯，牢固树立讲卫生光荣、不讲卫生可耻的良好意识。

5.坚持突出与经常相结合，建立每日清扫和每周大清扫的卫生制度，地面卫生要长期保持清洁，随时打扫。

6.抓好绿化工作，有计划地植草、种树、美化环境。

7.全寺僧侣都要自觉地积极参加卫生活动。早课前打扫卫生，周五定为义务劳动日，要做到环境整洁、无垃圾物、物品堆放整齐，寺庙内外无乱贴、乱画、乱刻、乱扔的现象。

二、寺外公共卫生管理

1.严禁在寺庙周围随意丢弃垃圾，要养成随时清理寺周围垃圾的好习惯。

2.结合本寺实际情况，划分卫生责任区，各责任区要责任到人。

3.每月定期组织僧侣清理游客丢弃的包装袋、塑料袋、电池等垃圾，确保寺庙周围的环保卫生。

三、宿舍卫生

1.宿舍卫生要达到整洁、无脏乱死角，每星期一次大扫除。

2.宿舍卫生实行卫生值班制，当班值日人员负责和监督宿舍卫生。

3.个人内务卫生始终保持清洁。

4.严格向寺外倾倒生活垃圾和污水。

四、食堂卫生

1.食堂卫生要做到六净：即地面、桌面、板面、锅、碗、盆都要干净。

2.随时做到灭鼠工作，定期进行消毒。

3.生菜在食用前要洗干净，粮食存放时要与空气隔离，不吃发霉饭菜，坚决杜绝食物中毒。

4.炊事人员平时要力求做到勤洗澡，勤理发，定期进行检查。

《寺庙僧人爱国公约》

一、热爱祖国，拥护中国共产党的领导，拥护社会主义制度。

二、遵守国家法律法规，维护法律尊严，维护人民利益，维护民族团结，维护祖国统一。

三、坚持独立自主自办的原则，宗教场所和僧人个人宗教活动不受任何境外组织和个人的支配。

四、坚决抵制一切有损民族团结和祖国统一的分裂渗透活动，切实做到不支持、不参与，更不组织。

五、坚决抵制一切影响社会稳定、干扰群众正常生产生活秩序的非法聚会、示威游行等行为，切实做到不围观，更不参与。

六、坚决抵制一切混淆视听、扰乱人心的谣言，切实做到不信谣，更不造谣。

七、坚决抵制一切含有破坏民族团结、煽动民族分裂、危害国家安全的言行。

《寺庙财务管理制度》

为了加强寺庙的管理制度，严格管理好寺庙的资金来源和用途，更好地使用寺庙的各项资金，经寺管会研究决定，特制定以下财务管理制度。

一、本寺庙应当建立好财务管理机制，管理寺庙财务的会计，出纳和保管员。

二、会计、出纳和保管员要明确自己的岗位职责，对工作认真负责，自觉接受寺庙管理委员会的管理和监督。

三、寺庙各项资金的来源和用途，都要经过严格的财务制度审核通过。所有账目要使用专门的财务报表，做到账证相符，账物相符，账款相符。

四、寺庙的各项大的资金运用，必须经过寺庙管理委员会研究通过。

五、每年年底按时向寺管会提交年度报表，向全寺公布财务管理情况和资金运用情况。

《请锁假制度》

为了开展好寺庙工作，领铃寺根据上级的规定及自身工作实际，特制定如下请锁假制度。

一、严格执行民宗局下达的请锁假制度和寺内请假制度。

二、在坐班期间原则上不得请事假，确有特殊情况，需要请事假的，必须提前一天写好请假条，说明请假原因，报领导批准。一至三天，寺管会签署意见，乡（镇）党委、政府审批；三至五天，寺管会签署意见，乡（镇）党委、政府审批，民宗局备案；五天以上，寺管会、乡（镇）党委、政府签署意见，民宗局审批。批准后方可离寺。

三、病假必须有医院证明，确实不能坚持坐班的才能请假。

四、请假时，必须写明请假原因，请假天数，满假后需续假的，要及时办理续假手续，便于安排寺内工作。

五、寺内僧侣必须执行以上条款，如有不服从寺管会管理情节严重的将清出寺内。

通过这些公约，我们可以看出寺庙各个方面的管理都已经制度化和模式化，寺庙的纲常禁忌已经完全被制定成需要遵守的条例，制度的约束让宗教寺庙已不是单纯的佛教基地了，而成为广义上的一个社会机构，被纳入了社会管理的范畴。

本报告文字整理：张娥凛、王柏伟、杨丽玉。

插图绘制、附录一：陈筱。

照片整理：张娥凛、王柏伟、杨丽玉。

统稿、审稿：王怡苹。

第四篇
四川丹巴县莫洛村调查简报

一、概述

四川省西部邛崃山脉西侧的崇山峻岭中，峰峦重叠，蜿蜒的大渡河穿行其间。其上游的小金河流域形成了高低错落的峡谷与众多的沟谷，这里以墨尔多神山为中心，是当地所称的"嘉绒"地区。这里自古以来形成了特殊的碉楼建筑，19世纪初西方探险家发现此处后，"千碉之国"的美名不胫而走。甘孜藏族自治州丹巴县梭坡乡莫洛村，是属于此区的一处以传统农业生产为主的藏族聚居村落。它分为上莫洛和下莫洛，但二者实为一体，只是根据地理位置进行了一定的划分，莫洛村目前拥有中国历史文化名村之名。上莫洛位于北纬30° 51′ 1.97″，东经101° 56′ 11.08″；下莫洛位于北纬30° 50′ 53.92″，东经101° 56′ 3.60″。"莫洛"在藏语中是环形地带的意思。莫洛村位置属梭坡乡较远的区域，实际距离县城8公里。其与周边其他村落的相对位置大体为：北部由南向北依次为左比村、巴梭村、纳衣村；东北部由南向北依次为东风村、共布村和弄中村；南部过大渡河由北向南依次为宋达村、泽公村、嘎拉村和泽周村。

莫洛村是梭坡乡乡政府所在地。1949年前，莫洛村大概有30多户，100多人；目前全村总共67户，256人左右。居民以藏族为主，汉族人极少，约四五个。藏族属于嘉绒藏族支系，日常生活中都使用藏语，老年人几乎不能讲普通话，其中有一部分可以用四川方言交流；而中年人几乎都能够用四川方言交流，部分能说普通话；孩子们都能够流利地运用四川方言和普通话。

目前进入莫洛村的道路交通不太便利，只能步行，但据了解2010年会有较大的改善，机动车辆将直接通行到村庄。

莫洛村的居民长期过着比较封闭、自给自足的生活，除了与附近的村落有一些来往外，与外界的接触一般都是出于生活的需要。村中保留着诸如碉楼群、藏族传统房屋建筑等藏族传统物质文化遗产，以及一部分藏族传统民俗文化，如婚俗、丧葬习俗、成人礼等。但目前莫洛村也正受到现代城市生活方式及汉族文化的影响，村中的很多传统文化正面临着消失的危险。

目前莫洛村所在的梭坡乡与甲居乡、中路乡并称为丹巴县的三大旅游乡，已经有越来越多的游客到此参观旅游，村中也有四户人家成为旅游接待户。虽然旅游业的发展给莫洛村带来了更多的经济利益，但也使传统的文化风貌和原始地理景观遭到了一定程度的破坏。面对经济利益与文化保护的冲突，大部分村民在访谈中依然表示希望能够大力发展旅游业，以从中获取更多的经济利益，进一步提高自己的生活水平。

本次调查从2010年7月10日开始，至7月18日结束。调查人员有李盈（四川大学本科生）、谢玉菁和钟子文（台南艺术大学音像艺术管理所研究生）、李林东（北京大学本科生）。调查采用实地勘察和深度访谈的方式对莫洛村的地理环境、历史变迁、村落内部和外部的空间布局、生活生产方式、风俗习惯以及宗教禁忌等进行信息收集，希望通过初步的基础性调查和全面的资料收集，为以后对该地区进行深入、系统的研究奠定扎实的原始材料基础，也为中国西南少数民族生态文化保护工作贡献一份力量。

二、地理环境与资源

（一）地理环境

丹巴县位于四川省甘孜州东部，县境内地质的自然生态构造特殊，为漩涡状旋扭构造，有五条河流和五座山脉汇聚于此，并做360°辐射形成梅花开放状。梭坡乡位于县境东部。莫洛村坐落在梭坡山，地处大渡河东部沿岸、墨尔多神山的西南面，传统的藏式建筑与高山峡谷自然环境相结合，形成了特殊的村寨人文景观。海拔跨度大约为1900米至2300米，平均海拔2200米，是整个梭坡乡海拔最低的村落，相对海拔高度差异不大。亚热带气候和高原季风气候呈垂直带分布，年平均气温14.2℃，1月平均温度4.4℃；8月最热，月平均温度22.4℃。无霜期316天，年降水量600毫米，山体蕴含的水资源充沛，日照充足，植物覆盖率高。

（二）水资源

莫洛村紧邻大渡河，并且有与大渡河垂直交错的毛龙沟穿过，村民们修筑沟渠将毛龙沟水引到家中，一方面作为生活用水，一方面用于灌溉房屋周围的林地。同时，莫洛村的主要农业耕作区也依赖大渡河和毛龙沟两条水源。

（三）土地资源

莫洛村的田地主要分布在大渡河和毛龙沟交叉区域，多为梯田。农耕区域距离居住区有一定的距离。农耕区主要种植小麦和玉米，有少量蔬菜，比如茄子、青椒、西红柿等。每户平均农业耕地面积大约为四亩。

（四）动植物资源

村落范围内的树种非常丰富，其中黄杨树和白杨树是年代最为久远的古老树种，是莫洛村珍贵的资源之一。据居民介绍，本来莫洛村周围的山林更为茂密，只是在1949年前村民为了防止强盗躲在山林中，放火烧毁了很多山林。经济林木有苹果、花椒、核桃、梨等。

由于村落分布密集，人类活动的范围比较大，因此莫洛村一带少见野生动物。

（五）矿产资源

莫洛村发现有金矿和云母矿资源，但是当地村民没有参与挖掘。由于挖掘矿产资源会影响到山体的地质结构和居民的房屋，因此承包商承诺给村民很少一部分钱作为补偿。

三、传说和村寨历史

（一）口头传说

1. 概况

莫洛村的神话传说多与古东女国相关，虽然有一种说法认为梭坡乡是蒙古人的后裔，但是也有部分村民相信，莫洛村甚至整个梭坡乡都可能是古东女国的遗族。

关于莫洛村的传说，只有一些年纪较长，或是曾担任过行政、教职的长者较为熟悉；多数人对于莫洛村的历史记忆可追溯至20世纪五六十年代左右。总的来讲，莫洛村的发展是与中国历史变革息息相关的。

2. 东女国遗址

梭坡乡是传说中的"夏孟杰吉朴"（东女王）故都所在地。夏孟杰吉朴，翻译成汉语就是东女王。大约在公元755年（中唐以后），东女王被唐朝封为归昌王，统治区域在维州（今理县）一带。然而此时大唐和土蕃双方的局势已经很紧张，东女王为躲避两个大国的争夺战，退避三舍，带领族人迁徙到梭坡乡的甲都居住。当时的甲都是整个梭坡的中心，它背靠松日山，三面均是悬崖绝壁，地形十分险要，其间是广袤无垠的原野。东女国的千军万马抵达甲都后，在三山峡谷间，沿着山岭背脊修筑了墙垣、瞭望台、战壕及界碉。这里的山水地名翻译成汉语时都不离"女王"二字。

据史书记载，东女国女王的居所高达九层楼，一般的国人居所则为六层楼。梭坡乡的高山上尚保留着部分碉楼建筑遗迹，均为六层高度。现在民居室内空间摆设也与东女国碉楼设计相似，茶房与招待房等的机关设置，相传是古东女王国碉楼常见的类型。另外，现代对于东女国遗址的考察曾经出现了神话式的传说①。

流过梭坡乡的大渡河称为"宗普曲"，意为草原深处流来之水；又称为"吉孟洪曲和吉孟毛曲"，意为女王绿水和女王母水；同时还称作"吉孟扎曲洪布"，意为女王脉搏之水。梭坡地名古称"穹德"，意为凤凰盘踞地；又称"夏几吉孟重"，意为东方幸福美满的女王地。梭坡人称碉为"呷"，意指用物体平衡和黏着力筑成的高垒。

3. 梭坡乡地名由来

梭坡乡最初的名称为"穹德"，"穹"是指凤凰，"德"是指多山多水形成的掌状地貌。而在梭坡藏语中有个传说叫"斯比恰意"，大概内容是说：生命活动开始之时，正巧遇上天潮，即天空破裂，大量的天水流泻大地，大地顿时成了汪洋大海。此时东方有个离天庭最近的地方，便是凤凰王的盘踞地，也就是现在的梭坡乡。传说中那里的万物都有各自的天地，和谐相处，没有战争；农作兴盛，就连小麦的籽粒都有鸽子般大小，人们跟着凤凰王过着神仙般的日子。当时蛇妖王知道凤凰王居住在这样一个得天独厚的地方，就兴妖作怪、制造事端，企图毁坏一切，挑拨动物们相互竞争、打斗，并借机挑唆起人与人之间的矛盾事端。现在梭坡乡松日山背后的沙德龙大沟约在海拔4000多米的地方有一处面积为36亩、深不可测的海子，传说就是河牛被耕牛打败后跳进海里使大海退潮留下的遗存。当凤凰王知道这一切都是因为自己而起时，为了人间的和谐美满，便变成了一座大山，也就是现在的梭坡松日山，他的大臣们也跟随他变成了一座座山，由南向北一字排开，将地面分成东西两大块，东半部是沙德龙大沟，为人们的放牧场，西半部是大渡河沿岸，为人们居住的地方，多山多水的祥瑞之地"穹德"就此形成。

4. 松日山的传说

松日山为梭坡乡地域正中的中心山脉。其东南面是吉古山脉，西面是南北向的斯亚女神山，北面是东西向的吉孟日达，相传为女王守护神山。三大山脉抱绕一周，形成口朝天开的雀巢，松日山横卧在中心部，恰似凤凰卧巢孵蛋。

---

① 据说在2009年11月时，有学者来到了梭坡乡东女国古都遗址进行考察，在前往东女国古城坐落于山棱东北方向的悬崖峭壁上拍摄的时候，竟发现了女王的自然显像，带着皇冠威严地屹立在几百米的悬崖峭壁上，能够清楚地分辨出女王像的五官相貌。

传说某天，一个猎人到松日山山顶打猎，突然看到一白一黑两条蛇在打斗，白蛇斗不过黑蛇，将要死去。猎人用弓箭射死了黑蛇，给白蛇服了一些草药并将其放在挡风避雨处，随后便前往他打猎时过夜的岩窝。他刚到岩窝门口，便见到一个女孩坐在一头山驴旁挤奶。女孩看到猎人来了，站起来说："我的奶牛走丢几天了，结果在你的门前，我借你的锅烧了点茶，请你也来喝。"这时猎人才发现他自己随身背着的锅在她面前，锅底不曾生火但锅中的茶却在翻滚。猎人还未回过神来，却已不由自主地喝完了一碗茶，随后便不知不觉地睡着了。当他醒来时，发现自己来到了另外一个世界，山是金子的山，河是银子的河，房屋是玉石的，满山遍野都是鲜花，可花却长在金、银、玉石之上，看不到土地。桃、李、梨等果树众多，鲜花和熟果挂在同一棵树上，不知是春还是秋。老虎、豹、獐子、鹿子同宿一巢，和谐相处。

猎人不知这一切是梦还是真实。住了三天后，猎人准备回家，女孩对他说："愿走愿留随你，但你若要走，要知道两件事：一是这个地方叫'穹德'，你到家后不能告诉任何人这里的一切，否则我们便再也不能相见；二是你来到这里已经三年了，家人早就忘了你，你必须带一样东西去见'斯波朗松'，他是一位深知天、地、人文知识，甚至更为博学的老人。"说着，就拿出一颗鸽子一般大的麦籽粒给他。当猎人将麦粒拿到手上时，女孩就不见了，猎人发现自己正站在原来的岩窝旁。他似梦非梦地走回寨中，但邻里熟人都不理睬他，他回到家中，家人也不认识他。他看到三天前还未满月的小孩已是能走会说的几岁孩子了。他突然想起了林中女孩的一番话，便去找寨中年龄最大的三位老者，当他把麦粒拿给他们看时，老者们大惊，问他如此大的麦粒是何处找到的，猎人忙答道"穹德"。话音刚落，一只鸽子从麦粒中破壳而出并飞上了天空，留下的只是一个空壳麦粒。从此梭坡地域上传开了一个故事：鸽子一般大的麦籽粒，神仙般的日子，凤凰王的隐居地。故事一直流传至今。

5. 大渡河

丹巴全县之水从四方集中，最后在县城的三岔河汇合为一，向南经梭坡而下，称为"大渡河"。大渡河就是大山、大峡谷之意，它以三岔河为起点，经梭坡进入格宗一步步形成"一线天""天堑""逢壁峡"等奇特险段，最终在乐山注入岷江。

梭坡藏语称大渡河为"吉孟毛曲"，意思是女王的门前水。可以说，大渡河见证了古东女王的兴衰成败，围绕着大渡河有许多惊天动地的古东女王故事。古东女王来到梭坡乡定居后，在她的鼎盛时期，于大渡河的三岔河到格宗乡界点间依次摆设了六道牛皮船口岸，四方豪杰每年都要来给她上贡，因此河道运输成了最主要的交通方式。河面上人来送往，非常热闹，气势非凡。当时，莫洛村全寨子的男人们都是女王的专业船夫，个个都是能舵能游的一把好手，没有其他任何差役。这些故事代代相传，传为佳话。因此，大渡河与东女王之间也有着密切的联系，后来人们为了纪念东女王，便将此河称为"吉孟毛曲"。

6. 古碉楼的来历

关于古碉楼的来历众说纷纭，在此归纳出两种具有普遍性的说法。其一来自于梭坡藏语，古碉楼称为"呷"，呷是"呷卡"的缩音，意思是利用物体的平衡和黏着力筑成的高垒。梭坡当地有一个顺口溜："高，高，坡坎高；低，低，井水低。井水下面跑鱼儿，老小我俩割山草。草喂白腿毛母牛，挤来奶子喂门前小狗。小狗长大撵獐子鹿子，拿回野味给月母子。月母子生九子，长大修高碉。碉顶依喂，碉腰呜吱，碉脚下照老。""依喂"是受惊吓时发自内心的惊叹，"呜吱"是爆发惯力的表示，"照老"是块石顺坡势滚动时发出的声音。这里也说明了，古碉是一次一次修起来又垮、垮了又修，直到掌握了泥土的黏着力、块石的平衡压力，碉楼才修筑成功。取名为"呷"，本身就已概括了碉楼的来历。

另一种说法是战争。古东女国时期，东女王为了整个区域的民族能过上安定祥和的生活，抵御外来的侵袭，下令遍访能工巧匠，结合各个寨子的地形地貌，修建了很多古碉。现在很多古碉上都可以清晰地看到箭眼等与战争有关的构造。

梭坡古碉按造型可分为四角碉、五角碉、八角碉、十三角碉。按用途可分为家碉（即房、碉同体，碉中水井、库房配套的碉及寨碉是寨中较明显的标志）、信号碉（属通讯设施，一般在置高点，王房旁）、要塞碉（也称关卡碉，四周进出口、要道等处的碉）、风水碉（一般风水碉以八角碉为主）。碉楼还分公和母，母碉表面有横线条，东女国的遗址中有很多此类碉，或许是东女王的专用碉楼；公碉外表则无线条。

7. 莫洛村五角碉

莫洛村里有一座五角碉，其五角的分布不规则，不是星状的五角。从南、北、西三面观察，与四角碉没有区别，但从东面观察就完全不是四角碉的形状。五角碉的五个角中有三个角呈梳子状，当地人称此碉为"贡很呷孟措考"，"贡很"是指上天，"呷孟"是指老祖母，"措考"是指专注一方，概括说，就是面对上天的老祖母。传说这里是东女国神灵游荡之地，碉的三个角指向的是东女国都城。

8. 千年魔洞妖精洞

从前有一个魔王修炼的山洞，当地居民称为亚卡魔洞。传说有母女俩在魔洞内修炼，几百年后，母亲成了十恶不赦的魔王，而女儿却成了心地善良的仙姑，女儿每天都要积善行德为母亲减轻罪过。母女俩周游世界，春夏秋冬四季居住在不同的魔境内，而亚卡魔洞是她们七、八、九月份的居住地。每当到了这个时候，母亲都会骑着一头大白猪回到洞内，附近的人们将会受到祸害。一位法力高强的道士为了百姓的安乐，在女魔王来临之前居住在魔洞内施法等待。突然间整个山谷阴气逼人，大地都在颤抖，远处传来的猪叫声震荡整个山谷。此时居住在洞内的道士才知道魔女的法力非同一般，他心惊胆战地去迎战。果然他的法力远不及女魔，只好把祭坛上的所有供品都献给了女魔，但仍无法讨得她的欢心，道士只好苦苦哀求女魔放他一条生路，可是得寸进尺的女魔要道士以他的肉身来供奉她。未得到满足的女魔一怒之下发出疯狂的笑声，同时变成一头巨大的白猪，咬牙切齿地张开大嘴罩住了整个山洞口。在道士即将被吞没之时，仙姑发现了此事，解下自己的围裙蒙住了母亲的嘴巴，让道士悄悄地从母亲嘴下逃出。在仙姑的帮助下道士逃出魔洞，暂时躲过了危机。但是女魔骑着大白猪一路追杀而来，越追越近。穿过森林，越过山丘，道士发现前面的山坡上有一座三塔连体的佛塔，面对着死亡的威胁，道士灵机一动，对着佛塔跪地磕头，乞求佛塔容他藏身躲过女魔的追杀。他顺着佛塔顺时针转了三圈，逆时针转了三圈，然后钻进了塔身内。法力高强的女魔最终发现道士在塔身内，便变身为魔猪要将佛塔掀翻，那一刹那间好像大地在颤抖，山谷在崩塌，在女魔疯狂的笑声中佛塔被翻倒了一半。可是由于佛法无边和女儿的善良，女魔有所感悟，从此再也不祸害百姓了。直到今天，这神圣的佛塔正好如传说中一样塔身倾倒了一半。

妖精洞的传说在很大程度上反映了莫洛村以及周边地区的宗教信仰，也能够从中窥探出该地区宗教信仰的变革，这一问题将在第十节宗教与禁忌中具体谈到。

（二）村寨历史

关于莫洛村的起源，大多与上文的传说故事相关，并没有明确的史料记载，只了解到整个村寨有2000年左右的历史，大部分土司寨有800—1000年的历史。此次调查主要对近五六十年来莫洛村的历史沿革进行了一定的梳理。

莫洛村历史上属于康巴文化圈、明正土司鲁密章谷十七土百户辖地——俗称二十四村的范围。民国时期，此处虽相对独立，但还是需要向国家缴纳一定量的粮食。20世纪50年代之前，整个丹巴由四个土司管辖，莫洛属于川口区。丹巴解放前人口大概有30多户，100多人。1951年丹巴解放，50年代先后经历了合作社—初级合作社—高级合作社—人民公社几个阶段。60年代，村中居民住宅还没有新房，全是老房；修建了乡公所，成立了生产队，开始用播种机和脱粒机进行农业生产。80年代，实行了土地承包责任制，根据当时的分配原则，一个全劳动力承包一亩耕地，半劳动力承包5分耕地，在校学生承包4分耕地。这个分配原则多年未再变动。

四、村落的外部结构

总的来讲，莫洛村的空间分布大致可分为三个层次：第一个层次是最内部的居民房屋及碉楼分布密集的范围，第二个层次为分布在居民房屋外围的农业耕作区和人工种植林区，第三个层次为村落最外围的自然山林区域。

（一）村落及周边田地

1. 林地

莫洛村林地分布的主要特点是没有整块地集中分布，而是在居民区各家房屋周围及靠近大渡河的低矮地带零散地分布。村落内部和外部林地的类型主要分为两类：其一为普通的自然林地，树种包括村中的大量树木和一些低矮植物，以黄杨树和白杨树的年代最为久远，至少有一两百年的历史，是莫洛村比较珍贵的自然资源之一；其二为人工种植林地，树种主要有花椒树、苹果树、梨树、核桃树、石榴树和李子树等，居民房屋周围种植的主要是苹果树和花椒树。大部分人工种植林地与居民住宅区没有明显的分离，而是相互交错分布，只有一小部分分布在村落边缘的山坡地带，与居民生活区有一定的距离。平均来讲，从居民住宅步行到自家林地的时间一般不超过10分钟。人工种植树种主要是经济作物，村民一般将其收成运往村外出售以获取一些经济收益，这也是莫洛村居民收入的来源之一。

2. 田地

莫洛村的田地面积总计有250亩左右，集中分布在村落以南，靠近大渡河及与大渡河垂直交叉的毛龙溪两侧，与居住区有比较明显的分离，属于莫洛村比较外围的区域。另外，也有部分零散的田地分布在一些村民住宅周围。田地的分布主要与自然环境有关，比如充足的水源、与水源之间的距离以及地形地势等。莫洛村的田地多位于地势相对平坦、利于耕种的河岸低矮台地，这一区域的土壤相对肥沃，又靠近水源，方便引水灌溉。一般来讲，从居民住宅步行到家中田地平均需要15分钟。

田地中主要种植粮食作物小麦和玉米，蔬菜有西红柿、茄子、青椒和黄瓜等。蔬菜主要是居民自己食用，少部分运到村外出售。

（二）村外道路

1. 陆路

要从外部进入莫洛村，主要的途径是从大渡河西面的沿山公路先到达一个分叉口，从此叉口下到大渡河河边，然后步行通过一座只能通行行人和摩托车的桥（建于1975年，以前可以通行机动车辆，但是近年成为危桥，因此只能通行行人和摩托车）来到大渡河东面，即莫洛村所处的梭坡山。接着步行大约20分钟（这是一段宽达7米左右的石子路，可通行机动车辆，但目前还未通车，要待莫洛村北面大渡河上的一座水泥桥修好后方可使用。这座桥将于2010年底完工），即可到达居住区。另外，莫洛村东方的东风村、共布村、弄中村，以及北方的左比村、八梭村、纳衣村也有道路能够进入莫洛村，甚至从梭坡山另一面的中路乡也可以翻山到达莫洛村。

村落的发展很大程度上依赖于其与外界联系的道路体系，但是莫洛村的陆路交通体系还比较落后，种植的水果和蔬菜要运送到村外，需先由人工搬送到桥头一端，再经过货车运到县城或外地贩卖，其间还需转三四次车，居民欲通过出售特产增加收入就显得比较困难。由于进入莫洛村及整个这一面梭坡山上的村落都未通车，只能步行，当地旅游事业的发展也受到制约。

2. 水路

莫洛村外部的水路即为大渡河。清朝时，由于还没有与外界相连的道路和桥梁系统，村民便经由大渡河渡船外出向清王朝上贡，同时也从外界运回生活物资，距离最远可到乐山。村民们甚至用"用生命去换吃的"这种说法来形容当时的交通状况以及村落与外界联系的困难程度。现在，随着公路和桥梁系统的逐渐发展与完善，大渡河中已经看不到过往船只了，莫洛村与外界的联系已不再通过大渡河水路，这也将成为莫洛村未来同外界联系交通的发展趋势。

（三）与周边村落的关系

梭坡乡有11个行政村，莫洛村是海拔最低、最靠近河流的一个村落。以莫洛村中心区域为起点，到达北部的左比村，需步行40分钟；到巴梭村和纳衣村则需步行两个小时左右；到达东北部的东风村、共布村和弄中村需步行约一个小时（图四—1）。各个村落之间都有固定的道路通行。这些道路大多修建于合作社时期，早期路况较好，但是由于很少有车通过，长期没有得到充分利用，很多路段已逐渐废弃，仅能通行行人。由于大渡河的阻隔，莫洛村与位于大渡河南侧、同属梭坡乡的嘎拉村、泽公村、宋达村和泽周村几乎没有联系。

莫洛村与大渡河北侧各村落之间有着比较多的姻亲关系，与中路乡的部分村落也有姻亲关系，但是与大渡河西岸的卜角顶村则极少通婚。莫洛村的地理位置和交通相较其他村落有着比较明显的优势，因此很多村落的妇女都愿意嫁到莫洛村来。而这样的姻亲关系又使得莫洛村的居民与其他村落的居民有了一定程度上的血缘关系。周边村落的妇女嫁到莫洛村后，其亲属有时也相伴移居到莫洛村。因此，莫洛村居民与周边村落居民之间往往存在着血缘关系。

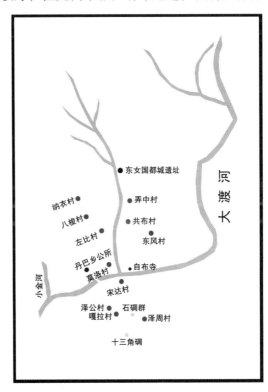

图四—1　梭坡乡村落位置示意简图

另外，村落间还存在重大活动时互相支持的关系。不同村落的居民会参加彼此的喜事、丧事等大型活动，如果有哪一户人家需要帮忙，比如建房等，周边村落的人们也会前来帮忙。这种习惯也许与以前村落之间曾相互结盟、并且共同面对外来侵略或自然灾害的经历和思想传统有关。

各村落之间在关于整个梭坡乡规划发展方面的合作逐渐增多，比如改善交通条件、规划农业发展方针、发展旅游等。据莫洛村村长介绍，梭坡乡的各个行政村在对外处理一些事务时，都会相互合作，共同努力。这样的合作无论是对莫洛村还是对梭坡乡都应该是一件好事。然而，由于长久以来地理环境的阻隔，莫洛村与大渡河南岸的梭坡乡其他村落却基本没有联系，生活习惯和文化风俗的差异也比较明显。

（四）中心与边缘

虽然整个梭坡乡有11个村，但并不存在明显的中心村落与边缘村落之分。莫洛村海拔最低，且距离水源更近，拥有比较优越的地理位置和农耕条件，因此其发展在很久以前就比其他村落好，可能在较大区域范围内拥有比较高的地位。另外，莫洛村中集中分布的碉群也说明在很久以前，这里的防御意识比较强，或者说当地居民较其他村落的居民更为富裕。但是，这种地位的差距并不明显。关于该区域内边缘化的问题，莫洛村东北面山上比较高的位置有一个贾都村，现在这座村落只有两三户人家，其他居民多已迁徙到比较靠近山脚的弄中村居住。因此可以说贾都村是一个被边缘化的村落。尽管这种中心与边缘的概念在梭坡乡这一区域范围内表现得不是很明显，但却可以看出决定一座村落发展好坏和地位高低的主要因素是其所处地理位置的优劣以及是否有充足的水源，是否有条件最大限度地发展农业、并从中获取供给和一定的经济利益。如果从这一角度分析，在未来的发展过程中，地理位置越高、生活交通越不方便的村落将最有可能被边缘化，而梭坡山的中心将逐渐向地势低平、靠近水源的地区移动。

五、村落的内部结构

（一）村落布局（图五—1）

莫洛村位于大渡河北岸南坡，分为上、下莫洛两区。下莫洛沿河岸呈带状分布，建筑较密集，无论是村落格局还是建筑风格本身，受外来文化的影响都较为明显。上莫洛与下莫洛相连，自下莫洛上部沿山坡往上分布，建筑分布相对松散、自由，与自然环境联系紧密，建筑风格更为原始，所受外界影响较小。

　　莫洛村是根据地形发展起来的自然村落，并未经过严格规划，也无等级、规制要求。村落没有明显的边界和出入口，布局也没有中心区和轴线。林地、草场等没有特别规划区域，多位于民居周边，总体显得松散。

　　宗教场所是村民公共活动的主要场所，寺庙是村民进行宗教活动的空间，附属场地则作为村民公共活动和跳舞的场所。

　　碉楼都位于上莫洛，大部分与民居联系紧密，是民居的附属物。

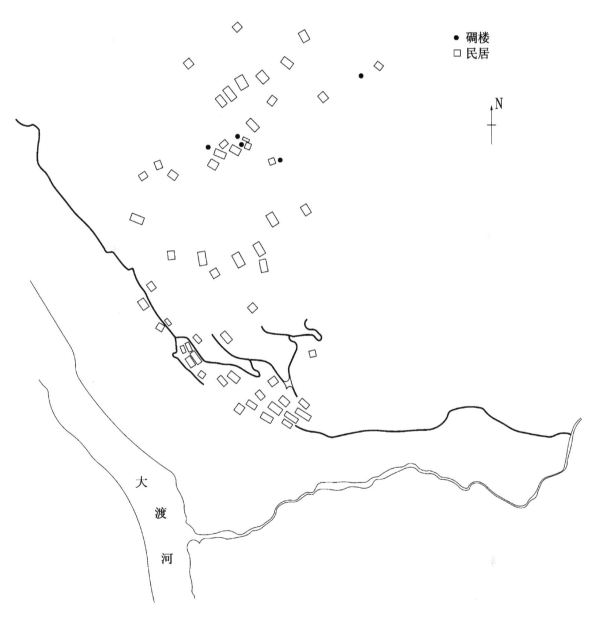

图五—1　莫洛村村落建筑物分布图

（二）道路体系

村内陆路交通分为三级：一级为村内公路，沿河岸横穿下莫洛，是莫洛村重要的横向交通要道和对外出口，其中自渡桥到村口为柏油路，村口以内为土石路；二级路是作为景区参观路线的步道，采用石板铺地的形式，自村内公路开始，可到达莫洛村分布相对集中的四座碉楼和部分年代较古老的民居，同时也是莫洛村重要的纵向交通要道，联系着上莫洛各主要区域；三级路是山间小路，没有明显标志，以土路为主，部分用石板铺地，联系着距离较远的民居和活动场所，也是村民日常前往劳作场所的主要通道。

（三）给水排水

莫洛村水源充足，日常生活和农田灌溉用水主要使用自山上流下的溪水，给水系统由纵向的自然溪流和横向的人工水渠构成。村东部的溪水流量最大，功能主要是灌溉村东侧河滩上相对集中的农田。此外，村内还有数条水流较小的小溪，村民用水渠引水，在不同高度横向流过村落，作为生活用水和民居周围农田的灌溉用水。村中修建的水渠以随道路的简易水渠为主，采取直接挖沟辅以部分区段铺石板的做法，并未使用水泥等新材料。

2008年至2009年，村里实施了安全饮水工程，修筑了蓄水池及长达8000米的饮水渠等设施，村民用胶管将水引至家中，解决了30户居民的安全饮水问题，其余用户还是多以井水为主。现在有少数人家中安装了太阳能热水器，可以在需要的时候洗澡；家里没有热水器的居民，一般是每天洗脸、手和脚，每隔三天左右用大盆烧水洗澡。

莫洛村目前只有给水系统，而无排水系统。

（四）垃圾处理

莫洛村垃圾废物的处理主要是自然分解，有些可用作饲料喂养家中的牲畜。无法自然分解的垃圾，大部分运往大渡河岸边，据介绍，岸边堆放了丹巴县的大部分垃圾，垃圾未进行规范处理，对环境造成了很大的污染。莫洛村现在正在进入村庄的道路边修建一个小型垃圾回收站，将来村中的垃圾将运至此处集中，使其得到及时转移和处理，以免大量垃圾堆积在村落中影响自然生态环境。这样的做法实际也是为整个村落未来的长远和谐发展做准备。

（五）房屋类型

莫洛村的房屋根据建筑外形和使用功能可分为碉楼、民居和宗教建筑三类，民居和宗教建筑将在下文论述，这里首先介绍碉楼的情况。

1.外观

碉楼是莫洛村最独特的建筑，平面为多角形，立面采用通高竖直外墙，整体比例瘦长，呈塔状。外墙内倾，使碉楼立面上小下大。现存碉楼高度一般有十余层。

碉楼一般按其平面形状区分类别。莫洛村共有碉楼6座，分别是四角碉楼4座，五角碉楼和八角碉楼各1座。两座四角碉楼和五角碉楼、八角碉楼分布集中，位于上莫洛中部；另两座四角碉楼（5号碉和6号碉），分别位于村落上部边缘和村落东部山溪以南。

2. 内部空间

碉楼主体部分中空，内部无隔断墙，但碉楼外部墙体楼板分层。就可以进入调查的碉楼而言，空间结构大致可分为两种，一种以6号碉为代表，入口位于碉楼底部，可以由外部地面直接进入，碉楼从上而下完全中空；另一种以翁都家碉楼为代表，现存入口位于碉楼中部，进入碉楼后可以往下一层（由于入口位于碉楼中部，而不是底部），以下大部分区域不能确定是否为实心墙体。

碉楼内部虽然没有隔断墙，但在相对的墙的中点位置，却有石砌柱子，做法与墙体相同，类似于砖砌墙体中广泛使用的、每隔适当距离砌柱的做法。这种柱子成对出现，其直接功能是作为楼板的梁的支撑，可能还具备加固的功能。以本次调查中唯一保留有楼板的翁都家的碉楼为例：该碉楼拥有一对石柱，每层楼板的位置都有应该是贯穿整个碉楼的平面梁由石柱支撑，楼板由梁和一侧的石墙承托，面积为本层的一半。楼板的位置在两侧逐层交错，层与层之间用可活动的楼梯上下（图五—2）。

无论入口设在碉楼底部还是中部，在能到达的第一层与第二层之间，楼板设计都有所区别。不同于其他各层的楼板只有该层面积的一半，翁都家碉楼的一二层之间使用了完整的楼板，两层之间的楼梯则位于碉楼一角。在材料上，其余楼板仅采用木板铺成，一二层间的楼板则采用一般民居楼板使用的草、土混合的方式。6号碉楼虽然楼板不存，但一层墙体向内加厚，在两层间楼板的位置出现了一定宽度的石台，应该是铺设完整楼板留下的痕迹。

3. 装饰

碉楼外部窗户很少，有的墙面甚至没有窗户，即使开窗洞，尺寸也很小。

碉楼外观朴素，都为原始石墙，没有涂料或者装饰，但翁都家碉楼外墙上有万字装饰。

4. 功能

莫洛村碉楼年代久远，现在村里的居民中并无与其有直接关联的人，关于碉楼的信息都是通过历代口耳相传的方式流传下来的。修建碉楼是家庭展示财富与实力的方式，每当家中有男丁出生后，就开始选址修建。每年建一层，直到男子成年。这种方式与女子成年时佩戴大量珍贵饰品类似，通过尽可能地展示财富，使子女在择偶时处于更为优越的地位。

碉楼同时也具有防御的功能。碉楼外墙坚固，难以破坏，同时入口狭小，易于防守。虽然

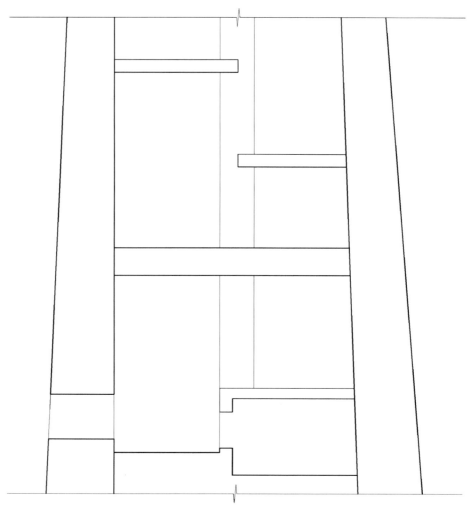

图五—2　碉楼内部剖面图

碉楼内部空间并不宽阔，但由于层数较多，高度较高，也能有效地用于物资的存储，还可作为瞭望塔使用。翁都家碉楼在底层有一隐蔽房间，入口低矮而且部分位于楼板之下，应是重要物品的存放处。而通过其对面的小窗，正好可以看到上山的道路。

5. 民居与碉楼的关系

碉楼有的独立存在，有的周边分布着民居。与民居相连的碉楼，二者共存时空间关系紧密，碉楼入口常与民居相连，碉楼也由民居所有者拥有。但大多数情况下民居的年代相对碉楼都较晚，二者不存在直接联系，有的民居的主人甚至是后期由其他地方迁到此处居住的。

六、村落的构成单元

（一）家庭住房布局

民居是以家庭为单位的居住和日常活动的场所，包含居住、饮食、社交、喂养牲畜和储藏粮食等诸多功能。传统家庭往往是大家庭聚居的模式，即复合家庭[①]：一般至少会有三代人同时居住在家中，家中亲属众多，人口密度较大；家庭生活注重礼仪；建筑中居住与贮藏的功能突出。现在，随着家庭的小型化，传统民居的功能布局日趋灵活、多样，其根本原因在于居民已不仅仅满足于温饱，更希望生活质量得到进一步提高。

莫洛村民居保持传统的藏族民居风格，平面为方形，一组建筑一般由主体建筑、附属建筑以及二者之间的院落组成（图六—1）。

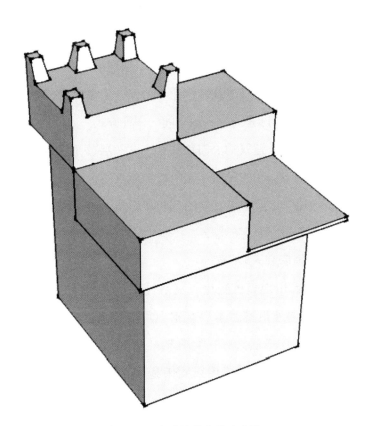

图六—1　民居结构立体示意图

[①]　又称为联合家庭或扩大家庭，指两代以上的夫妇及其子女、亲属所组成的家庭，包括已婚的同胞兄弟在内。段庆林、吴光春：《我国城乡居民消费行为的比较研究》，《市场与人口分析》1999年第2期。

主体建筑传统为五层，极少数规模较小的只有四层（图版一）。从外观上看，主体建筑可以分为上下两部分。除上两层外，其余各层平面均为长方形，使用同一外墙，外墙以石材垒砌为主；上两层的外墙则采用石木混合的结构方式，平面也更为灵活，广泛使用木结构出挑的方式，部分空间伸出下层建筑之外，并形成室外平台，建筑装饰也主要出现在这两层。主体建筑在平面上一般分为四个区域，除其中之一作为上下交通的楼梯间外，通过分割其余三个区域大致可获得三至四个房间，房间之间的连通主要采用套间的形式。

附属建筑一般仅有一至两层，平面也多为长方形，但面积较小，结构和装饰也较为简单。建筑外墙与围墙采用了相同的构造方式，而且直接相连，并无明显界限，外观上整体性很强。对内体现出封闭性，对外则体现出较强的防御性。

一般村民家中的厕所都建在房屋右侧，依然是比较简陋的模式，没有下水道、便池等设施，排泄物大多暴露在室外。

（二）房屋立面结构

在立面结构上，传统民居有五层，各层在功能上有明确划分（图六—2）：

第一层用于喂养牲畜。外观虽然与其余各层相同，但往往只在顶部向露天院落开一小口，以便观察里面的情况。由于莫洛村民居建筑多修建于山地，建房时依据地形并不整平地基，底层空间相对狭小，用于喂养牲畜实际是有效利用空间的一种方式。

第二层为家庭公共活动空间。建筑的大门往往开在这一层，而且因为处于山地，近山一侧的二层地面高度与室外地平相当，有的民居在这一层形成院落，所以也可以说第二层才是建筑的底层，下面一层为地下一层。二层中最重要的空间是厨房，是家庭共同生活的起居室，厨房中间安置锅庄，家庭日常生活便围绕锅庄展开。

第三层为卧室，房间根据家庭人口设置。

从第四层开始，建筑平面出现显著变化。莫洛村民居第四层的建筑平面为"L"形，形成室外平台，但相对于三层向外出挑。本层基本上可分为三个方形区域，除封闭的房间以外，也有半封闭空间。建筑的第四层共有三大功能：首先是贮藏粮食，室外平台用于晾晒。其次，居民家中的佛堂也建于该层，佛堂内设置佛龛，是居民进行宗教活动的场所。第三，出挑空间可以用作厕所，厕所构造简单，在楼板上留一个洞，粪便直接排到地面积肥。

第五层平面面积相对前四层面积进一步缩小，仅为二层面积的四分之一左右，位置在第四层"L"形建筑中心的方形区域。功能上以贮藏粮食为主，第四层屋顶形成的室外平面则用于晾晒粮食。第五层的屋顶修建有祭祀空间，也是家庭的宗教活动场所。

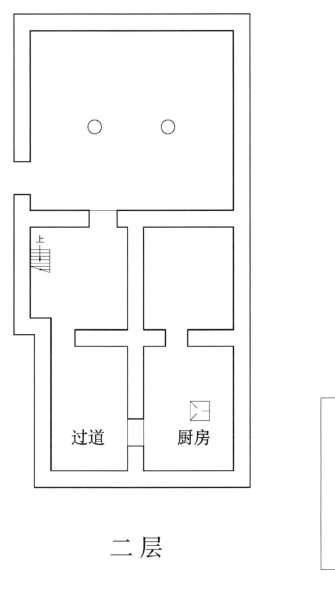

二层

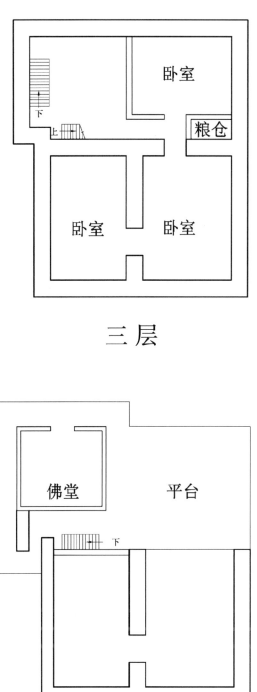

三层

四层

图六—2　房屋平面图

总的说来，莫洛村民居的布局灵活，特殊的构造方式使建筑内部墙体主要承担独立的支撑任务，上下层房屋分割不一定对应；同时，由于外部墙体厚度的变化，也会使内部空间发生改变。翁都家老房为莫洛村年代最久远的民居，现已无人居住，但内部空间尚保留着原始格局：第二层以南北向过道通往西侧的厨房；第三层则改以东西向短过道，将空间分为南北两处卧室；第四层由于墙体厚度变窄，原来二层过道的位置已经拓宽为完整的一个房间。

（三）房屋材料做法

莫洛村房屋建筑为石木混合结构，土石在建筑中扮演着非常重要的角色。

1. 墙体

外墙是建筑中最重要的承重结构，厚度较大显得很结实，民居底层外墙厚度可达一米，碉楼外墙则更厚，可达两米。外墙自下而上逐渐收缩，剖面呈梯形，由大石块与石板交替垒砌而成，石材均为当地采集，粘结剂为当地黄土。除了采用石块外，还用木筋加固，木筋为细木条，长度与墙体相同。每隔约一米的高度，使用一层木筋。在木梁和门窗过梁下部约二十厘米的位置，再使用木筋加强连接。外墙转角处两个方向的木筋相互交错，类似于井干式结构①转角处的处理方式。

内部墙体采用木结构，主要功能为空间隔断。隔断墙做法与汉族民居相似，先在隔断墙两端立柱，然后在柱间搭接木制框架，最后安装木板。由于隔断墙并不承重，所以上下楼层的墙体不一定对应，其重量由楼板承担。

2. 楼板、屋顶

建筑楼板的水平承重构件为梁。梁分为两级，尺寸最大的位于下方，横截面为纵长方形，上方为圆木，二者相互垂直。圆木之上为与之垂直的更细的木柴，现在部分建筑已采用木板。最上部为茅草和泥土混合层。

屋顶为平屋顶，构造方式与楼板相同。外檐使用石板垒砌，并在最上部向内倾斜，防止雨水沿檐口外流，保护下部木结构。排水则采用管道。

3. 梁、柱

莫洛村民居的梁、柱关系也与汉族传统木建筑不同，构造方式显得较原始、单纯。梁基本上都由石墙承重，两根梁并列于石墙上，并且都出头，与汉族木构建筑中将梁拼接的做法不同。柱子由于不再是主要的承重结构，上下层之间并没有结构联系，之间也被楼板隔开，所以

---

① 即以圆木或方木四边重叠结构成井字形，这是一种最原始而简单的结构，现在除山区林地之外，已很少见到了。

立柱显得随意，并不需要上下对应也不需要结构对称，往往是主人认为需要加强承托就增加一根柱子。

　　梁柱间的联系在民间建筑中主要为直接联系，在寺庙中可能会在梁柱之间使用垫块，名叫"gaden"（图六—3），形状与倒置的驼峰相似。比较独特的是，当柱子与纵向梁相连时，常会在柱头上使用横向构件，类似于阑额，但它位于柱顶，并不入柱，当地人也称为梁。由于增加了这一层梁，往往导致梁柱之间不能得到精准的对应，整个结构就显得较为随意。

图六—3　梁柱之间的"gaden"

（四）方位与朝向

1. 上位

　　莫洛村藏族建筑修建时依据山势，背山面河，无固定朝向，但很注重上位的概念。对于整个建筑而言，向山一方为上位（图版二），表现在建筑外观上，有两个方面：其一，不论是民居还是碉楼，楼顶都有小塔，传统做法一般为五个，四角各一个，上面插经幡；第五个位于向山一边的中点上，中空，可在其中焚香。现在，有的民居顶层取消了远山端右侧，即主体建筑平面中心位置的小塔，改而在第四层屋顶向山一边的外端设置，同时在同一边中点设置可焚香的小塔。但无论是哪一种做法，都体现出对向山一侧的强调。其二，民居主体建筑的第四、五层向外出挑，但向山一侧不出挑，而是采用通高的石墙，体现出在背山面方面也有一定特别之处。

室内则以远门一侧为上位。这体现在厨房中，锅庄位于房间中心，年老者坐于房屋入口对面的位置，其他人坐在两旁，做饭的年轻女子则坐在开门这一侧，这一方面体现出家庭秩序，一方面也方便她们做饭。

2. 入口

莫洛村民居的院落入口往往不止一个，入口方向也不同，但主体建筑的入口往往位于右侧。莫洛村民居主体建筑大多背向东北方，入口则开于东南方。

3. 面河

莫洛村民居面朝河水，面水一侧往往开窗最多，四层缺口的位置也面向河水。而且值得注意的是，第四层露天部分（建筑平面的右下角）朝向河水的下游，这和对岸村落的建筑相同，二者平面正好沿河道相对，也许河水对民居的修建产生了一定的影响。

（五）建筑装饰

1. 抹灰

墙面装饰主要采用抹灰的形式，外墙全部抹成白色，碉楼则不涂抹，保留原有颜色，但也有局部装饰，如翁都家碉楼上的万字装饰。除白色以外，外墙在屋顶下方会用彩色条带装饰，一般是红、黄、黑三色或红、黑两色，黑色位于下部。

2. 门窗与内部交通

莫洛村民居门窗尺寸都较小，利于防御。除大门外，室内房间的门一般都在1.5米以下，最矮可低至1.2米，成年人需弯腰才能通过。由于窗户尺寸较小，室内采光一般不佳。条件较好的人家会在窗户上采用一扇大窗（外大内小的意思，从外观看窗很大，但是从房屋里看很小），大窗为全木构，尺寸巨大，貌似四扇大门，但并不能完全打开，能打开的仅为中间一扇的上部部分区域，实际打开尺寸与一般窗户相当。大窗的用处在于展示家族实力与财力。

建筑装饰较为朴素，出挑的梁头采用斜杀的方式，门窗雕刻与彩绘较少。门常见的装饰有在门的上方设置一对兽头，兽头为龙与象的结合体，主体为龙，但拼接象鼻（图六—4）。象鼻很长，但现在已逐渐缩短与一般龙头相差不多。

垂直交通上，建筑内部一般采用较陡的木梯，室外则采用圆木制成的简易梯。

3. 佛教建筑装饰

佛教建筑装饰相对华丽、丰富。随着时间的推移，很多人也把寺庙中的装饰应用于住宅之中。这种装饰主要体现在窗户上（图六—5）：

窗户上方，外观如数层木条相互交错的结构，称为"basu"，本身不具备任何结构功能，仅为表面装饰，"basu"的意思为象牙。

窗户周围由黑色涂料涂成的梯形区域，称为"jiannangjiari"，原本形状为窗户周边的窄条，意为如城墙般坚固。

窗户边框上立体折线梯状的装饰，意为佛梯。

窗户内分隔采用的倒十字形，原本也是寺庙中独有的做法，后来也被不少民居所采用。

图六—4　门上方的一对拼接象鼻

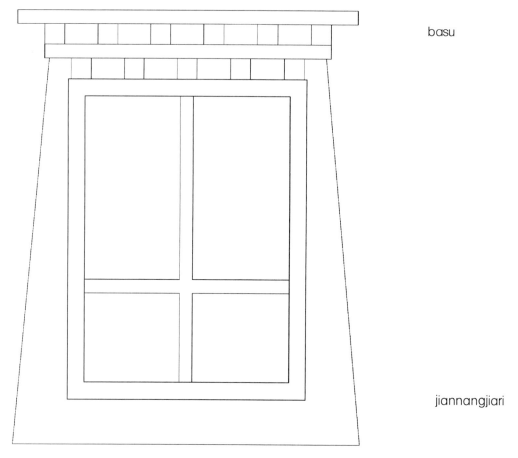

basu

jiannangjiari

图六—5　窗户示意图

（六）贮藏空间

　　莫洛村的民居除了一般的居住和牲畜饲养功能外，还有一项重要作用就是贮藏，其中以粮食和木柴的贮藏最为重要。

　　建筑第四、五层的贮藏空间主要用于贮藏需要晾晒的水稻、玉米等，晾晒后贮藏于室内。贮藏粮食的容器不仅数量多而且在房屋的各个位置均有分布，其形状也各不相同。贮藏量最大的做法是在房间难以利用的边角位置，大约一至二平方米的范围内，用木墙围合成一窄小的房间，再在木墙上部开口作为入口。次之，是将容器做成木柜的形式，高度约一米，靠在墙边，木柜可与所在墙同长，外观与普通矮柜无异，上部还可用于堆放物品。还有一种做法是利用藏民坐卧休息的空间。传统民居中，居民休息的地方叫"yongchi"，由木板铺成，高于地面约二十厘米，宽一米有余，与墙同长，木板以下中空，即可用于贮藏粮食。

　　除了粮食贮藏空间外，民居中也有专门的木柴贮藏空间，位置在厨房中。为了方便做饭，往往同时贮藏有粮食和木柴。需要取用的木柴可以堆于房间一角，同时，厨房天花板下会安放水平通长的木梁，可将大量木柴存放于木梁之上。木柴的数量不只是生活需要，也是家族实力的象征。

（七）时代特征

随着与外界沟通的日渐加强，很多新技术、新产品逐渐进入莫洛村；同时，居民对房屋功能的要求日趋多样化。这些因素使莫洛村传统民居建筑发生了或多或少的改变，主要体现在民居平面布局和建筑材料两个方面。

民居平面布局的改变较为普遍。传统民居采用套间式布局，私密性相对不强。现在新建的民居多采用走道作为主要交通空间，两侧设置房间，房间的独立性有所提高。这种做法在保留原有外观的同时改变了建筑的内部功能，对景观的破坏不大。但是，也有一些新建房屋虽然采用传统结构，外观却更接近现代住宅，这种情况多见于下莫洛。比如采取中轴对称的布局，或者采用内部天井，周边建筑相互错落的形式，这些都与现代建筑无异。

莫洛村部分新建民居已开始使用外购石材而不就地取材，而外购石材的尺寸较为规整，这使得新建民居的外墙与传统民居的外墙风格差异很大。同时，新建民居采用粘结效果更好的三合土，建筑色彩也发生了改变。

同时，值得我们特别关注的是，莫洛村中最能体现传统建筑风格的老房子，同时也是保存状况最差的建筑，这些民居往往已经无人居住。一方面，老房子采光较差，设施陈旧；另一方面，这些建筑多已年久失修，难以使用，甚至有的在地震以后已成危房。如果这些民居不能得到及时的维护，必然会继续破损，最终垮塌。

七、人群与社会结构

（一）姓氏

严格来说，藏族的名字没有姓，一家人中兄弟姐妹的名也没有联系，比较随意。但也有人认为，藏族的姓主要是根据家族房屋的名字而来，如"格鲁"；而名则是因人而异。正如上面提到的，可能两三家有血缘关系的居民的房屋，其姓名会有部分相同，比如格鲁巴、格鲁我扎、格鲁萨拉等，这其实是血缘关系和家庭所属的体现。

（二）家庭单元

莫洛村以家庭为基本单位。家庭单位是指由婚姻、血缘关系组成的共同生活起居的基本单位。家庭与家庭之间相对独立，每个家庭的房屋也相对独立。早期多一房一碉，碉楼往往是财富的象征，当地俗话说"家里没碉楼，娶不到媳妇"。如果家中只有一个儿子，儿子结婚后仍与父母同住；如果家中有两个以上的儿子，家里的田地和房子由大儿子继承，其他儿子可以自己买地，或者依然耕种父母的地，结婚时则另盖新房，新房的名字与老房的名字相同，只是房名后的称谓不同。因此，通过村中房子的名字就可大致梳理出房主所属家庭单位和血缘关系。从家庭的规模来看，一般每户人口为四五人。

（三）婚姻生育

一般情况下，莫洛村的女孩年满18岁、男孩年满20岁就会结婚，近几年的结婚年龄可能稍大几岁。但是，女孩只有经过了成人仪式才可以谈恋爱和结婚。传统的婚姻习俗有一定的门第观念，非常看重对方的家世，现在则更注重家庭的清白。大多数婚姻都是自由恋爱结婚。过去，青年男女通过一种称为"顶毪衫"的方式表达爱意和求爱，即在夜晚，藏族小伙会每人披一件毪衫，三五成群地邀约到相好的姑娘家去对歌。姑娘们则围坐在锅庄前，等待小伙子的到来。小伙子们要经过藏獒关、歌唱关及防羞辱关三关才能够有机会接近自己心仪的女孩。到了深夜，姑娘在锅庄火塘旁席地而卧，小伙子会借机接近姑娘，如果姑娘接受，两人便会同卧，如果不接受，小伙子便不能睡在姑娘旁边。"顶毪衫"是藏族青年男女交往最传统的习俗，但是在"文革"时期被强制废除，之后虽然有所恢复，但是现在也比较少见了，大多数村民都已经不太清楚，甚至不知道这一习俗。不过，"顶毪衫"习俗会在婚礼仪式上有所体现，只是细节方面已不再是传统的方式。现在，青年男女的婚恋更加自由，通过上学、日常活动、打工、生产劳动或走亲访友等形式都能够相互认识并产生感情，最后建立家庭。

莫洛村居民结婚时不需要送彩礼。结婚前需先订婚，传统的订婚仪式比较简单，进行仪式时女方只需带女伴前来，而男方亲属则需全部到场。订婚之后，请喇嘛算婚期，一般会选在冬天，因为这是农闲时期，男方女方有充足的时间筹办婚礼，也会有更多的村民乡亲可以来参加婚礼仪式。

"送亲"是婚礼的第一部分，是指将女方送到男方家，男方长辈会将家中的房子、田地和财产一一向女方介绍，意味着从此之后，女方就被接纳入这些房子、田地和财产的使用者和拥有者范围之内。"送亲"一般需要两天，以前送亲常有六十多人，现在大约有一两百人，规模逐渐扩大。婚礼仪式上需准备哈达和酒，长辈会用藏语对新人说一些祝福的话，内容非常深奥，年轻人可能很难理解，但是新人及来参加婚礼的宾客都能非常尊敬和安静地听完。以前，来参加婚礼的宾客会送酒、腊肉和画报作为贺礼，现在几乎都是送钱。女方家长不参加婚礼仪式，双方的家长也不见面。整个婚礼一般会持续五天左右。婚礼结束后女方第一次回娘家，父母会送给女儿一些礼物。莫洛村居民的婆媳关系非常融洽，父母处于至高无上的地位。订婚后偶尔会出现悔婚的情况，但是离婚则非常少见，因为村民们认为离婚对他们而言是一件非常大的事，特别是有了孩子以后，更要对家庭、孩子负责，不可以随便分裂家庭。

现在，莫洛村在生育政策中已明确提出一般情况下一对夫妇只能生育两个孩子。据村民介绍，现在人们更希望养育女孩，因为女孩成家立业时，家中不需为其盖新房、置办财产，而男孩则存在这样的经济压力。

现在莫洛村的妇女都到医院生产，但仍保留了一些生育方面的传统习俗和禁忌。比如，除孩子的父亲外，其他男性要在孩子出生15天后才能与孩子见面；才生完小孩的妇女很难打到车；产妇坐月子期间不能吃辣、酸，需喝酒糟、油等。孩子出生后也没有特别的仪式，名字要请喇嘛算，名字中的一些属性和含义会影响到孩子之后的信仰和宗教活动。比如一个人的名字里面是带有火的，那么这个人在拜佛的时候就会烧柴，说那是柴火钱。

（四）语言文字

藏语根据藏区地域分布可以分为几个大的部分，各个藏区的藏语有一定的区别。莫洛村藏语属于康语，使用康方言的地方土话，俗称二十四村地脚话。这一语言类型的特点是口语文法和使用的词汇与藏语的书面文字有较大区别。这可能是由于该区域处于汉、藏聚居区的中间地带，藏族文化的各个方面都受到汉族文化的影响。

莫洛村的大部分村民都能说藏语，但是却无法阅读和书写藏族文字，藏文多出现在经文中，日常生活中基本不使用藏文。对自己民族所特有的文字和语言的掌握越来越少，有些村民认为这是藏族发展到现在比较可悲的一个问题。

（五）教育

20世纪50年代以前，莫洛村居民基本不懂汉语。到了60年代，大约有60%的居民具有小学文化程度，现在全村已基本脱盲。

20世纪80年代，居民们对送孩子上学读书的概念还不很明确，上学被当作可有可无的事。到了90年代，这一情况有所改观，但是很多年轻人仅只是接受了一定的基础教育就外出务工。现在，随着教育的普及和农村义务教育免除学杂费政策的实施，村里几乎全部孩子都能够顺利上学、接受教育。越来越多的中学生毕业后都愿意到大城市继续读书，其中大部分会选择就业压力较小的师范院校或卫校就读，也有少数学生能考上重点大学，如电子科技大学等。大部分居民也愿意让自己的孩子完成高中以上的学业，习得一技之长以获得较好的工作。学生们专科、大学毕业以后，部分选择留在外地工作，也有一些师范院校、卫校的在读学生打算毕业后回到家乡服务，为家乡带来新的观念与认知，从知识的教导、传承上为家乡的发展贡献一己之力。

莫洛村的孩子一般在梭坡中心小学（位于本村）读小学，中学阶段一般就读于丹巴一中和二中。中、小学老师均用汉语授课，学校教育中完全没有藏语教学内容，这是导致莫洛村越来越多的藏族居民只会说藏语却无法阅读和书写藏文的重要原因。其实，当地居民也希望能够阅读和书写自己民族的文字，之前一直有喇嘛在自己的寺庙中不定期地教授孩子藏语。据莫洛村孜布寺的格桑增珠喇嘛介绍，他现在常到莫洛村居民家中教孩子们学习藏语，特别是藏文的阅读和书写。

（六）医疗卫生

莫洛村没有卫生所，居民生病只能到梭坡乡卫生站就医，梭坡乡其他村的居民都是如此。有一名卫生站医生，主要治疗骨折和骨质疏松，能使用针灸治病。

（七）管理状况

明朝改土归流后，大土司被划分为很多小土司。1949年前，莫洛村属于康定明正土司管理。其管辖范围分为四个区，每个区再由一个土司进行管理，莫洛村当时属于"川口区"土司管辖。20世纪五六十年代，实行公社体制，之后成立大队，再后来以村为单位成立生产队，最终改由村官进行管理。1982年包产到户后，公社体制被取消，"乡"和"村"这样的行政单位得以恢复。现在莫洛村的管理有三个核心领导，分别为村长、村支书和会计，其中村支书又是这三者中的核心。村干部的选举方法是"公推直选"，每三年选一次。

八、生业与经济结构

（一）农业

莫洛村具有土地丰饶、水源充足的天然优势，农业生产是当地居民最重要的经济活动，为当地支柱产业。粮食作物主要是小麦、玉米，有少量蔬菜、水果。蔬菜多种植在田地边缘，果树则种植在靠近住宅处。当地曾尝试种植水稻，但由于风大、土壤为砂质土及雨季常出现洪水等原因，水稻种植未能推广。蔬菜种类主要有番茄、茄子、花椒、黄瓜等，一般人家花椒每年产量约二三十斤，产量较多的高达数百斤（图八—1）。20世纪80年代，梭坡乡开始推广苹果种植，莫洛村大概有120亩苹果林。现在，苹果已成为莫洛村的一种重要经济作物。此外还有梨、李子、核桃、石榴、无花果等。

每年6月到9月为农忙时节，7、8月份是雨季。当地居民配合着季节、节气的变换轮种农作物：6月小麦收割后种植玉米，9月玉米成熟后再种植小麦，小麦一年收获两次。小麦亩产量约320斤，玉米亩产量约800斤（图八—2）。冬天为农闲期，农民们便趁着农闲种植一些蔬菜和水果，收成蔬果或者是砍伐木材。

过去田地的耕种形态属于散种、散播式，田地形状也不规则，而现在的田地划分则比较规则整齐，田地之间的通道和沟渠也比较平整畅通，可以顺利地引进河水、溪水灌溉农田，农作物的产量日益提高。村落里有一个全村农民集中耕作的田地范围，在这个范围内再区分出每户住家自己本身所属的农田区域，界定占有的田地大小（图八—3）。

20世纪60年代人民公社时期，强调集体化生产模式，农业生产以粮食作物小麦、玉米的耕种为主，有少量蔬菜、水果。80年代，农业生产模式从集体化生产走向个体化生产、经营，农作物的生产与栽种能够很好地配合居民的需求与消费趋向。

在农业生产上，政府实施了免征农业税的政策以及"退耕还林"的倡导。

图八—1　花椒

图八—2　玉米田

图八—3　全村集中耕地区

（二）畜牧业

莫洛村的大多数居民主要饲育鸡、猪、牛与羊，其中以猪、羊较多。一般居民家中约喂养10头猪，有的人家甚至多达30头。牲畜的圈养多为半喂养半散养的方式，特别是夏季天气炎热时，居民多不喂食，让牲畜自行到外面寻找食物，因为天气炎热时牲畜对于村民给予的食物不会正常进食甚至不吃。这使得村里的牲畜体型不一，有的肥美，有的瘦弱。

村民们喂养牲畜主要是满足自家食用和劳作的需要，出售的情况并不多。对于以农业生产为主的莫洛村居民来说，牛的重要性尤其突出。当地喂养的牛有奶（乳）牛、黄牛和犏牛三类。奶（乳）牛能够确保村民有新鲜的牛奶食用，黄牛用于田地耕作，犏牛也用于翻土耕地，但其体型、力气比黄牛更大，类似于牦牛的身型。因为牛的劳动提升了农业生产的速度、效率及农作物的产值，因此村民没有食用牛肉的习惯，也不贩卖牛和牛肉，而是以敬仰的态度来感谢牛一生的辛劳，让一头头牛老有所终、自然死亡。羊有绵羊与山羊两种。喂养猪比喂养其他牲畜耗费更多，用农作物的产值所得购买全猪绰绰有余，但村民依旧喂养猪的原因在于养猪是一直以来的习惯。此外可将其做成风干除去内脏的全猪，家中的猪膘越多意味着财富越多，具有丰富的食物储藏量。

（三）经济来源与消费

目前大多数村民们家中的经济来源仍是依靠农业生产，仅能满足养家糊口的需要。一直以来，农业生产、耕田种地作为莫洛村居民的经济来源，不仅让村民赖以为生，也作为某种家族的财富象征与家业传承，通过农务劳动维系了整个家族及村落的生命、生活群体的凝聚力，造就了一个密不可分的家庭关系甚至是村落之间的群体关系。

由于田地中旱地占了相当多的面积，导致很多农作物不能获得有效、良好的生长环境而无法顺利种植。一些作物、粮食即使拿到市场上出售，村民在交易中所获得的收益也很低。此外，交通不便也使村民出售农产品的行为受到极大限制。农事劳动产生的经济收入有限，也不是特别稳定，村里越来越多的年轻人选择到丹巴县城、康定、成都等发达城市务工，中年人也从事一些建筑工作来贴补农闲期间的家用。此外，2008年汶川大地震后，很多地区实施灾后重建，这也为村民提供了很多工作机会。

综合以上所述，由于自然环境和交通条件的限制，莫洛村居民只能选择以农业为主的生产劳作形态来维持基本的生活需要，同时辅以农产品出售及外出务工获取一些额外的收入。农业生产是莫洛村村民自给自足的生活模式的体现。由于大部分年轻人都到外地务工，莫洛村的农业生产、畜牧业生产基本上是由村里的中老年人承担，特别是妇女，她们担负着整个家庭的重担。年轻人外出务工情况的逐渐增多，说明自给自足的生活情形已不再是莫洛村居民生活恒久不变的唯一形态。

　　当经济收入稳定甚至达到富裕以后，村民们便会修筑房屋来显示家庭、家族生活的富庶与财力，可以说修整、重建房屋是莫洛村经济能力提升的一个重要表现。修筑房屋需要耗费非常多的时间与金钱，修一栋房屋最少需要半年（不包括准备材料的时间），至少花费15万元左右。不断修筑房屋成为了莫洛村居民经济支出的主要部分。除此之外，随着整个社会的进步及生活水平的提高，教育支出也逐渐成为当地村民的一大花销。越来越多的村民愿意让自己的孩子尽可能多地接受教育，甚至在孩子能力可以达到的情况下让孩子进入大学深造。

九、生活方式和风俗

（一）服饰

　　现在，随着乡村的现代化发展趋势以及消费需求的改变，传统的藏族服饰对于莫洛村居民而言，已只是重要节庆装扮点缀的美化象征，多数村民只在重要节庆时才会穿上传统服饰。这主要是由于莫洛村接近县城的地理条件以及藏汉通婚等，其与邻近的几个村落，在某种程度上都受到汉文化的影响，导致当地人的传统观念逐渐简化甚至淡忘，进而改变了自身的穿着装扮。这其中尤以男性穿着的改变最大，男性穿着传统藏服无论是从事农事劳动还是外出行动都非常不方便，因此村里的男性不分老少，大多穿着轻松、平常的服装。男性极少穿着传统的藏服，一般只在婚丧嫁娶及其他节庆活动时才穿，即便穿着，时间也都很短暂，重要仪式结束后旋即换上轻便的服装。

　　传统男装内着白色丝质、右襟、长袖衬衣或齐脐短装，衣领与开襟处有金边且绣有花纹等装饰。外罩右襟宽袖长袍，并且以长带束于腰际，前摆要求平直，后摆讲究褶间（褶皱的纹路），衣服下摆较宽松，长至膝盖下部。穿衣时右手臂与右肩不穿外罩长袍，外露出白色丝质内搭衬衣（图九—1）。

　　男性藏服的衣饰边缘常缀以氆氇等毛皮装饰，更在腰间配带做工精巧的短刀或火链。根据季节、天气的变化，佩戴呢礼帽、金盏帽或狐皮帽。藏靴有长筒皮靴等款式。

　　女装内穿白色长袖衬衣、围裙、百褶裙（图九—2、图版三）外罩右襟宽袖长袍，腰束彩色绸带，长及脚背。女装的发式尤其讲究，头发或是用彩色丝绒扎住，或是编几条细发辫散披于背后，或是梳成粗发辫盘绕于头部；头饰有细发辫上的穿珠吊玉、额际佩戴的蜜蜡珠宝等；除发辫的饰品外，头帕上也有银饰等装饰品。手戴戒指、玉镯圈，颈挂珊瑚或其他晶莹有光泽的玉石项链（图九—3）。

传统藏服的男装差异不大，女装则具备年龄、季节、地域上的风格差异，尤以年龄差异最为突出。如头帕，佩戴者的年龄在三十岁以下使用白色头帕并折四折；三四十岁的中年妇女用黑色头帕，配有蓝色丝线，折三折；老年妇女则戴黑色头帕，折两折。但也有一种说法是夏天配戴白色帕子，冬天配戴黑色帕子，因为白色帕子的布料较薄，而黑色帕子的布料为绒布较厚，具有保暖功能。年轻女性的藏服颜色较鲜艳，如大红、天蓝、明黄、紫色等色。

图九—1　传统男性服饰

（二）饮食

莫洛村村民的三餐饮食非常简单。整个村落主要种植小麦和玉米两种粮食作物，因此村民的主食多是由小麦和玉米制作而成的馒头、馍馍、玉米馍、粘粑等。米饭也是村民的主食选择之一，稻米从县城购得。蔬菜方面，村民多食用自己种植的黄瓜、茄子、番茄等，其他绿叶类、根茎类蔬菜非常罕见。花椒主要用来提味，天气寒冷时，食用花椒也可以帮助身体御寒。肉类方面，猪肉、鸡肉都是常见菜色，猪肉常腌制成腊肉食用。吃饭用餐之余，也喝白酒、青稞酒，平常以喝白酒居多，青稞酒是将青稞植物发酵后酿制而成。饮料茶水方面，酥油茶可以说是藏族居民不可或缺的日常生活饮品。酥油茶主要是用酥油、牛奶、盐、白糖等材料调制而成。用酥油茶接待客人，是当地居民好客的体现，亦显示了藏族人民的饮食习性与古老传统。逢年过节，村民都会准备一些平日不常烹煮、吃到的食物，如用鸭肉、鱼肉制作肉包、肉丸子等，不仅自己食用也宴请客人、亲朋好友。

图九—2　传统女性百褶裙

图九—3　传统女性服饰

（三）成人礼

成人礼又称成年礼，这里专指女孩的成年仪式（可能与东女王国的传说有关），唯有完成成人礼的女孩们才可以开始男女之间的社交活动、相亲说媒、谈论婚嫁。莫洛村村民在每年农历十月十五日或正月初五到正月十五之间会择日为年满十八岁（虚岁）的女孩举办成人礼。仪式上女孩们要着盛装进行歌舞和选美比赛。在着装评比上，人们认为梭坡乡的女孩们是凤凰的后代、东女王的子孙，因此服装的穿着要求艳丽多彩、穿金戴银。另一种说法是万物以头为准，亦即着装方面以头饰为主体，统一装束，要像凤凰一样华丽阔气，堪称"扎信沙金"，意为新头饰礼仪，所谓"扎信"（头饰），是女孩后脑勺上扎的两根横条，齐齐一双喻为夫妻，同时意指女孩经此礼仪后便可开始寻找自己人生理想的伴侣。选美活动则是让装扮好的女孩们在宽广的跳锅庄场地上展现歌艺、舞艺，然后评点女孩的服饰装扮、歌舞、仪态、体态、身型等，给予女孩认可，让村落的族人甚至整个梭坡乡的居民都知道这些女孩成人了。这其实是一种婚嫁认知教育，年满十八岁的女孩们都必须经过成人礼仪式的关卡，通过成年仪式的洗礼，象征女孩可以成为大人、承担重任，否则一律不准谈情说爱。

在为女孩举行成年仪式之前约十五天，女孩们的父母会提前让女孩停止劳动，好好休养一段时间，吃一些有营养的食物，好好梳洗、沐浴，用牛奶、黑桃蜜汁等洗头，将自己装扮得白嫩、明亮动人。此后再请专人为女孩梳妆打扮，穿上华丽鲜艳的服饰，梳整出比较特别的发型，让她们能够在成年仪式上获得注目、成为焦点。最后由道士、喇嘛吹奏唢呐将女孩们迎接到跳锅庄舞的场地，开始举行成年仪式。仪式进行过程中，要请喇嘛、道士和长辈们讲些祝福的吉祥话。

（四）丧葬

莫洛村居民有一系列独特的丧葬习俗、礼仪。有人过世时，首先要请卦师、道士为死者卜卦，根据卦象确定逝者的埋葬地点、时间与丧葬方式，如选择土葬还是火葬以及应该处理的具体内容。如为土葬，制作棺材的树种需特别挑选，一般是松柏树；若为火葬，制作棺材的树种一般不需特别挑选，但要选择木柴的树种，一般是核桃树或梨树。棺材做好后都会在里面摆放柏树枝、珍珠等物品。埋葬地点通常是在自己家附近的土地范围内进行选择。此后，将邀请村里所有的喇嘛及全村居民参加逝者的下葬仪式。整个仪式持续七天，期间道士和喇嘛会为死者念经、诵经，然后由家人将逝者火葬或埋葬，最后还要留下一位喇嘛再念七七四十九天的经，葬礼才算完毕。

莫洛村居民去世后，其下葬姿势与邻近村落有所区别，为身体平躺式而非屈肢葬。如果逝者年龄小于十岁，会裹在布中放到河里用水冲走，但现在也有的人家将逝者葬在自己家的地里。

莫洛村居民没有在清明节这一特定节日扫墓的习俗，特地到墓地扫墓的次数也很少，多是在自己家中点灯祭祀或念经超度，通常是在春节的初一、初二去扫墓祭祀。

（五）节日

莫洛村多数藏族居民和汉族一样过端午节、儿童节、国庆节、中秋节及春节等节日，而过藏历年（农历十一月底）的次数已相对减少，除了比较坚守传统藏族节日活动的人家会过藏历年外，几乎全村的村民目前都只过春节，而淡忘了藏历年。莫洛村在每年农历三月会举办跑马节、四月十五举办转山节。

（六）建房习俗

莫洛村居民一般在正月初八拆除旧房，他们认为这一天是吉祥的日子。拆房时先从屋顶卸下少量石块，以表示该民居将被拆除。若新建房屋，首先要由主人确定新建房屋的地点，并从该地取土送到卦师处卜卦，由卦师确定动土时间以及建房过程中所需诵念的经文的次数、时机和种类。一般而言，修筑地基时，都会请卦师或喇嘛诵经。

（七）旋子舞与锅庄舞

旋子舞是一种比较即兴、轻快、歌词简单、装扮简易的藏族舞蹈，平时闲暇都可以跳舞哼唱。而锅庄舞只有逢村落盛事、重要节庆活动时才会跳，如成人礼、风情节（近年来政府在梭坡乡举办的节庆活动，用来招揽游客）、春节等，但多数村民对锅庄舞的歌词、词意并不了解，只会哼唱。跳锅庄舞时，村民们都会盛装打扮。据说锅庄舞早在唐代即已出现，跳舞的服饰与文成公主的服饰有关。

十、宗教信仰与禁忌

（一）信仰崇拜

1. 宗教信仰及其变化

总的来说，莫洛村乃至整个梭坡区域的居民，信仰的是本教（本波教），即藏族原始宗教。本教最早兴起于今西藏阿里地区，后来沿雅鲁藏布江自西向东传播到整个藏区。自佛教传入后，吐蕃本土便产生了"佛本之争"，由于贵族普遍支持佛教，而平民信仰本教，因此为求得生存，许多本教徒迁至吐蕃边远地带，在康区和安多地区保留并发展。一部分僧人来到大小

图十—1 佛台木柜上的经典图像

金川流域的嘉绒地区，在今天的金川县安宁乡修建了雍中哈党拉顶寺，并以此作为本教在嘉绒发展的根据地①。在本佛相争的过程中，二者也开始互相吸收对方的优点。因此，莫洛村居民的宗教信仰中虽以本教为主，但却多少有着佛教的一些因素存在。

除了参与各种宗教仪式、活动外，莫洛村居民的佛教信仰在住宅建筑装饰中也有突出体现。传统住宅中都有佛堂，多位于顶楼或较高楼层，有些年代久远的佛堂中甚至有宗教绘画，如佛台的木柜上有唐代风格的绘画，包括飞天、麒麟、普贤、山神等（图十—1），房间顶部左右分别绘月亮、太阳，中间为法轮，进门的顶部绘象牙、天鹅，这些图案都是本教的典型图案。"文革"时期，政府严厉禁止宗教活动，许多居民担心家中的佛堂会遭到破坏，便纷纷用报纸或白漆遮挡墙上的宗教绘画。"文革"结束后，居民们才将报纸撕除、洗涤掉墙上

---

① 徐君：《康区藏族村寨宗教信仰：传承与变异——丹巴县梭坡乡莫洛村的宗教人类学考察》，《宗教学研究》2002年第2期。

白漆，但多少还是破坏了这些经典图像，绘画的颜色已不如先前那么绚彩夺目。房屋门窗的框上有方块堆砌，相传过去这样的设计只用在佛堂中，代表象牙高贵的意思，然而现在的居民则较无忌讳，纷纷使用在一般门户或窗口上，并且漆上各种不同的颜色，华丽夺目。

但是现在，居民们的宗教信仰已逐渐淡化，许多宗教活动都尽量省略，仪式越来越简化，已不像过去那么盛大；无论是喇嘛还是道士所举办的宗教活动，居民的参与度都不高。随着社会的发展，传统藏区社会也面临着转型，年轻人更愿意走出村寨到外面的世界去闯天下，而不愿出家做喇嘛。当我们向村民询问有关宗教信仰和活动的情况时，大多数村民已经不能很清楚地描述，有的甚至不知道，可见传统宗教正逐渐淡出莫洛村居民的生活。

2. 女性崇拜

丹巴民居碉楼顶部的"煨桑"塔是女性生殖崇拜的象征。在藏族地区，几乎每家每户都备有桑炉，一般放置于院子中央，或者在屋顶靠山处。每逢藏历新年的大年初一，人们早起后做的第一件事就是煨桑祭神（煨桑也是本教的典型宗教活动之一）。大家都以第一个去煨桑为荣，在已经燃起的煨桑堆上加松枝、柏枝、桑面（糌粑）等物，献酒洒浆，跪拜叩首，添玛尼箭杆。据说在煨桑过程中产生的烟雾不仅使凡人有舒适感，山神嗅到也会十分高兴。因此居民们便以此作为祈福的一种形式，希望山神会降福于敬奉它的人们。

3. 白石崇拜

莫洛村居民的白石崇拜传说与羌族一样。相传藏、羌族人在与戈基人作战时，他们所信仰的神祇托梦给双方作战人马，藏羌军队得到指示是找到白石将其磨制成利器，上阵时必能获得大胜，而戈基人的指示却是要他们用雪球作战，同样也能获得胜利。当然，以白石利器作战的藏羌军队旗开得胜，从此藏羌族人便开始崇拜白石。

嘉绒地区的藏族房屋顶上经常能看到堆砌在角落的白色石头（图十一—2），路边也常见白石堆。莫洛村居民认为白石崇拜是对山神的崇敬，来往的人们都会在路边的白石堆上亲手放上一颗白石，表示向山神祈求平安，白石堆堆得越高，便越虔诚。

4. 神山崇拜

整个嘉绒藏族地区居民所共同崇拜的神山为"墨尔多"神山，为本教的神山，是嘉绒藏区四大神山之一，是民族英雄墨尔多将军的象征。坐落在丹巴县城东北方向约8公里处，南北走向，海拔4800多米，主峰高耸入云。人们把墨尔多神山周围方圆千里之地居住的部族称为"嘉莫查瓦绒"。学者杨嘉铭认为，"嘉莫查瓦绒"在吐蕃统治前为东女国，"嘉莫"是指女王，"查瓦绒"是指河谷，合起来即表示女王和河谷农区，后人将"嘉莫查瓦绒"一词予以简化，取其首尾而称"嘉绒"。据传，发源于丹巴的大渡河过去叫"嘉莫欧曲"，即女王河，是女王的汗水和泪水汇成的河流。相传过去伸张正义、坚强勇敢的藏族青年墨尔多，曾为吐蕃王国所招，

图十—2　民宅屋顶上堆砌的白石头

率兵征讨敌军并凯旋归国，获得众人的爱戴；后人为敬仰这位青年，便以他的名，将格尔隆山改称为墨尔多山，并在山脚下建造寺庙为其塑像，供人瞻仰。据《墨尔多神山志》记载：山上共有一百零八个圣景，千余处景点。站在墨尔多山之巅，东面可见峨眉金顶，西望可遥视卫藏冈底斯雪山，俯首可览境内八条银色的河流，像八条洁白的哈达。自此，墨尔多山便成了嘉绒藏族地区，或者说是藏传佛教中的本教最为崇拜的神山，墨尔多将军也被视为当地的守护神。

梭坡乡的另一座神山是位于梭坡卜角顶的斯亚山，当地人称"斯亚布孟"，意思是斯亚女神。相传，斯亚女神与墨尔多神山之间有段难以忘怀的浪漫史。当时，正值斯亚女神青春时期，墨尔多也正是年轻气盛之时，他们从相识相知到相爱，情投意合，恩恩爱爱，演绎了一段浪漫的佳话。可是，天不凑巧，突发变故：一天晚上，他俩正要相会时，天突然亮了，斯亚布孟觉得这是一个不好的征兆，为了不影响墨尔多神山，便变成了一座女神山，躲到蒲角顶山上。四周的山神头目听说后，都跑来看个究竟，一时间梭坡乡一带就成了多山相聚、多水相汇、多路相交的祥瑞之地。

莫洛村居民将墨尔多神山视为整个嘉绒地区的神山，而另一个专属于梭坡乡的神山名为"则巴弄"（图十—3），位于莫洛村西北方向，远看像是一座狮子头，因此也被称为狮头山或狮子山。相传在则巴弄神山山顶上有一座寺庙，但是则巴弄神山的背后有一只巨大的兽，因此很少有人能够上到山顶。

图十—3　梭坡乡的神山"则巴弄"

5. 鬼神崇拜

莫洛村居民对于鬼神非常敬畏，居家设计中就有许多避邪的方法。首先，在房屋大门顶部两侧装饰龙头，其造型的突出特点是鼻子很像象的鼻子，这其实是当地人所崇拜的一种动物形象，认为这种动物能够对家庭和房屋起到辟邪和保护的作用。其次，住宅的门都特别低矮，进、出门时需低头弯腰才能通过（图十—4）。之所以如此设计，一种说法是以前村里居民的个子都比较矮小，这样的矮门刚好可以让他们通过；另一种说法是村民们相信鬼怪不会弯腰，低矮的门可以轻易地将鬼怪阻挡在门外，无法进入房屋加害村民。

许多住宅的窗口或门上方都贴有类似汉族的门神、符纸，纸上的图像多是藏传佛教的佛像及经文，具有避邪之作用。有些房屋如果门口正对着溪水或河流，便会在门上面的墙上悬挂牛头骨（图十—5）。牛头骨多为自家豢养牛只的头骨，同样具有避邪之效。除了牛头骨外，马头骨及羊角也具有相同的作用。部分年龄较大的长辈相信仙人掌也具有避邪之作用，因此在一些建造年代久远的房屋附近能看到居民种植的仙人掌，而且长得非常茂盛（图十—6）。

古碉楼的避邪方式则体现在外围墙面上，有些碉楼在修建时便用白石在墙面上镶嵌"卍"字符或牛角图样以避邪（图版四）。

图十—4　民宅的房门

图十—5　民宅房门上挂的牛头骨

图十—6　居民种植的仙人掌

（二）宗教建筑

1. 寺庙

莫洛村现有两座寺庙以及少量佛塔。其中一座佛塔位于上莫洛北部，规模较大，当地居民所说的"塔"即特指该塔。寺庙和"塔"都是当地居民进行宗教和公共活动的场所。

自布寺全称"自布拥忠德丹岭"，位于梭坡乡莫洛村东南方向（图十–7），距县城约五公里，是梭坡乡弄中、共布、东风、莫洛四村的宗教活动中心（图十—8）。据传该寺已有一千年历史，解放前夕共有喇嘛24名，到民改前增加到25名。

相传自布寺第一次迁址在梭坡乡一片森林之中，叫"夏瓦措"，藏语意为鹿子海的边缘一带，后因发生森林大火被烧毁。此处天气变化多端，平常时阴时晴，难以见到，更使人无法准确描绘原寺庙所在的具体位置。寺庙烧毁后，幸存的僧侣回到村中，后来有一名叫共则拥忠泽称的寺庙掌门大师将该寺迁移到现共布村的潘交森林中。有一天晚上，下了大雪，众僧侣都在熟睡。第二天大师醒来后发现少了一只鞋，推门发现雪地里有一串狐狸的足迹，大师随足迹一直追踪到现自布寺所在地方才拾回那只鞋。众僧们认为是"仙狐"指引了寺庙应建的准确位置，所以又将寺庙迁移至自布寺现在所处的位置，这已是自布寺第三次迁址。传说当年大师选定此地时便断

图十—7　自布寺

图十—8　宗教活动中心

言，建之地必有宝藏现。而今在自布寺东侧果然发现了珍贵的矿源：大概在2001年，发现了丰富的大理石矿，开采大理石矿两年后，又发现大理石矿旁还有金矿，一直到现在仍在开采中。

自布寺所在地的各种传奇和自然景观甚多。寺庙东方一大石上有与本教符号"拥忠"相似的标志，南方白石上有佛经"百字经"字样，北方河滩的乱石中有一石板上留有大师足印（图十—9），修建寺庙的沙滩上原有五座塔形的沙滩，藏语意为沙滩上冒出成包。

寺庙曾毁于红军长征途中国民党军队的炮击，后重建。在各次极左路线的影响下又遭到严重破坏，后因无人管照，年久失修，只留下一堆废墟。党的十一届三中全会后落实了宗教政策，在当地居民与善男信女的强烈要求下，有关部门拨专款17000元作为基建款；尔后，又经该寺僧侣札什泽仁、耳增拥忠、拥忠其麦等人带头多方集资6000元，才修建成现在的自布寺。

寺庙坐东向西，占地面积480平方米，主寺高大雄伟，壁画生辉，殿堂富丽堂皇。寺前立有红军长征纪念碑，寺后有丰富的黄金资源和天然大理石，寺前更有四季碧绿的大渡河相伴。佛事活动有农历正月初五举行的祖师神佛故世纪念日，农历八月初五到中秋节为"哑巴经"座经节。现该寺共有喇嘛六人，喇嘛的斋戒期大约为一至两年，根据个人发愿的时间长短，待斋戒期过后，喇嘛便可像一般人一样食肉。

图十—9　大师足印

寺庙前部为僧房，平面为长方形，采用当地建筑常用的结构，并由石墙分为东西并列的三个区域。其中中部仅一层，用作过道，屋顶为平台，两侧分别修建三层共六间房屋，皆向中间开门。

寺庙后部为主殿，位于僧房后部的高台之上，可以通过僧房过道后的石梯到达。主殿为二层楼阁，外观与汉传佛教的佛殿相似，屋顶为重檐歇山顶。但大殿的建筑结构仍然采用了藏族传统建筑的工艺，并非汉族传统木结构建筑的做法。比较特别的是，该殿的朝向沿屋脊方向，与常见的做法垂直。大殿南端设有檐廊，檐廊东侧设楼梯通往二楼，檐廊之后为殿门。大殿内部设中心南北向过道，东西两侧建有高于地面的木质平台作为僧人的坐具。佛像供奉于北端，主持的座位高度高于其他僧人约一米，位于佛像前端西侧。二层为僧人的生活空间，设卧室和厨房，其中部中空，可以上至屋顶。外观所见歇山顶并非真正的屋顶，二者之间尚有约一层的距离。寺庙屋顶为石棉瓦简易结构，涂刷黄色漆。屋顶出檐由梁向外延伸承托，转角处则使用45°方向斜梁，并未使用斗拱。

僧房南部以矮墙围合一片空地，地面平整，上为普通草坪，是当地居民集体活动的场所。空地以南即为寺庙原址，虽然杂草丛生格局难以分清，但尚有建筑基址和部分残墙保留，可以看到当时寺庙规模之大，甚于如今数倍。遗址东部残存佛塔一座，与长征纪念碑相对。目前主殿前石台阶两侧建有中空可焚香的佛塔。

而提到对本教的信仰，就不得不提到莫洛村的本教寺庙。

8世纪末9世纪初，莫洛村有一座名为自布寺的喇嘛寺庙（全乡一共有三座本教寺庙，自布寺为其中一座，另外两座分别为布谷龙寺和龙若寺），村里另外还修了一座供喇嘛念经文、村里孩子学藏语名为"公则乔登"的寺庙（图十—10）。相传古时候有一位得道高僧，在莫洛村堆起了五座白塔，2004年莫洛村会同邻近几个村子的居民共同建造的这座寺庙便是在其中一座白塔的基础上加盖的。寺庙里有许多转经筒供居民参拜祈福，转经筒内装着佛教经文及藏幡，以逆时针方向旋转，有祈福保佑之效。当年兴建寺庙之初，村里的喇嘛曾背着这些即将装入转经筒的经文及藏幡到每户人家屋里走了一圈，为每个居民祈福，尔后再将这些经文装进转经筒，放置在现在公则乔登的四周。

2. 塔寺

塔寺位于上莫洛北部，寺庙的西部。所在地已被整平，用石头垒成平台。塔寺中心建筑为白色佛塔一座，附属建筑包括周边的转经走廊和南部僧房（图十—11、图十—12）。据当地居民介绍，这座塔寺是早年一高僧在当地修建的一批佛塔中的一座。

佛塔平面为正四边形，通体白色，是典型的喇嘛塔，周围围有花坛。走廊平面为回字形，将白塔围绕在中心，白塔外部为石砌外墙，内部为转经，外墙和转经的构造方式采用当地传统

图十—10　寺庙"公则乔登"

图十—11　转经走廊

图十—12　南面僧房

建筑做法。走廊南部开门，北墙内侧设有佛龛。转经为2004年周边地区一活佛捐赠，由当地居民出力自行修建而成。南部僧房仅有一层两间，也采用当地传统做法，外观朴实精简，由四川大学捐资修建。

塔寺内并无僧侣，仅在特殊日子有僧侣从东部的寺中过来念经。塔寺东侧也有一块宽阔草地，相比于东部的寺庙面积略小，也是居民公共活动的场所。塔寺中焚香的佛塔修建于转经走廊南墙外东侧。

莫洛村中还有数座白塔位于村落上部台地和河流转角处，形制与塔寺中的白塔相同，但规模较小（图版五）。

（三）宗教仪式

念经是藏族居民最常做的一件宗教仪式活动，莫洛村居民念经的方式有很多种。首先是转经，时常会在村中看到年纪较大的居民手拿转经筒，口中念着经文。在村中的两处寺庙也可以通过转经来念经。其次，有时老人也会坐在某处默默地念经。这种念经的习惯在老年人中比较常见，但是已经看不到中年人和小孩在平时念经了。另外，莫洛村居民一般会在夏天念一次经，原因是人容易在春天时不小心踩死虫子之类的小生命，因此夏季念经带有忏悔的意思。冬天也要念一次经，因为这是一年的尾声，如果这一年有去世的人，念经就会起到超度的作用。在重要的节日、婚事和丧事时，喇嘛也会专门念经。我们在莫洛村考察期间，也碰上了自布寺的格桑增珠喇嘛念经，据他介绍，念经的具体时间并不固定，一般会考虑那个日子是否吉利或者是否适合念经。

（四）巫师信仰

莫洛村一带存在着巫师信仰，这种民间巫师一般在家修行，当地人一般称之"道士"。"道士"与道教中的道士不同，特指当地在家修行的人，所用经书多是本教经书，或者是与本教相关的经书①。其实，莫洛村并没有道士，但是村民观念中却普遍存在"道士"这样一个概念。当地居民认为藏族传统的道士不像道教的道士那样为人算命，而是重在破解。同时，藏族道士与喇嘛的关系是互补的，分工也很明确，一般在婚丧、祈求平安的场合请喇嘛，而生病、敬土地爷、祈求财富时会请道士。道士目前所具有的这些职能，实际上是汉族文化大量传入的结果，虽然当地的道士与汉族道士截然不同，但这也是藏民本教和外来汉族文化相互融合的结果。

十一、结语

经过对梭坡乡莫洛村的考察，我组成员认为有以下几个方面的问题值得在今后的持续调研过程中加以关注，并进行深入的调查。

首先，关于莫洛村众多的传说故事。莫洛村居民中流传着许多传说故事，这是莫洛村文化的重要组成部分。无论是哪一方面的传说，都反映出莫洛村居民对于某些事物的特殊认知角度。在众多的传说中，古东女国的传说特别值得一提，这一传说不仅涉及莫洛村乃至整个梭坡乡的起源和居民迁徙问题，还涉及历史上宗教、艺术等各个方面的问题，对研究莫洛村历史发展和宗教演变有着至关重要的作用。此次调查的范围主要锁定在莫洛村行政范围内，而实际上古东女国传说的遗址并不在莫洛村，需要走一天的山路才可以到达。由于这次调查的行程安排有限，我们未能对东女国遗址进行实地考察，希望今后的调查能够弥补这一缺憾，通过对东女国遗址的考察，使一些口耳相传的原始的传说逐步得到印证；同时，也通过对东女国各个方面历史的研究，归纳梳理出莫洛村乃至整个梭坡乡在宗教信仰和崇拜方面的演变轨迹和特点。

---

① 徐君：《康区藏族村寨宗教信仰：传承与变异——丹巴县梭坡乡莫洛村的宗教人类学考察》，《宗教学研究》2002年第2期。

第二，关于莫洛村房屋谱系与人口谱系的对应调查。上文提到，莫洛村的居民没有姓氏，但每户人家的房屋都有名字，因此有些时候人们会用自家房屋的名字来作为姓氏。通常一户人家另建房子后，新房的名字与老房的名字基本相同，只是后缀略有不同以示区别。因此，在某种程度上来讲，房屋的名字带有一定的血缘因素。同时，莫洛村本村居民之间可互相通婚，与周边村落之间互相通婚的情况也比较多，因此附近村落中也会存在一定的血缘关系网。此次调查由于时间有限，仅仅对部分居民的家庭和房屋情况进行了调查，但已经发现了村中房屋、居民之间所存在的微妙的血缘、亲属关系。希望通过今后深入全面的调查，对整个莫洛村房屋名字、居民姓名及其亲属关系进行一个系统的梳理，从而更加清楚地认识莫洛村人群关系的特点及其与房屋建筑之间的联系。

最后，是关于莫洛村藏族村寨文化保护的几点建议。总的来讲，要保护莫洛村藏族村寨的民族文化，就必须先处理好发展经济与保护传统文化之间的矛盾。现在，莫洛村的旅游业已有了很大的发展，但旅游业在带来利润的同时，也带了很多负面的影响，比如村落的传统建筑和文化逐渐汉化或者城市化，失去了原有风情；村民逐渐失去了对自己民族文化的真实理解，仅仅从观光、从如何吸引游客的角度考虑问题。要最大程度地保护少数民族的传统文化景观，很重要的一部分内容在于激发当地村民对自己文化的正确认知，并与文化遗产保护专业人士的高度配合。因此，无论是对莫洛村碉楼群的保护，还是对藏族传统民俗文化的保护，都首先需要当地的村民用一种正确的态度去看待自己的文化遗产。具体来讲，我们认为对莫洛村文化的保护主要应放在以下几个方面：

第一，关于东女国传说的考证。这对丰富莫洛村的文化渊源有着非常重要的作用。

第二，对碉楼群采取一定的专业手段进行保护。

第三，如果要建立博物馆或者要进一步发展旅游业，需要对一部分参与建设的村民进行一定的专业培训，使一部分人的观念先转变，从而带动全村的旅游业朝着和谐的方向发展。如果今后考虑在莫洛村建博物馆，我们认为可以考虑生态博物馆的形式，但莫洛村一个村落过于单一，应该结合周边村落，甚至是大渡河对面的卜角顶的村落，将这一区域做一个整体的规划，确保文化多样性的保护。在建生态博物馆的同时，要注意区分汉族文化以及当地传统藏族文化。

附录：被访问者基本情况（以户为单位，占总户数的24%）

姓名	性别	年龄	职业	房屋名字	家庭人数
翁都	男	30岁	向导	格鲁巴	3
三妈	女	82岁	以前曾为藏族代表，现已退休在家	孔巴波	3
策仁耿嘎	男	58岁	经营小卖部，农民	格鲁巴	4
毛刀	男	63岁	农民	嘎贡巴	6
萨达	男	75岁	以前是村书记，现退休在家	孜公巴	8
仁真多吉	男	60岁	以前是小学老师，现退休在家	各尖波	9
泽仁初	女	33岁	经营小卖部，农民	不明	7
拥中那珍	女	20岁	学生（在绵阳读卫校）	告就	6
桑朗降初	男	33岁	农民	耶嗦波	3
杜吉	男	55岁	以前为老师，现退休在家	老某波	不明
甲车	男	43岁	乡卫生所的草药医生	不明	不明
泽旺丹增	男	54岁	乡农作物种植推广负责人	不明	不明
泽里贡布	男	48岁	现任村长	不明	不明
拥中	男	23岁	学生，农民	不明	不明
泽里志玛	女	48岁	农民	不明	5
格桑增珠	男	26岁	自布寺住持喇嘛	赤巴	5

调查组成员：李盈、谢玉菁、钟子文、李林东

制图：李林东、谢玉菁

摄影：钟子文

调查报告初稿执笔：李盈（第一、二、六、七、十一节）、谢玉菁（第八、九节）、钟子文（第三、十节）、李林东（第四、五节）

统稿：朱萍、张林

审稿：王怡苹

第 五 篇
四川丹巴县卜角顶村寨调查简报

一、概述

卜角顶位于四川省甘孜藏族自治州丹巴县川口区梭坡乡，距离丹巴县城约7公里。

川口区位于丹巴县境南部，与康定接壤，现辖中路、梭坡、格宗、城厢、水子、东谷六个乡，是丹巴县最大的一个区。川口区居民除东谷乡的上半乡与大桑区相近说尔龚语外，其余多说二十四村话，这是丹巴县境内嘉绒藏族的地脚话之一，是与牧区的安多语和县外所谓的官话基本相通的藏语康方言的一种土语①。

梭坡乡被大渡河一分为二，其中的西侧部分总称为卜角顶。卜角顶藏语发音为"卜各顶"，意思为皇宫，传说为古代君主杰马杰杰的皇宫所在地。卜角顶共包括四个行政村，从河谷到山顶分别为宋达村、泽公村、泽周村和呷拉村。每个行政村又包括若干个所谓的"寨子"，每个寨子有特定藏文语意的名称，由若干户构成。寨是村以下的更小一级的居民单位，卜角顶的寨子并不是特定家族的聚居区，同一个寨中的住户不一定有血缘关系，但却在生产、生活中有更紧密的相互协作关系和情感联系，是一种微型邻里合作社区。卜角顶共有住户约230户，总人口900多人。

从我们在卜角顶实际的田野调查情况来看，对于所谓自然村的划分，更应该尊重其社会、经济和文化的相互联系，同时综合考虑当地的地理环境和聚落层级特征。具体到卜角顶，区划上虽然包括有四个行政村，但却可作为一个较为紧密的区域，即一个大的自然村来对待。四个村子有着较为紧密的社会联系，在经济和文化方面存在较多的共同因素。经济方面会一起利用某些公共设施，都利用坡面上的溪流作为动力加工谷物，都利用卜角顶高处的达拉崩等高山草场作为牧场，四个村子

---

① 马月华：《丹巴藏族的地脚话》，《康定民族师专学报》1987年，第89页。

在水资源、林场资源的分配和使用上有着密切的相关利益；文化方面，在重要的节日如三月十五，都会共同前往达拉崩草原参加锅庄庆祝活动（而同属梭坡乡但位于大渡河东岸的各个村落则不参与），多信仰相同的宗教，婚葬喜庆的习俗与日常生活习惯大致相同等。另外，四个村子的居民大都相互熟悉，也会互相通婚，同一家的亲戚也散布在各个村子内。即使在现代教育方面，各村的适龄学生也进入相同的小学学习。因此，从自然村功能的完整性和相对独立性出发，我们认为卜角顶更适合以一个整体作为民族村落研究的基本单位，以为我们提供更为全面和完整的考察视角。

本次调查从2010年7月10日开始，至7月19日结束，报告初步整理与撰写时间为7月21日到7月26日。调查人员为赵昊（北京大学2008级考古文博学院硕士研究生）、王怡苹（北京大学2009级考古文博学院博士研究生）、张绍兴（四川大学四年级本科生）、黄淑萍（台湾台南艺术大学）。

二、地理环境和资源

丹巴县地处岷山、邛崃山高山区，位于四川省西部、甘孜州东部，属青藏高原横断山区，大渡河自北向南纵贯全境，切割高山形成显著的立体地貌。东与阿坝小金县毗邻，东南和南部与康定县交界，西与道孚县相接壤，北和东北面与阿坝州金川县相连，为川西高山峡谷的一部分。丹巴县属青藏高原型季风气候，呈垂直带分布，山顶与河谷的高低气温差达24℃以上，年平均温度约14.2℃，8月份是一年最热的季节，年降水量约600毫米，每年的12月到次年的3月，海拔4500米以上的高山路面会结冰，全年日照充足。地势西南高、东南低，全县最高点海子山海拔为5820米，最低点为东南方海拔1700米的大渡河。地理位置坐标为北纬30°29′—31°29′，东经101°17′—102°12′，东西最宽86.9公里、南北最长105公里，面积5649平方公里。丹巴藏语名为"若米章谷"，意为山岩之城。县境内自然资源丰富，峰峦层层相叠，峡谷沟壑纵横，森林覆盖率29.2%、植被覆盖率41%。地质构造复杂特殊，包含变质岩水系，矿产资源丰富，有白云母、花岗岩、石灰石等，水系发达，地表溪沟较密集，水力资源充沛。

卜角顶整体地形为大渡河谷西侧较缓的坡地，北、西、南三面被陡峭的山地环绕，东面朝向大渡河，是一个相对独立的小型地理单元（图二—1）。坡地内部包括多个台地，这些区域是当地居民生产、生活的主要区域。总的来说卜角顶地势险要，易守难攻，且在较高处有一定的平缓台地，供人类开展种植、畜牧等以满足基本生活的需求，所以对于从事农牧业生产的人群来说，是村落选址的理想区域。

卜角顶北、西、南三面约3400米以上的高海拔山地为茂密的森林，有若干条溪流从山顶林地发源，向下切割出多条冲沟，这些溪流为卜角顶的居民提供了充足的饮水、灌溉和动力资源，冲沟本身也成为村落划分的重要界线。

图二—1　卜角顶村落分布鸟瞰（方向从北向南）

三、村落结构

（一）村寨构成

卜角顶共包括四个行政村，每个村又包括若干寨子。

1. 宋达村

宋达村的房屋集中分布在海拔1950米至2050米之间，东西长约600米，南北最宽约400米，主要延公路方向展开。"宋达"在藏语中的意思是桥上面的人，这应与宋达村邻近大渡河有直接关系（图三—1）。宋达村是卜角顶人口最少的一个行政村，只有1个寨，即宋达寨，共25户，100人左右。宋达村由于靠近公路，对外交通较为方便，在现代化的接受上首当其冲，是目前卜角顶四个村子中经济状况最好的。

宋达村与泽公村之间分界明显，两村之间坡度较大的区域成为它们的自然分界。

图三—1 宋达村

2.泽公村

泽公村的住宅集中在海拔2200米至2550米之间，东西长约1300米，南北最大宽度1000米。泽公以前称作"泽巴共"，泽巴是灯的意思，传说泽巴共是外国派来的朝贡使节点灯的地方，一盏盏的酥油灯从这里一直沿山脊的道路点至山顶建筑的十三角碉处。

泽公村由五个寨子组成，分别为得认寨、瓦正寨、崩买寨、这罗寨和阿召寨。泽公村中部有一条西南—东北流向的大冲沟，称作"瓦楞"，五个寨子以此沟为界，冲沟西北侧为得认寨和崩买寨，东南侧为瓦正寨、阿召寨和这罗寨。其中得认和瓦正两个寨子最大。全村共85户，360人左右，是四个行政村中人口最多的一个。

得认寨居民共28户，得认是藏语"得钱申康"的简称，意为环境优美、如世外桃源一样的地方。崩买寨居民共8户，崩买原名"崩米"，后流传中变音为崩买（图三—2）。瓦正寨居民共30户，"瓦正"在藏语中的意思是位于下方的。阿召寨居民共12户，藏语意为在尾巴上的。瓦正和阿召这两个地名应该都是相对于海拔更高的泽周、呷拉村及以上的十三角碉而言的（图三—3）。这罗寨居民共7户，这罗本身只是一个地名，传说是杰马杰杰下属的土百户住的地方。

图三—2　得认与崩买

图三—3　阿召与瓦正

在阿召寨与瓦正寨之间的地区，称作"阿节申"，意为鬼怪出没聚集的地方。根据传说，若阿节申出现火或叫声，村中就会有人死亡。另外，过去当有人共同密谋做坏事时，就在阿节申发誓，起誓人轮流抱起一块白石头发誓保守秘密，如果有人违约，则必须赔偿与白石头一样重量的金子。在阿召寨的东面，有一处有白塔的地方，称作"崩加"，传说是外国使节发誓遵守戒律之地，只有发誓后才能上山觐见杰马杰杰。瓦正寨的下方，即东北方向，有一处小地名称作"擦擦空巴"，意思即做擦擦的地方，是卜角顶居民在节日前共同聚集在一起，以青稞磨成粉后共同制作擦擦的地方，完成后各家将擦擦放置在门头板上与窗户顶板上或是屋舍面对道路一边的墙面镂空处（图版一、二），以求未来的日子吉祥平安。另一项传说为此地以前有温泉涌出，但由于官府不断索取，并要求村民运送，在过程上必须耗费极大的人力，大家农务繁忙时不堪其扰，于是当时卜角顶的村民共同商议后决定用大石头将泉水出口完全堵塞覆盖，在现场调查时村民说已经很久没有温泉涌出过了。

3. 泽周村

泽周村的民宅聚居大致集中在海拔2650米至2900米之间，聚落腹地东西长约1300米，南北最大宽度约800米。泽周的藏文意思是念诵长寿经的地方，当地村民说此处在古代是皇室恭请藏传佛教的法王、仁波切、喇嘛等为皇室成员做祈福与延寿法会的地方，也是卜角顶在风水上较清静之处。

泽周村在海拔2650米左右有一块较大的平整台地，当地人称为"大坪"，是卜角顶高地部分较好的宜耕地区，卜角顶至今仍在参拜的一座寺庙就建筑于大坪中心，名为"洛拉"（图三—4）。洛拉是藏文念经的意思，传说这里为节日时集体诵经的场地，此地名在寺庙建成前就已有了，寺庙是从他处迁移来的。为了保存珍贵的田地面积，村民较少居住在大坪的平缓地区，而选择其周边稍有坡度但视野和采光更好的地点为住宅。

泽周村由5个寨子组成，分别是寺格楞藏、列瓜、地布、共认和我日，共60户，240人。

寺格楞藏居民共20户，房屋集中在大坪台地的东侧边缘（图三—5）。传说这里是为皇室修法、举行驱除邪魔仪轨的地方。首先，会请道士打卦问卜，如果卦象是大凶，则会再次问卜是否还存有颐禄。如果有命没有颐禄，道士会以卦象请求增加颐禄，卦象若为否定，则表示此人已无力回天。如果有颐禄没有命，则道士会代为请求延命，并答应卦象上的种种要求，使此人寿命延长。最坏的卦象是颐禄和命两者皆无，则此人已危在旦夕。关于卦象上的种种要求，必须由喇嘛执行，例如制作擦擦的数量、插经幡的数量、哪一种经幡，或修哪一尊佛、护法的经文、修法的天数等。从道士问卦到喇嘛修法完成，并将所做的法会福泽回向给累世、现世父母与六道一切众生或与主事者有关的因果阻碍和主事者之后，整个仪轨方告完成。

列瓜居民共15户，集中分布在大坪东南侧的高地上。列瓜中的"瓜"在藏语里是悄悄地做

图三—4 大坪与洛拉庙子

图三—5 寺格楞藏、列瓜、地步、共认的村寨位置

之意，传说列瓜是杰马杰杰的参谋所居住的地方，此处为商量国家机密的隐蔽之处。

地布居民共13户，位于大坪西侧的缓坡上，房屋较为分散。地布意思是吹，传说是迎接外国使臣到达时，迎宾乐队吹打演奏的地点。地布寨的西北部分小地名称为"呷热安家"，意思是白塔形的房子500户，传说是专门诵经的地方。

共认寨是泽周村各寨中人口最少的一个寨子，仅7户，位于大坪中部偏南处，其藏文原名为"狗土半沙"。在藏文中，有一句成语为"呷热安家给狗土半沙那都"，其意思是强调人们要团结，否则即使是很多人也会拿一小部分人完全没有办法。传说狗土半沙原先只有两户非常懒惰的居民，而呷热安家有500户，但狗土半沙的这两户居民总是向呷热安家的居民强借、强抢钱粮，呷热安家虽然人多，但由于狗土半沙的两户人家十分凶悍，呷热安家的居民也无计可施。

我日寨过去曾经有6户居民，前几年有3户向下迁移，目前仅剩3户。据传说，我日是杰马杰杰的臣子们列队迎接外国使臣的地方。

在连接泽公村与泽周村之间的道路上、海拔约2600米处，有一块小的平坦台地，被称作"仁呷丁"，意思是休息的地方，传说是放牧东女国公主带来作为嫁妆的、被阉割的牛的地方。

4. 呷拉村

呷拉村在卜角顶上部北侧，海拔在2550米至2900米之间，东西长约1200米，南北最大宽度约600米。呷拉是藏语"干呷拉瓦"的缩写，意思为藏经书的地方。呷拉村共有60户人家，由呷拉、十家寨、八家寨三寨子构成。这三个寨子各自集中分布，界限较为明显。

呷拉寨位于整个村子南侧的缓坡上，共35户人家，北与十家寨隔一条冲沟，南侧隔冲沟为泽周村的寺格楞藏和地步两个寨子（图三—6）。

海拔较低的是十家寨，位于呷拉村东北方一块突出的台地上，目前共15户人家。十家寨的得名即是由于早期该寨仅有10户人家。十家寨所在地原名为"多拉"，意思是向杰马杰杰进贡的外国使臣拴牲畜进行贡品与赠与礼品清点的地方。

八家寨与本村的另外两个寨子分隔较远，偏居于卜角顶的西北边缘，且海拔较高，在2900米左右，与其他村寨之间的道路联系不便。八家寨由于以前仅有8户居民而得名，目前则有10户人家。

（二）村落布局

卜角顶居民住宅基本以十三角碉为顶点，在面向大渡河的山谷纵坡中呈扇形展开。各村落的海拔分布差异十分明显，从海拔约1950米的大渡河河谷到海拔2900米的山腰地带都有住宅、碉楼或家碉及寺庙的分布（图三—7）。

十三角碉西侧相隔一条冲沟的地方，是一块相对平坦的高山草场，藏语名为"达拉崩"

图三—6　呷拉寨与八家寨

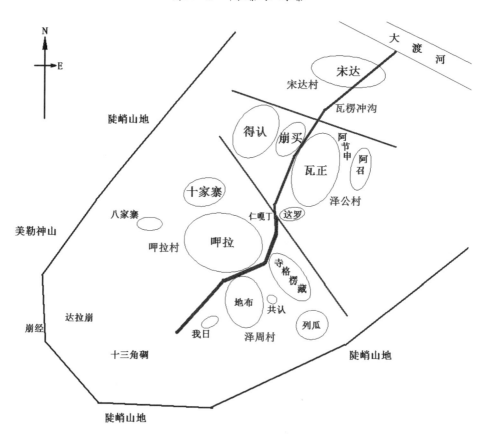

图三—7　卜角顶自然村寨分布简图

（图三—8）。达拉崩是卜角顶重要的天然放牧区域，同时也是卜角顶居民举行锅庄庆典等重要活动的地点。十三角碉以下部分土地，坡度最小的区域基本被居民开发为田地，而坡度较田地稍大的区域则多是居民住宅选址的重要地段，坡度更大的土地则多为灌木丛和草地。过去在海拔较高或坡度较陡的地段，也有土地被开发成田地，但在国家天然林保护工程启动后，逐渐退耕还林。另外，沿着水源较为丰富的各条冲沟，都是茂盛的林木，呈条带状一直从山顶延伸至大渡河谷。

卜角顶的村落形态曾随居民的迁移发生过一些变化，基本的趋势是原先居住在高海拔地区的居民逐渐向低海拔地区迁移。

据村中老人回忆，从前十三角碉附近和达拉崩周边曾有居民居住，后向山下迁居，具体的迁居时间不详，但应在三十年之内。根据我们的实际踏查，目前在达拉崩附近仍存至少五座房屋基址，但主体结构都已垮塌，只剩地面上的一层部分，房屋残高不超过3米（图三—9）。在十三角碉旁边也有至少两座碉房基址，尚保存了地面上的一、二层。

在泽周村我日寨最西侧（即该寨最高处），也有三座已经废弃的碉房，整体结构保存尚完整（图三—10）。原先的房名分别是隆古、抢秋、甘周。三家住户近几年稍向东迁移约400米至地布寨海拔较低的位置，但旧房屋周边的田地仍在耕作中。

在呷拉村十家寨最北侧，也有两间被废弃的碉房，住户前几年向山下迁移，盖新房居住。

图三—8　达拉崩草原与放养的牲畜

图三—9　达拉崩的废弃房屋

图三—10　我日寨的废弃碉房

（三）道路体系

　　卜角顶的道路系统较为落后，仅有一条土质路面的村级公路，从宋达村盘旋而上依次经过各个村落，至泽周村庙子前，道路狭窄崎岖，路况极差。沟通村落各户居民的道路，大都是由长期习惯性行走而形成的道路，路面狭窄，没有任何铺筑，在部分陡坎处放置独木梯以供上下。村中到林间或高原草场的土路，在白天村民多放养动物如猪、牛、羊等，任其自行外出觅食，于土路行走时常会与动物们错身而过（图版三、四）。道路系统基本没有排水设施，雨水完全顺道路自由流动，道路常被流水严重侵蚀，因此，靠近卜角顶上部且坡度较大的道路，往往填满了随水流而下石块（图版五）。

（四）给水排水

卜角顶居民的饮水全部依靠山上的溪涧。现在居民已不用前往溪涧取水，各村都是从溪涧中直接引出水源，然后通过水管输送至各家各户。由于卜角顶地表溪涧水资源丰富，且各条水流都是发源于山上的泉水，水质纯净，污染极少，所以当地居民的用水总量和用水质量都有保障（图版六）。

（五）房屋类型

卜角顶的房屋根据建筑使用功能可分为民居、水磨坊、碉楼和宗教建筑四类，民居和宗教建筑将在下文论述，这里首先介绍水磨坊和碉楼的情况。

1. 水磨坊

泽周村地布寨中部海拔约2680米处有较为完整的水利磨坊系统。该系统由五座磨坊和配套的管道构成，利用发源于我日寨附近的一条溪涧水流作为动力，加工研磨粮食。

五座水磨坊沿溪流顺次排列，总体呈西南—东北走向（图三—11）。水磨坊之间的水平间距约20—25米，垂直高差8—10米。这一段山体的坡度较大，约35°—45°，但地面较平整，没有大的陡坎起伏，溪流在这一段的流向较直。同时，虽然此段山体坡度较大造成溪流流速较快，但溪流对山体的下切并不严重，尚未形成深涧，适于修建建筑及搬运物品。

水磨坊为石木结构，平顶。墙体用毛石片砌筑而成，墙厚约0.5米，上施梁椽。房门较低矮，高仅1.4米左右，宽约0.9米。平面基本呈正方形，边长约5米，高约2.3米。墙体面山一侧的迎水面都修成圆弧形，面向低处的出水面下方留有一0.7米见方的出水孔。水磨坊全都紧贴溪流左侧修建，房门也都开于北侧。

一个水磨坊单元始于引水管道（图三—12）。一般在水磨坊上游15米处，用水平管道从溪流中引出一支水流。管道总长约8—10米，用一两根直径0.25—0.3米的圆木制成，在圆木中央凿出宽约0.15—0.2米、深约0.2米的水槽。水平管道尾部接一根倾斜管道，倾斜角度约40°—50°，大于该地段坡度。倾斜管道为木质，由两根半圆形长木拼合成一根封闭式的输水管。设置独立的引水管道，可以控制水流的流速；封闭式的倾斜管道，还能更好地控制水流方向，同时保证水流的集中度。倾斜管道向下通入磨坊底部，水流流出后冲击磨盘叶轮，带动磨盘旋转，以水平管道转接倾斜管道，可以通过增大倾斜角度，增加水流对桨叶的冲击力。不使用水磨坊时，便在水平引水管道中填堵一两块大石，以阻止水流进入。

研磨设备主要包括漏斗、漏槽和磨盘三部分（图三—13）。漏斗为圆锥形，用竹篾编成，表面用牛皮或编织袋蒙覆，用于盛装谷物。漏斗直径约0.5米，深约0.55米。漏斗下方接木质漏槽，长约0.2米、宽0.07米，槽深约0.05米。漏槽位于磨盘中心添料孔的正上方。漏槽旁装有一木棍，木棍下端与磨盘接触，当磨盘转动时，木棍带动漏槽抖动，谷物便不断地自动流入添料孔。为了防止谷物外溢，添料孔上端加装一个漏斗，多直接用一个无底的碗。磨盘石质，直径约0.45米。磨盘接同轴水轮，水轮木质，12片桨叶，桨叶长约0.3米、宽约0.1米，约呈60°角倾

图三—11　水磨坊

图三—12　引水管道

图三—13　磨盘和漏斗

斜安装在转轴上。引入流水的倾斜管道口设置在桨叶斜上方，从管道中流出的水带推动水轮高速旋转，水轮带动磨盘研磨谷物。磨盘置于一方形木槽中，磨好的谷物即落入谷槽。落在磨盘附近的面粉较细，一般为人食用，而落在较远处的面粉较粗，多作为牲畜饲料。

磨盘转轴下方支撑在一根杠杆的一端，而另一端则通过木杆向上连入磨坊。通过调节杠杆，可以抬高或降低磨盘，通过扩大或缩小磨盘的缝隙即可控制谷物的粗细程度（图版七）。

水磨坊基本是全自动工作，不需要随时操控。磨面者只需每隔3—4个小时向漏斗中添加一次谷物即可。一间水磨坊研磨一袋80—90斤的玉米，大概需要12个小时，研磨损耗大约为每80斤少1斤。

水磨坊是公共设施，任何人都可以自由使用。以前，水磨坊是卜角顶居民加工小麦、玉米等谷物最主要的方式。约在五六年前，村中开始普及电动磨，水磨坊的使用次数大大减少。现在，供人食用的面粉已不再利用水磨坊加工，水磨坊仅用于研磨玉米以作为猪饲料，因为使用水磨坊基本不存在花费，可以节约开支。

据当地居民介绍，这五座水磨坊始建于两三百年前，一直都在使用，并不断地进行翻修、更新。在水磨坊下游河道中及两侧路上，有较多已经废弃的磨盘残块。另外，也有些磨盘残块被用作修补水磨坊的石料。现存的五座水磨坊中，有三座已经废弃，而目前仍在使用的两座的顶部也用水泥修补过。在整个卜角顶，原先共有水磨坊18座，其中泽公村7座，泽周村和呷拉村各5座，宋达村1座。

2. 碉楼

卜角顶的碉楼数量较多，本次调查共踏查了其中的25座。碉楼主要分布在海拔2150—3200米之间，主要集中在泽公村、泽周村和呷拉村。卜角顶碉楼的保存状况较差，多数碉楼的顶部结构都已毁坏，有的碉楼仅存10—15米的高度，内部结构裸露；多数碉楼都有明显的倾斜或墙体开裂现象。

卜角顶碉楼的类型较丰富，包括丹巴县现存的唯一一座十三角碉，一座八角碉，其余皆为四角碉（图三—14、15、16）。十三角碉位于卜角顶顶部，其旁还有两座四角碉，八角碉位于呷拉村十家寨（图版八、图版九、图版十）。在当地传说中，十三角碉被称为"若卡"，即智慧碉。另有两座碉，一座称为"班卡"，意为法碉，一座为"伊卡"，意为传承碉，但现在的居民已难以确定具体指哪两座碉。这一说法与佛教中上师传法时的"身口意"传承相应和。

关于十三角碉的修建，有多个版本的传说，但其核心内容基本一致，即一位贵族女子以蒿草为桩，用羊毛线编织的方法在地上勾勒出十三角碉的平面图案，再依编织的顺序垒叠石块逐步完成了十三角碉的建筑。当地人认为这是非常有智慧的人才能完成的，因此对于需要智慧上的加持或祈求增加智慧时，多会到十三角碉处祈祷。对于这位贵族女子的身份，则有东女国国王、东女国公主、杰马雍中等多种说法。

在卜角顶，有一些碉楼曾经被居民利用来修建住房。据村中老人介绍，过去由于石材不够，居民们就会拆碉建房。有些房屋则紧邻碉楼而建，居民们将碉楼作为仓储间，并在碉楼上另外修建大门，室内则通过架设梯子连入房间。还有些碉楼被用作新修房屋的中心部分，在其四周加建房间成为碉房式的民宅。

在部分碉楼和碉房旁，常有一些树龄较大的高大柏树（图三—17），基本都是单棵生长。根据卜角顶的植被情况分析，这些柏树应当是人为种植的。据年纪较大的居民（60岁以上）说，祖先在修建住宅时会在门前种植一至二株柏树。另外当地的居民多信奉藏传佛教，在藏传佛教中有烟供祈福的仪轨，柏树具有天然的脂香，在宗教中有除障、净化之意，所以在做烟供时需要点燃一定数量的柏树枝，以表示宗教信仰上的虔诚。因为生活与信仰因素，我们发现这些人工植株的柏树很有可能标示出早期碉楼或碉房的位置。

我们在调查中发现，当地居民关于碉楼的类型划分可能存在偏差。譬如所谓的界碉，它们

图三—14　十三角碉线绘图　　　　图三—15　八角碉线绘图　　　　图三—16　四角碉线绘图

图三—17　柏树与碉楼

图三—18　碉楼外装饰含有宗教意义的符号

最初可能并不是作为村落分界标志修建的，只是后来的居民为了明确各自村落的范围，就将某座已有的碉楼作为分界的标志，因此这座碉便成了所谓的界碉。

少数碉楼上画有或用白石拼出本教经幡、法器上的符号，如"业"、普巴杵、雍中的符号（图三—18）。

四、村寨的构成单元

（一）家庭住房布局

在卜角顶的建筑中，数量最多的是居民住房，即碉房，一户人家住一栋碉房。卜角顶是嘉绒藏族长期居住的地区，然而由于房屋本身的寿命以及不断翻修，现有居民住房基本都是20世纪80年代改革开放后新建的房屋。但由于卜角顶并非旅游开放区，且经济较为落后，碉房的基本形式并未像甲居等地为了满足旅游开发的需要，进行过多的增建和结构改造。

碉房的选址考虑到安全、采光等问题，一般选在稍缓的坡地，冲沟附近鲜有住宅。以碉楼顶层的开口方向来看，卜角顶碉楼全都面向河谷，没有房屋面向西侧山地。房门一般开在正房南侧。卜角顶的碉房主要有三种形式，藏语分别称为"强""色德""雍中"。其中，"强"是最基本的结构，本意即正房，是人们生活、仓储的中心结构。其他两类建筑形式都是"强"的后期变体（图版十一、十二）。

碉房外围常设置院门和院墙以形成院落，院墙普遍较矮，一般高1.5米左右。有些人家通过加盖"色德"的外间厨房围合成院落。院门的设置主要考虑方便通向村寨中的主要道路，没有固定的朝向。院门的尺寸较房门宽大。

（二）住房内部布局

"强"整体平面呈长方形，楼高五层（图四—1、2）。

第一层为牲畜圈栏（图版十三），位于主体建筑正门外，平面呈矩形，一般只有一间，长宽各五米，不开窗。圈栏的顶部即为晒谷场和内院活动场所。圈栏开两个门，一个位于墙体侧面，直接通向院外道路，供牲畜进出；一个位于圈栏顶部，呈正方形，依靠梯子上下，供人行动。

第二、三层是居住楼层，某些房屋也用作仓储间，平面都为方形（图四—3、4）。

二层的房门为碉房的正门，面向晒谷场。二层内部一般分为四间，在家庭生活中有重要意义的锅庄即设在本层（图四—5）。锅庄在以前相当于取暖、做饭的火塘，位于房间的中央，基本形式都是将一口直径约0.7米的铁锅用三根粗大弯曲的石桩固定，其上即可架锅做饭。现在也有部分家庭采用铁桩固定。锅庄是招待重要客人的场所，贵客来临前要在锅庄中燃烧柏枝熏香。现在，基本上所有的家庭都将电视机放置在设锅庄的房间内，这里是一家人晚上的重要娱乐场所，但基本已不再在锅庄上做饭，而是在本层另设专门的厨房，锅庄则作为冬季的取暖设备。冬天，家中的老人可以住在有锅庄的房间，而其他家庭成员则只能住在没有取暖设备的房间中。楼梯间一般都设在正门左侧，二、三层之间的楼梯一般采用宽约1米的台阶式木梯，为了节约空间，碉房内的楼梯都尽量加大角度，坡度非常大。二楼以上各层主要使用更陡、更窄的独木梯，以便于架设和收放。这种独木梯为一整根笔直、粗壮的木头，每隔0.3–0.4米凿出一个台阶，有些还在独木梯顶端凿出一个长把手以便抓握。

三层内部同样分为四间，主要是家庭成员的卧室。

第四层是晾晒和存放谷物的场所（图版十四），过去常在该层设置经堂（图四—6）。平面为方形，分为四个部分，其中面向大渡河谷地的一角作为阳台使用，没有屋顶覆盖；其对角位置为一间粮仓；而其他两部分则为两个半开放式的储藏室，面向阳台的方向未构筑墙体，只是采用木柱作为支撑，以便通风和搬运物品。沿本层的外墙修筑有伸出的L形木构围廊，厕所即位于围廊末端。厕所便池下部多接一根长1米、口径0.2米左右的木管，以控制排泄物流向和速度，使排泄物直接落至房屋侧面作为积肥。另外，厕所下方的墙面上基本都不开窗。

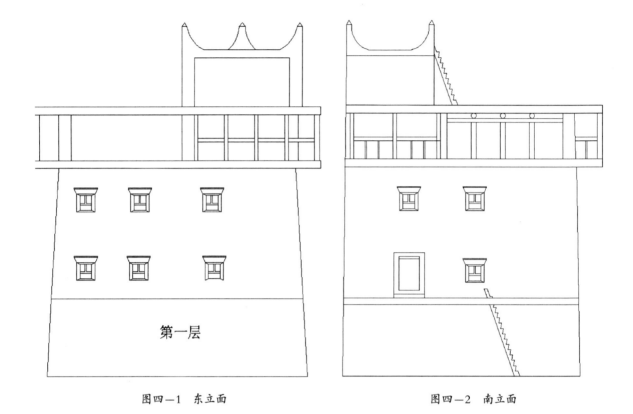

图四—1　东立面

图四—2　南立面

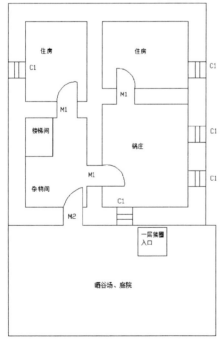

图四—3　第2层平面图

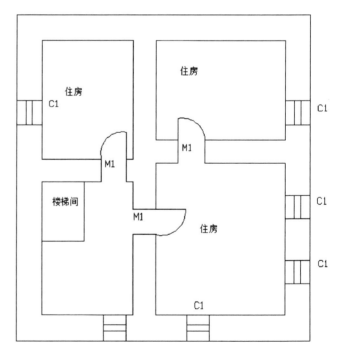

图四—4　第3层平面图

图四—5　锅庄

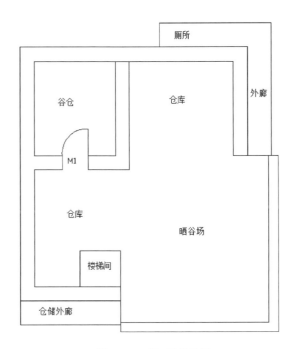

图四—6　第4层平面图

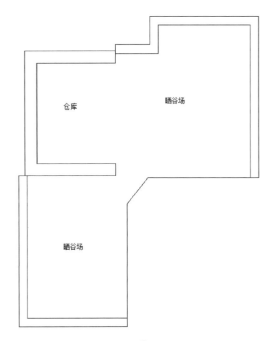

图四—7　第5层平面图

图四—8　用屋顶一角建造的佛教用的烟供台

第五层亦是晾晒阳台，呈L形（图四—7）。转折处为一间"冂"字形隔间，开口朝向河谷，即向东。"冂"字形隔间为平顶，四角用石头垒成高约1.3米的凸起，上置若干块白色石英，象征藏传佛教中的四大神山。有的人家在西侧边缘的中央位置搭建烟供台，高度一般为1—1.5米，其上也常放置白色石英。也有的人家直接将顶层西南角的凸起改造成烟供台（图四—8），还有的人家在四角各插一根经幡。

"色德"的结构与"强"基本相同，只是在二层晒谷场的另一侧构筑L形的厨房和仓储间，一般为单层的平顶屋，这样就将晒谷场围合成一个半封闭的院落。

"雍中"由"强"扩建而来，其基本形式是在"强"的二、三、四层的同一侧，扩建出一个面积约一间的空间，从而增加两间住房和一间半开放的仓储间。为了便于进出新增加的房间，在二、三、四层增建木构廊道。依照当地村民的说法，"雍中"的原意是特指扩建的空间，后来含义扩大，凡在二、三、四层进行扩建的碉房都称为"雍中"。需要说明的是，这一名称与藏传佛教中的"雍中"没有意义上的联系，只是音同而已。

"强""色德""雍中"三种建筑形式的出现有时间早晚之别。强是最基本的碉房形式，流传时间最长。"色德"出现较晚，但也有较长的历史，已流行了一两百年。而"雍中"是一种相对较新的建筑形式，是最近二十年才出现的。三种碉房在卜角顶都有一定数量，究竟采用哪种形式，与家庭人数和实际生活需要有关，但也存在一定的攀比现象。

（三）房屋材料做法

1.材料

卜角顶的碉房都是石木结构，石墙是主要的承重结构，只在某些部位使用柱子作为支撑。在建构房屋之前，需要挖地基。依据房屋所在位置的坡度、地质情况，地基深度1—2.5米不等。地基中要用片石堆砌出"田"字形的基脚，每边宽度约为1米，作为房屋的基础部分，这也是碉

图四—9 毛石片与黄泥

房在平面上以四间为基本分间模式的原因。地基建好后，分层向上构筑石墙，架设房梁和修筑地面。

石墙由毛片石堆叠而成，为提高墙体强度，每隔一定高度（约1米）便水平设置一根直径约0.1米的木料作为墙筋，墙筋多紧贴墙体内侧面。毛石片之间用黄泥作为填补粘结材料，不用水泥或其他添加料（图四—9）。砌筑片石时，需错缝放置以保证结构稳定。碉房的墙体非常厚，主要是出于承重和保持室内温度的目的，房屋外墙和室内墙壁的厚度基本一致；从底部至顶部厚度逐渐减小，第二层的墙体厚度约为0.8米，至顶层的墙体厚度约0.55米。室内墙面上多用黄泥拌麸皮涂抹平，同时也增加居住的舒适性和保暖效果。有些经济条件较好的家庭也会使用水泥涂平内墙。墙体的顶部用宽大的薄石板覆盖，以减少雨水侵蚀。

碉房的楼盖、屋盖采用木梁楼盖，主要用木梁、椽子、秸秆、黄土层依次构成。木梁有方木和圆木两类，圆木梁直径约0.2—0.3米，方木梁的截面边长在0.2米左右。木梁的间距一般为1.3—1.5米左右。木梁与墙体相接处没有特别的支撑或防潮结构，但四层以上的部分木梁，在露出的端头部位用一块薄石板覆盖，以减少雨水侵蚀。木梁之上，首先垂直于大梁密集排列一层大椽子，其上再密集铺设一层小椽子，小椽子之上铺大量秸秆，其上用黄土铺垫拍实，构成地面和屋顶。这样由椽子、秸秆与黄土构成的板层厚度很大，一般在0.1—0.15米之间。

碉房的层高随楼层的增高而逐渐减小，以呷拉村呷拉寨偏聪丹昭家为例，第一层层高3米，第二层层高2.56米，第三层层高2.46米，第四层层高2.06米，第五层层高1.91米。

2. 建房过程

碉房的建筑是卜角顶居民的一件大事，特别是准备结婚的男女双方，在婚前就需要共同修建新房。修建一栋碉房需要很早就进行规划，包括宅基地、材料、资金等多个方面。

现在盖一栋碉房，首先需向乡政府国土单位申请宅基地，虽然一栋"强"的占地只有约100平方米，但村民一般都会申请200平方米，以备将来扩建。土地登记费根据地点的优劣从600—1000元不等。

建房前，需请喇嘛或道士打卦，判断此块宅基是否适合主人家建房，并为宅基祈福。如果占卜结果显示不适合建房，则需要与其他人家调换土地。宅基地只能用主人家的田地换取，而不能用钱购买。

木料过去可到"gun huang gu"山上自由采伐，现在该地区已划为国家林场，建筑木料须向林场购买。居民先到林场内确定需要的林木数量后，以立方米方式计价。由于地形崎岖，山上尚未开通适合车辆通行的道路，采伐好的木料须由人力拉至山下，居民们会互相合作，利用绳索将木料运送下山，往往需耗时多日。大梁木一般采用杉木，采伐后需晾晒一两年方可使用。据当地木匠甲抽阿呆（曾经为石匠）介绍，建造一栋碉房需要约100根大梁木，每根的价钱为150元左右；小木料数千根，每根15—20元。木料的总花费为5万元左右。

石料一般就在村落周围开采，不用付钱。

黄泥一般都是就近挖取，因此在房屋周边往往会有取土留下的大坑。也有的人家建房时从远处取土。黄土土质的选择标准是细密度高且内有白色石英砂者最佳，而全黄色的黄土并不是最好的。

人力方面，由于卜角顶的碉房结构以石材为主体，所以建房工程中的主持者为石匠，木匠、画匠等其他工匠必须配合石匠工作。现在，修建一栋碉房至少需聘请4名石匠、4名木匠和2名画匠。支付的工钱，石匠每人每天20元，木匠每人每天20元，画匠每人每天30元。有些富裕家庭还从巴底等乡请来技艺更高的画匠，每人每天需支付50元。

在房屋的修建过程中，主人家60岁以下的成年亲戚、朋友、邻居都会来帮忙，男女不限，有时帮工的人数可达百人以上。对这些帮忙的亲友近邻，主人家不需支付工钱，但要负责其餐饮。以后这些亲友近邻如要建房，主人家也必须提供无偿的帮助以为回报。

根据我们对一家在建房屋的调查，现在卜角顶居民修建一栋碉房至少需要花费14万—15万元。由于卜角顶的木材价格相对便宜，且装修较少，这一价格在丹巴县境内属于较低的水平。

挖掘新房的地基时，需要请道士念经，但不需占卜挖掘的日子；而构筑基脚时，则需再请道士选择吉日，并请喇嘛撒麦子祈福。而后，四名石匠同时砌筑石墙，逐层构建房屋。一般修建一座碉房需要3—6个月，视帮忙的人数而定。但在房屋建好后，并不能马上入住，由于大量使用泥土和石料，且门窗较小通风较差，无法及时干透，所以需要晾晒一年后才能正式入住。同时，由于房屋的结构尚不稳固，往往每层都要使用大量临时木柱作为楼层支撑，以待楼层风干结实。这些临时木柱一般直径约0.1米，直接支撑在每层的大梁下方。

房屋建成后，安置锅庄是一个重要的仪式。安置锅庄的日子需要由道士占卜选定，而后全家在新锅庄上炖一次肉一起食用。

3. 房屋维修

因为建房材料的原因，一般情况下碉房每隔20—30年就要进行一次大的翻修，以保证房屋安全。如果是因火灾等受损的房屋，在开工维修前要请道士或喇嘛念经祈福。

碉房的黄土屋顶上没有其他防水构造，直接暴露于外，常受雨水冲刷，因此需经常修补。屋顶的修整频率一般是2—3年，工程常在雨后进行，趁屋顶未干将细黄土铺于屋顶，再用木拍子反复拍打结实。木拍子用一整块木头做成，拍面呈长方形，一般长约0.4米、宽约0.15米、厚约0.03米，背面为把手。

居民迁居或翻修时，都会拣选老房子的材料再次利用。在呷拉村村民瓦日阿巴交家，其新建的碉房就使用了很多老房子的材料，100根大梁木中有40根为旧料。原来的房门也被二次利用，但由于新房门的尺寸扩大，所以旧门不再作为房门使用，而将其板材用作其他部件。

（四）房屋装修

卜角顶地区碉房的门窗都很小，在一些稍旧的房屋中，正门、室内房门仅约1.4米高，0.8—0.9米宽。即使是室内房门，也不紧贴地面开门，门槛高约0.3米。房间的窗户也都较小，一般高0.85米、宽0.75米左右。房屋开窗较少，因此有些房间内光线较暗。最近新修的一些碉房中，门窗尺寸都有所增大，以方便家人行动并改善采光条件。

卜角顶碉房的外侧石墙部分统一用石灰涂成白色。颜料以前多使用本地产的白泥，现在则基本都改用购买的石灰。木构围廊部分的立柱多涂成黑色，挡板部分则基本都涂成暗红色。经济条件较好的家庭会对外露的木梁端头和椽子端头进行彩绘，甚至对木梁端头进行雕刻。彩绘颜料现在都是到丹巴县城购买。

除了涂装色彩外，碉房的室外装饰主要集中在门窗上。有些人家在门楣上装一对木雕衔珠鳌首，用以驱赶邪魔妖怪。木雕之上横置绘有藏传佛教图案的彩色木板，以保佑家人平安，比较流行的图案有金翅大鹏食蛇、佛教法轮等（图四—10、11，图版十五）。窗户外侧一般会涂

图四—10　金翅大鹏

图四—11　法轮

图四—12　院门饰羊头

上黑色的梯形外框。门板和仓储间的窗户上则多饰以莲花图案。卜角顶各家室外彩绘的精细程度并不完全一致，这主要取决于家庭的财力。

院门也有多种装饰类型。有的人家在院门门楣上挂小片的经幡，有的人家在门楣上挂羊头（图四—12），有的人家院门门楣上方也装饰有木雕衔珠鳌首，还有一些人家在院门顶部种植草本植物以为装饰。院门旁立一根高大的经幡。院门、正房房门以及窗台上，往往还放置一些玛尼擦擦。这些装饰的目的基本都是为了祈福消灾，护佑家人平安。

五、人群与社会结构

（一）家庭单元

目前卜角顶居民的家庭人数基本为一户四口人，成员为父母及两个未成年子女。家庭财产的继承与分配有两种形式：一为本家的继承，一是新家庭的成立。一个家庭通常会将本家的继承留给长子或长女，而其他婚后自立门户或入赘他家的儿子，也会得到自己应有的田地。田地的分配原则是按照家庭人数平均分配。例如一对父母生了三个子女，家中共有十亩地，那么每人名下平均应有两亩地；若十亩地的产量不均，则按照村会计登记的产量记录，改为按产量平均分配。在卜角顶没有明显的重男轻女观念，女儿出嫁时父母也会分配田地给她。父母的田地由奉养者继承。如果家中经济状况较差，则会将父母分开奉养，通常是"爸归男，妈归女"，等到过年过节或子女家中杀猪、羊时才全家聚在一起，而父、母名下的田地则分别由各自的奉养者继承。

自立门户成立新家庭时，年轻的夫妇二人会选择在其中一块田地附近建新房。如果两人的田地距离遥远，就会先到低海拔的田地务农，之后再到高海拔的田地，因为海拔不同庄稼的成熟期也不同。将来也会等待适当的机会和周围邻居换田，将两块田地合并在一起。

如果是男性入赘，在卜角顶上述两种情形都是存在的，只是第一种多为女性当家，而第二种还是属于男性当家居多，但是在有需要商量的事情时，多会征询妻子的意见。

（二）居民构成

农夫　出生在卜角顶的居民，天职即为农夫，在继承祖先家业的同时，也承继了务农的责任。

过去，各家各户自垦荒地为良田的面积即归自家所有。20世纪50年代，实行土地改革，村民依家中人口数获得相应面积的田地。80年代，实行土地承包制，村民必须缴纳公粮。现在为保护长江上游的天然林，已经禁止在高海拔林地开荒。1998年时，为保护长江上游的植被，根据法令，依照坡度和海拔的不同，在卜角顶实施"退耕还林"与"退耕还草"政策。国家按照退耕面积，按年对居民进行补偿。但是，据居民反映，县财政已两年未下拨补助款，居民们的生活更加拮据。

卜角顶周边的山林是属于各家的林地。过去高山上的树林是开放性的，可以自由砍伐；现在各户人家虽仍保有自家的林地，但主要用于获取日常生活所需的燃料，建筑用材则必须到国家林场购买。

乡医　卜角顶目前设立村卫生站一处，有三位乡医。卫生站位于阿召寨与瓦正寨之间的"阿节伸"，海拔约2300米。卫生站用房从2009年开始修建但尚未完工，目前乡医们多在家中工作。乡医必须持有国家的行医证照，主要工作有为新生儿、儿童进行预防针注射，负责村内传染病、卫生安全的预防等，每月21日打预防针、填写相关报表记录，22日将报表送至梭坡乡政府的乡卫生所。乡医每年薪资为1000元。

兽医　必须持有国家的证照方可行医。卜角顶的兽医除了为动物治疗疾病、施打预防针外，还可为家畜结扎。今年的结扎价格为每头小公猪3元、母猪8元、马15元、牛20元。卜角顶的村民如需兽医为动物治病或结扎，必须至兽医家中延请。

画匠　在卜角顶，画匠的工作非常重要，彼此之间也有水平高低之分，画寺庙的最高、画家具次之、画门窗的水平最低。若觉得村内的画匠水平皆不佳时，村民们便会花更高的工钱请外乡的画匠来为自家住宅作画。工钱分为按件和按日两种方式计算，如画藏床一张约100元、窗户一个60元、条桌一张50元，绘画门窗及其他细部每日八小时，工钱30元，大约需要一个月才能完工。绘画颜料多采用油漆或广告颜料。

呷拉村的松吉先生除了持有兽医证外，还自学绘画，家中的部分装饰由他彩绘完成，现在也为村内其他人家绘画室外窗户。

木匠　木匠分为家具木匠和建筑建构木匠。画匠可以请外乡人，但木匠则只能请本村人。调查期间，正逢瓦日先生家建新房（旧家因地层滑坡受损），据他介绍，请建筑建构木匠加工大梁、强筋，每天的工钱至少20元；木梯、条桌、藏床等家具按件计酬，家具木匠到房主家制作，不带料只计工，做一扇门约40元、一张藏床约120元、一个凳子约20元，全部家具制作完成约需一个月左右。

石匠　欲从事石匠行业，必须先跟师父学习三年时间，学成的标准是能独立砌出一个基脚，能独立指挥建好一栋房屋。评测石匠的水平，主要是看墙体结构垒石上的缝隙大小和强筋紧密的承接度，以及内外墙面是否平整。石匠每天的工钱至少20元，但是工作的辛苦程度却比木匠和画匠高出许多。接受采访的甲抽先生因为身体状况不佳，已由石匠改行当木匠。

喇嘛、道士　多为卜角顶村人，平时也居住在寨子中。道士一般为家族继承的职业，也可出家当喇嘛。

除了道士与喇嘛外，卜角顶村民的共同身份都是农夫，平时都必须为基本生活需求辛勤劳作。

（三）房名制度

在卜角顶没有门牌号码，有的是各家传统的房名。房名的意义与汉族的"姓"不同，虽然当地居民的身份证上以"房名+藏名"为正式姓名，但房名的意义更接近"落地生根，以土为名"的概念，卜角顶居民将"有土斯有财"的精髓思考得很透彻。

房名具有传承意义，有的房名已经沿用了二三百年（如松吉、瓦日、阿钩），有的则是新成立的家庭使用建房地的地名为房名（如偏冲、伸交）。这一传统在卜角顶一直沿用至今，所以这片区域没有邮差，若是有人寄信给卜角顶的村民，他们必须花一天时间往返下山取件。

当地入赘的男性需改为女方家的房名，例如朗嘎阿督嫁入伸交家，则需改房名为伸交阿督，同寨的居民在他结婚之后都会如此称呼他（他也向刚认识的人如此介绍自己），但居民身份证上仍为朗嘎阿督。

如果选地重建新房，若房名已使用二三百年以上，多数居民会沿用自家传统的房名，少数人会以建屋地名为新房名，居民身份证上登记的名字则不变更。

卜角顶的每块土地、台地、草坪、森林都有自己的名称和意义，而每位村民也都有属于自己不变的藏名。定居之后，在滋养自身的土地上，以土地之名冠在人名之前为荣，这是一种对大自然的赐予特殊的尊崇。

六、生业与经济结构

（一）农业

卜角顶地区的农业为较典型的山区农业，田地形态多数为梯田，主要靠耕牛耕地和村民自己手工耕作，灌溉方式多为漫灌。由于是上下游关系，所以卜角顶各村对于农业用水的分配采用按时间划拨：当卜角顶的影子投影在对面半山时，泽周和呷拉就停止灌溉，放水给下游的泽公和宋达。由于当地的水资源丰富，基本不会发生灌溉用水纠纷。村民种植农作物时会使用化肥和农家肥，但一般不使用农药。

该地区的粮食作物主要有小麦、玉米、青稞和荞麦等，不种植水稻（图六—1）。为了提高

图六—1　轮替种植的马铃薯、玉米、小麦田

土地的利用率，现在很多农户实行套种。玉米种子每年由政府统一采购后分发给村民，但小麦种子多是从前一年收获的小麦中选取。限于当地的气候条件以及山区海拔高度，本地的小麦麦秆普遍较长，高约一米一二，而麦穗则相对较短，因此亩产量偏低。村民所种小麦主要用于自家食用，玉米则大部分用于饲养牲畜，主要是猪。年轻人一般不吃玉米，但是老年人和孩子还是会食用较多的玉米。如果当年玉米产量较高而有富余，村民们也会拿到山下出售，但由于下山路费太高，有的人家即使产量比较高也不出售。村民也会种植、食用荞麦，但一般都不是作为主食。

村民们也会种一些土豆、大胡豆、黄豆、雪山大豆、小黄瓜、茄子、西红柿、蒜薹等蔬菜供自家食用，基本不出售。

该地区的经济林木主要有苹果、花椒和核桃，也有少量李树和梨树。

也有商家自己上山来收购当地的农产品，但收购价格被压得很低，湿核桃每斤1.5元，干核桃每斤4.5－5.5元，花椒每斤18－25元，苹果每斤0.30－0.5元，玉米每斤1.2－1.5元，麦子每斤0.8元，土豆每斤0.8元，黄豆每斤2－2.5元，雪山大豆每斤3元。

一般来说，当地6月份收小麦，10－11月收玉米，12月份砍柴以备过冬。由于海拔高差，一般山下作物的成熟季比山上早一个月。作物全部为手工收割（图六－2）。过去，每到收获季节，需要收割的人家只需到地里大声吆喝一声，就会有很多村民来帮忙；现在也仍然如此，

图六－2　收割小麦

只要提前告知邻近的村民或打电话通知，第二天凡有空的村民大都会来帮助收割。在卜角顶地区，由于大多数年轻男性都外出务工，因此农业生产主要由女性承担；在老年人当中，也大多是男性在家带孩子，女性下地干农活。

（二）畜牧业

卜角顶几乎家家户户都饲养很多牲畜，主要有黄牛、牦牛、奶牛、山羊、绵羊、猪和鸡等，饲养方式多为放养（图版十六）。村民们饲养牦牛，都是将其赶上卜角顶后山山顶的高海拔地区放牧，而且晚上一般都不将其赶回家，只是每周上山看一下自家的牛是否还在山上。牦牛长大后山下会有商人前来购买，每头售价大约为3000元。

放养马匹的区域则相对较广，除了后山山顶的高海拔地区外，还会在达拉崩等较为开阔的地带放养，夜晚也不赶回家。长大以后一般都会卖到交通更为不便的地区，供其作为交通工具和货物运输工具使用。

奶牛和黄牛的放养范围则更加随意，在卜角顶的大多数区域都有放养，日间无专人看管，任其自由觅食，但是到了晚上，奶牛、黄牛会自行回家，在圈栏门边等待主人开门。居民从院门进出屋内，与动物分道。奶牛作为主要的奶制品来源，一般都不出售；黄牛主要作为耕地的畜力，但也会出售给山下来的商人，每头售价2000元左右。虽然村民们也吃牛肉，但都是到山下市场购买，不会宰杀家中饲养的牛。

羊是村民们饲养的牲畜中利润最大者，因为养羊完全不需要人工喂饲料，出售价格每头大概为150元。

猪也是饲养较多的家畜，基本上每户人家都养。村民们养猪大都是为了自家食用，由于养猪需要购买饲料，还要喂食玉米，成本较高，村民们一般不出售，仅有极少数人出售以贴补家用，价格大概为8元/斤。鸡的养殖同样是以放养的方式进行的，晚上鸡也会自己回家。总的来说，卜角顶的畜牧业是以家庭为单位的小型养殖，没有统一的、成规模的饲养体系。

为了防止村中放牧的牲畜践踏或啃食田地中的庄稼，居民们在山道边用木板围成栅栏，栅栏有的做成门板的片状（图六—3），以铁丝或门闩卡住，行人通过时只要打开后再关上，就可以防止牛、羊、马、猪等牲畜越过；有的是将两边的门闩由下而上刨出能滑进门板厚度的沟，从上方抽出两三片木片人即可跨越而过，之后再原样放回。还有一种垒高石墙的方式，为方便人们上下坡坎，以两三片板岩作为阶梯（图六—4），或在石墙上立独木梯（图六—5）。另一种方式是将柴枝堆放在住宅山路旁，叠成一人高的墙，不但利于晒干柴火，也是阻隔牲畜的有效方法。

图六—3　泽公村道路拦牲小门

图六—4　用板岩搭建的楼梯

图六—5　上下陡坎的独木梯

（三）家庭经济结构

由于当地经济结构为自给自足的农耕畜牧业，辅以少量经济作物的种植，卜角顶居民的收入来源主要是农业劳作，其他能够获得现金的渠道非常少，基本处于半封闭市场状态，交易机能低微。目前也种植花椒、苹果等较高经济价值的农副产品，有小货车开至宋达村收购（图版十七、十八、十九）。

若以一家四口人、四亩田地计算，农业生产方式为麦子与玉米套种收成后改种杂粮，每年的收成麦子约1000斤、玉米约1200斤、黄豆200—300斤、土豆约1200斤，其余荞麦和各种蔬菜、豆类的数量不多，花椒收成获利每年约数千至万元不等。

饲养的牲畜中，只有猪需要喂食杂粮，其他牲畜只需要投入人力成本，预先收割储藏过冬的粮草即可。

食用的大米多到县城采购，每斤1.2—2元，每个月四口人需要100斤。

每月至县城一两次采购生活必需品（每次往返车费15元），顺便至公共浴室洗澡（每人次10元）。

卜角顶的山坡上生长着许多可食用的野生菌和草药，常见的有三转白、黄连、攒攒草（图版二十）、刺麻利等。当地村民们都或多或少掌握一些草药知识，部分村民甚至在农闲时采草药到山下贩卖，以赚取收入来贴补家用。

按照卜角顶农产品的出售价格换算，家庭年收入为14600—15600元。再扣除每户的年平均储蓄额（此储蓄为未来盖新房或增建新屋的主要来源，按适婚年龄20岁换算），每人月平均消费180—200元，一家四口的月消费为720—800元。这是卜角顶中等生活水平家庭的经济结构。

家中若有孩子就读高中或大学，家庭经济便逐渐变成负增长，这是家庭经济负担最沉重的阶段。如果家中有成员到外地务工，则家庭经济状况可能有大幅改善，因此，村中部分年轻人多选择到省里或邻省的城市打工，如重庆、西安等，一年或几年回乡一次，以此缓解原生家庭的经济困境，并带回外界的信息和家电用品等，逐步打开村民与现代文明的进一步联系。

20世纪50年代以前，卜角顶的经济结构处于封闭式的农牧经济状态，供给与需求之间为单向性、未经过市场分配与选择的关系，经济模式多属于家庭自给自足的小农经济。居民家中人口多，经济贫困。据寨中老人回忆，有的孩子十三四岁时便因分担家计而无法继续读书，每天帮人干活，挣来的粮食只够勉强喂饱自己；在基本饮食条件都很艰难的生活中，有的成年人只能穿着类似长袍的衣服而不着内裤。

村民在背负物品时都采用双肩着竹编竹篓的方式（图版二十一），或以捆绑的方式双肩肩负（图版二十二），未见到单肩背重物者。这种习惯是因为卜角顶的村民必须长期在狭窄的山路上行走。山区的妇女多头戴传统的帕子，不似县城的妇女多穿着现代流行服饰，根据观察，可能与山区阳光直射燠热难当，头戴帕子可以起到防晒、防热的作用有关。

七、生活方式和风俗

（一）服饰（图七–1、2，图版二十三）

1.女装

女性传统服饰由头饰和片裙组成。

（1）头饰

头饰由帕子、发辫、毛线条、饰品组成。帕子、银制的头饰，藏语为"巴惹"。帕子的材质为白色粗支棉布（春、夏季戴）或黑色棉绒（秋、冬季戴），边角处饰以多彩花卉或十字绣纹、彩穗流苏。妇女配戴后，行走于路上和山间小径，流苏随着身体微晃而摇曳生姿，使忙碌的藏族女性增添不少妩媚。帕子全长0.96米、宽0.46米，配戴方式为：于长处对折二次，并将边角图饰外露覆盖于发上，再将准备好的发辫和毛线条置于折好的帕子上，将毛线条辫顺着耳旁

图七—1　当地妇女服饰

图七—2　卜角顶传统服饰

绕于颈后发际再由另一耳际绕到前额，多余的部分塞入额头发辫内固定，最后在发辫上夹上银制饰品作为装饰。

旧时，女性会蓄三四年的长发，或在生第一个孩子前，将长发紧扎成长辫子后剪下，作为头帕上的发箍装饰，每当头发发黄时便将之变卖，重新用自己的头发再做一条，直至头发发白前，大概可以做三到四次。现在，妇女们多以假发发辫代之。

毛线条有黑、蓝及粉红三种颜色。老年妇女通常佩戴黑色毛线条，中年妇女或生了第二胎孩子的年轻妇女佩戴蓝色，刚结婚或只生了一胎孩子的年轻女子佩戴粉红色，尚未结婚的女子通常佩戴粉红色毛线且加上鲜艳的朵花。

（2）饰品

藏族服饰中，饰品是不可或缺的，头饰、耳环、手环及项链等，都以银为主体并镶嵌红珊瑚、玛瑙、蜜蜡珠、绿松石等，穿戴在黑绒质地的传统藏族服饰上，互相映衬，效果极佳。

（3）片裙

分为前片裙（藏语称为"罕休"）和后片裙（藏语称为"马桑"），前片裙宽约一尺，后片裙宽约两尺，材质为黑色棉绒，其上有彩色花卉绣饰。旧时女性以会刺绣为美德，婚嫁前需为自己准备礼服。礼服上的绣饰是先以毛线勾勒花卉的外形轮廓，再以斜针绣补满内部，颜色有白、橘、蓝、亮绿及粉红色，缤纷亮丽。现在，随着电动缝纫机的普及，顾及便利性与产量的提升，多以电脑绣花替代人工刺绣，图案纹饰工整且一致化，手工创作的痕迹在传统服饰上逐渐消失，转变成"只留其形，不存其意"。

（4）袍子

袍子是婚礼或节庆时正式的穿着，材质多为提花绸缎。高领左衽或高领对襟，长度过腰或及膝，领口与襟边处饰以滚边纹饰和其他织锦布料或动物皮毛，如水獭、虎皮、豹纹等，式样极其华丽庄重。

（5）叠叠百褶裙（图七—3）

叠叠百褶裙是跳锅庄时穿着的正式礼服之一。上衣为粗支棉布，下裙为织锦缎料。上半身的连身背心不宜外露，外面必须再套一件红或黑或蓝色的短外套或及膝袍子。因重量较大，传统百褶裙均为连身装，以防旋转摆动时滑落。腰部以下的布料层层重叠，腰线两侧各夹入十一片宽约七八厘米的彩色图案条饰，常见红、白、蓝、橘、绿、黄等色。

百褶裙的做工繁复，需先以手工熨烫出一条条宽窄大小相同的褶痕，制衣师傅将裙身用力甩动或穿在身上试跳，确认百褶不易敞开、折痕不会消失后，才能继续下面的工序，直至完工。

女孩们穿着叠叠百褶裙在达拉崩的绿色草地上跳锅庄，如同草原上飞舞的一只只美丽的彩

图七—3 庆祝六一节穿着叠叠百褶裙跳传统舞蹈的学生

蝶。现在村内小学在庆祝六一节时，会让学校的高年级学生穿上正式的传统服饰表演锅庄舞。

（6）腰带

以手工编织而成，图案多以几何图案为主，色彩缤纷，总长一两米。

现在，女性的常服上衣为汉服，外穿黑绒连身背心裙装。节庆时则穿着过腰或及膝的袍子等传统服饰以表庄重。

2. 男装

男性服饰有左衽丝质白色或黄色外衣，领口与袖口处加上豹纹的丝绸棉袄，黑色缎子长裤，头戴宽沿呢毡帽，双足着长靴。平时穿着外套只穿一个袖子，跳锅庄时，则将外套围绑在腰间。

因穿着传统藏装下田耕作不方便，所以平时多穿汉服，但是，只要穿着藏式外套，就会将外套下滑部分至背部。年纪大的老先生出门还是习惯戴顶宽沿呢毡帽，保留了男性衣着的传统。

（二）婚礼

1. 婚姻缔结形式

在婚姻关系中，需要遵守"不沾父亲之骨，可沾母亲之肉"的原则，即男方一定要为七等亲之外，女方为五等亲之外，不论门槛内外都能够结亲，以防止近亲结婚。男女双方的年龄，也基本是男方大于女方。以前还有一个原则，即结婚对象家需要与自家间隔一天以上的路程。但这个原则由于不方便，已被废止。

以前，卜角顶青年结婚的年龄在17岁左右。由于过去村中女性较多，订娃娃亲的情况比较普遍，女孩13、14岁时，便先到男方家中住一两年。在此过程中，男方对女孩进行考察，如果男方认为女孩不符合要求，则可以退亲。以前还存在一夫多妻的现象，但不允许一妻多夫。现在则都是自由恋爱，结婚年龄一般在21、22岁。

当男青年在路上、跳锅庄、成年礼等庆典上遇到中意的女性时，可以去抢女性的头帕或随身装饰物以示心意，并在抢走头帕后快速跑开。如果女性对其意向表示接受，则会追赶这位男性；若不愿接受，则不追赶，男性也会将头帕还给女性。

另外还有一种方式，若是男青年看上某位女性，便向父母表明，父母同意并确认亲疏关系后便前往女方家中议婚，此时不带任何聘礼。若女方家长同意，则男方父母返回并告知男青年，之后需再次前往女方家中正式提亲。正式提亲的日期需要请道士占卜吉日。日期选好后，需携带聘礼前往女方家中，聘礼一般为二三斤青稞酒（具体数量视家庭经济状况而定），须在酒瓶上系上一条哈达。在卜角顶，以其他物品、钱为聘礼的情况并不流行。

在当地的婚嫁习俗中，男性入赘也是一种普遍存在的现象，且并不会因此而降低其在家庭中的地位。不论是出嫁还是入赘，基本的婚礼过程是一样的。

2. 婚礼仪式

婚礼多选择在春季举行，从正式提亲到完婚一般间隔三个月到半年。举行婚礼的日期仍需请道士通过占卜选择。婚礼所需物品的采购由新郎家提前完成，而婚礼的具体操办及招待客人等事务，则完全由邻居操办。举行婚礼的前一天，新娘家需请亲戚朋友吃饭。

另外，伴郎、伴娘也需特别挑选，目标人群是新郎、新娘孩提时期一起长大的同伴，且未婚。如无法找到符合条件的幼时同伴，则以亲戚朋友作为对象人群，并由道士占卜，占卜的依据是生肖的相性。生肖的相性有相克、相依两种，伴郎、伴娘的生肖相性须与新郎、新娘分别相依，如虎、马、狗三合。在婚礼过程中，伴郎、伴娘需要与新郎、新娘一同行礼。

正式婚礼的时间一般为2天。婚礼当天，新郎、新娘须穿传统藏服。新娘家的送亲队伍一般由亲戚构成，最少8人，即一桌人，多者可达一两百人。新郎家需派两人前往迎亲，男女不限，新郎本人不参加迎亲。送亲队伍的前方要打着唐卡，新郎家的代表走在队伍前方。新娘进门时要放鞭炮。送亲人员当晚住在新郎家中。

婚礼主持者为新郎的舅舅或村中有威望的老人，婚礼上主持者要向新郎、新娘分别献哈达。中午举行婚宴宴请宾朋，婚宴一般需要准备18道菜。参加婚礼的亲戚朋友要送礼，最少30元，近亲则更多，为数百元，也有的近亲会送半头猪。晚上，亲戚朋友们喝酒跳锅庄以示庆祝，跳锅庄的地点在新郎家附近即可，如菜地、谷场等地。婚礼第二天，新郎、新娘到新娘家继续举行婚宴招待宾朋，新郎家也要派人相送，最少需要8人。

传统的婚礼中，新郎、新娘在第一天晚上不能入洞房，新娘要在婚礼完毕后的第二天回娘家住三天，然后再回到新郎家中居住。

新娘出嫁时，不一定带嫁妆，新娘父母可根据经济情况自行决定。如果有嫁妆，则会适当提高新娘在男方家的地位，但是，决定女性在家中地位的主要因素还是其做活和工作的能力。

传统上，新郎、新娘不拍结婚照，但现在拍结婚照则较为流行。

在卜角顶基本没有离婚的现象，即使丈夫去世，妻子也不能改嫁，否则会被村人耻笑。

（三）生育

过去，孕妇临产前，娘家会将其接回照顾。限于经济和医疗条件，孕妇往往在娘家牲畜圈栏中生产。20世纪80年代后，孕妇改在娘家住宅内生产。90年代后，孕妇基本都前往县医院生产，以保证更好的医疗条件。

婴儿出生后，男女双方的亲戚都会去看望产妇和婴儿，并给婴儿带礼物。看望时间没有特别的要求。以前孕妇在娘家生产时，婴儿出生的头七天，除亲戚外忌讳外人探望，但现在因为是在医院生产，这项禁忌已基本消失。

婴儿出生满七天时，家里会请道士念经祈福，并且请道士为孩子起名，也有少数家长自己为孩子起名。道士给孩子取名时，要全面考虑孩子与父母的生辰八字、五行相性，所取的名字即作为孩子的正式名字，即居民身份证上正式登记的名字，将来也不随房名的变化而改变。同时，家长还会给孩子起一个小名，顺口即可，因为在山里时，村人是忌讳称呼真实姓名的，认为会被山魈、精灵等捉弄甚至摄走灵魄。

现在，当产妇从医院返家时，娘家、婆家的亲戚（多为女性）及产妇的丈夫都会去迎接。回家途中如遇到认识的孩子，则发放糖果给他们，如有祝贺的大人，也会请其吃喜糖，分享获子的喜悦。本次调查则刚好遇到生产完的妇人由女性亲友接回村中，沿路送喜糖给相遇的村人和路人（图版二十四）。

以前由于经济条件较差，产妇都不太重视坐月子的问题，仅根据身体情况考虑产后调理，甚至有些产妇生产三天后就得下地干活。现在随着生活水平的提高，产妇都重视调养身体，家人会为产妇杀一头猪或羊进行食补，帮助其恢复体能。根据一般的经验，第一胎坐月子的时间要比第二胎长。

根据甘孜藏族自治州计划生育办法，卜角顶地区的藏族农牧民可以生养三个孩子，每胎之间需间隔三年以上，但由于卜角顶地区的居民较贫困，生养太多的孩子会带来巨大的经济压力，所以大部分家庭，尤其是年轻夫妇都只生养两个孩子。如果某对夫妇计划只生养两个孩子，两胎之间即可不用间隔三年。

（四）成人礼

每年藏历三月初八，都会举办成人礼，凡年满16岁的孩子都可参加。成人礼的活动主要是跳锅庄和献哈达，孩子们的亲友、寨子里的长辈都会来观礼。举办地点是在卜角顶的崩经（图七—4），这里是卜角顶地区举行庆典活动的最高处，海拔约3500米，位于达拉崩上方山脊的背面。崩经地处高山林地中，树木茂密，四周环境十分潮湿，蔓草丛生，藤蔓类寄生植物较多。近十五年来，成人礼多不在此处举行。

图七—4　崩经的白塔

成人礼一般会举办一整天，全村参加成人礼的孩子都会穿着正式的藏服，一大早便上山，在寺庙较平坦的一面搭建念经的棚子，喇嘛们在棚子里为即将成年的孩子诵经祝福，孩子们则依序在寺庙和白塔之间围成一圈，面对着为他们献哈达的道士跳锅庄。跳完一圈后，道士会按照他们排列的顺序依次给他们献哈达，第一个献完以后便排到最后，依此类推。当道士给最后一个孩子献完哈达后，成年的孩子们便立刻转身从崩经开始往达拉崩的草原奔跑，待孩子们全都到达达拉崩后，当年的成人礼便告完成。传说，在某次成人礼中，村中最漂亮的女孩，在跑向达拉崩的草原时落在最后一个，并且突然意外死亡了。此后，卜角顶地区便流传着一个传说：每年成年礼时，那位死去的美丽女孩会抓住跑在最后一个孩子的魂魄。出于对传说的恐惧，现在每年的成人礼上，孩子们都会迅速地从崩经跑到达拉崩，不使自己落在最后。孩子们的父母则会在他们奔跑的路上沿途捡他们丢失的头帕、帽子等物品。

传统上举办成年礼还有一些禁忌。如果村中有人过世，便取消当年的成人礼仪式，事后也不再补办，当年年满16岁的孩子们便参加第二年的成人礼；或者家中有近亲过世，三年内，这家人都不能参加成年礼和跳锅庄，家中的孩子便只能参加三年以后的成人礼。因此，参加成人礼的孩子有的也可能超过了16岁。

现在，卜角顶地区基本上已有十多年不在崩经举办成人礼，因为在梭坡乡卜角顶的小学，学生们都参加六一儿童节或毕业时的集体活动（图七—3），会有类似成年礼跳锅庄的庆典，家长和村里的长辈们也都会参加观礼，家长不用再担心孩子的魂魄被崩经上美丽的鬼魂抓住了。

（五）葬俗

卜角顶四个行政村居民的丧葬习俗基本相同，一般多为火化后再行土葬。未成年人夭折则为坐棺水葬，先以大盒匣子入殓，之后将匣子抬到河边，待河水上涨将其淹没并将其带至下游（放水流）。

五十岁以上的长者无论身心健康与否，多会至村中木匠处为自己选订殓身的大盒匣子与一套新的身后薄衣，备于家中（图七—5）。制作大盒匣子的树种没有特殊的讲究，尺寸则视个人身材而定。

当寨中有人过世时，全寨的亲朋好友都会于治丧期间到丧家帮忙，而丧家亲属并没有披麻戴孝的仪式。一般成年人过世，其追悼和安葬仪式的程序如下：

逝者断气前，先将其移入屋内锅庄上方（即北方），由道士打卦占卜出应点酥油灯的盏数，数盏、数十盏或数百盏不等。村民们认为，酥油灯的多寡乃视逝者生前所作所为托显于卦象而定。逝者若在外意外死亡，其遗体由家人接回安放于同处，其他仪式与亡于家中者相同。

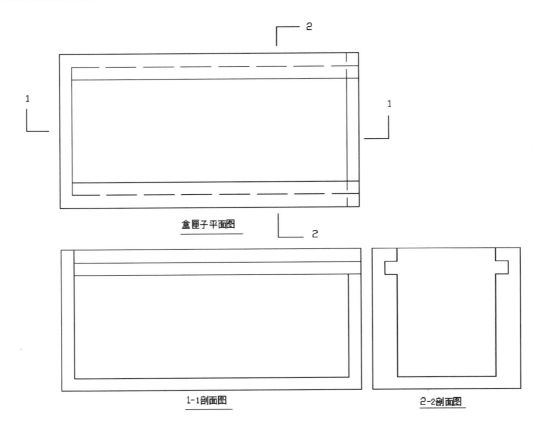

盒匣子平面图

1-1剖面图　　　2-2剖面图

图七－5　盒匣子

　　若实行屈肢葬，在遗体尚有余温未冷却僵硬前，要为逝者松动髋骨与大腿骨之间的关节，以利于弯屈逝者的腿骨，并合其双脚，将膝盖顶至胸前。之后，再褪去其身上所穿的旧衣，为其洗身（冬天需用热水），换穿一套新的薄衣，颜色不拘。男性双手合掌于胸前，女性一手持掌于胸前、一手遮覆于私处（左、右手皆可）。

　　接下来，将逝者生前颈上所佩带的项链、红珊瑚念珠中的一颗或多颗（视经济状况而定）放入其口中，之后再闭合其口唇。

　　然后为亡者剃光头发，有的也不剃，视仪式主持者的习惯而定，再用酥油覆满遗体七窍及私处，使遗体不露出孔洞。

　　头颈以一条大哈达包裹至不见五官、皮肤和头皮（头发），颈部以下用丝、棉材质的白布条缠裹周身，使其不显露出皮肤与衣饰。之后，在大盒匣子底部铺满柏树枝叶，家人即将逝者入殓盒内。入殓时，遗体以背部贴着大盒匣子的底部，面部朝上；头部的位置为盒盖抽送处的另一端。随逝者入殓的物品为其生前未吃完的最后一餐饭，或因生病未吃完的药物。遗体与盒内的缝隙则以柏树枝叶塞实，以便固定遗体使其不晃动（与西藏舍利塔装藏方式相类），立起大盒匣子后亡者为屈肢坐棺葬式。

此时，喇嘛一边念诵经文一边撒麦子、大米于逝者的头部，希望逝者安息。之后，由逝者的家人盖上大盒匣子的盖子，盖子为抽取式，由足部往头部合拢。当盖子掩盖至仅露出逝者的头部时，道士便为逝者打卦，卜问逝者是否有未完成之遗愿或担心的人、事或生肖与之相依的家人，若有，则以泥团捏塑与之相关的人的像（约拳头大小）置于匣内系上红线，并请出此人立于大盒匣子旁，将红线的另一端绑在其手腕上，由道士诵经并要求逝者高抬贵手，不再与生者有亲情上的羁绊，之后用剪刀剪断两者之间的红线，表示生死殊途、缘分已尽，逝者不需再为生者牵挂，应速速与佛、菩萨升天而去。这样的仪式过程在藏语中称为"朗这切"，意为放开手、断缘。

盖子盖好后，便可将逝者去世的消息告知村寨内的居民。过去，是由逝者家中的晚辈（或小孩子）挨家挨户通知，而现在多直接打电话通知。接到通知的居民便前往丧家帮助张罗丧礼，并致送吊唁之奠仪。奠仪视各家经济状况和与逝者的交情而定，最少为30元，最多为数百元。过世者若为年长者，则全村都需要至丧家吊唁慰问，并致赠奠仪。

遗体须在三天内火化。在家中停灵期间，由喇嘛与道士在大盒匣子前念诵经文为逝者积福德，指引西方佛、菩萨接引之路，而逝者的亲朋好友都会在锅庄中为逝者守灵。道士还要以逝者的生辰八字打卦占卜其适合安葬的方位（非地点），家人再依此方位安排适合安葬的地点。一般多为自家院内或耕地内，若地点不在自家耕地或院落中（房屋倚山体而建时，其中一面或两面没有多余的土地）则须与他人协调换，即以自家较好的田地和他人换取适合埋葬逝者的土地，但此种情况较为少见。

在确定适合火化与安葬地点后，道士需再打卦占卜，选择适合将大盒匣子背出锅庄的男性人选。首选的亲属为逝者的长男或长孙，若生肖为相依或相克，则须另于亲属或具有血缘关系者中挑选。女性不可为背负者。而生肖与逝者相依相克的亲戚都不适合，甚至不能接近停灵的锅庄和参与火化、安葬仪式。择定人选后，将大盒匣子以绳捆绑牢并结成双肩背带。背负者要背对背式负起大盒匣子内的逝者，行至指定的火化地点。到达时需燃放鞭炮，以火光和硝烟味惊吓、阻止附近的孤魂野鬼，让它们不得靠近逝者的灵体，防止其干扰逝者升天。

火化时，男性亲属将柏树枝叶（若柏树数量不足可添加部分杉树）、女性亲属将杉树枝叶置于大盒匣子下方，浇以酥油火化。火化完成后以小盒匣子装入捡选的头盖骨骨灰，颈部以下的骨灰装入小棉布口袋，以肋骨、大腿骨灰为多。完成后，将小盒匣子安放于垒石坟冢大片岩的上半部，相当于人体头部的位置，以石片封挡开口，外敷高约0.4米的白泥；小棉布口袋安放于石冢大片岩的下半部洞穴内部，相当于人体肋骨以下部位的位置。洞穴前端需点一盏酥油灯，再盖上石片遮住洞口，洞穴高约0.6米。也有极少数人家以陶罐装殓逝者的骨灰，陶罐的纹饰为几何纹或植物纹，不可为动物纹。

石冢前不立石碑，仅在石冢薄岩板顶端安放一块大白石（石英），形如家中屋顶四角的四大神山，高约0.2米，表示逝者受到佛、菩萨与四大神山的庇护。距离石冢三面的外围约1.5米处垒"ㄇ"字型、高0.5米的陵墙，开口向东（应该是倚山面河的考虑）。此时道士会再打卦卜问石冢上所需立的经幡旗数量和形式，有直立式、伞骨架式（图七—6），后者呈360°放射状，立插于陵墙外围将坟冢包覆于其中。经幡旗上的经文通过风的吹拂后，会保佑逝者不受恶灵侵扰，累积福慧，跟随信仰的佛尊尽速升天。

其余的骨灰则装入另一棉布口袋，于逝者火化第三天后，送至司雅神山的万年尸林（半球体垒石土包堆，藏语为"达拉参沙"），家人取下其中的一块垒石将棉布口袋置入，再盖上取下的垒石，并在垒石土包堆旁点上酥油灯，家人围坐在周围用餐，象征与逝者共进最后一餐，直至酥油灯灭方下山返家。

丧期长短须由道士打卦占卜，最长不超过四十九天。期间，丧家需每晚为逝者念诵金刚经三小时，或请看得懂藏文者为其助念，每天需付费10元。

逝者过世后的前三年，每逢忌日，家人会到石冢前为逝者点一盏酥油灯放入装有棉布包骨灰的下半部洞内。第三年之后，则于藏历十二月三十（卜角顶居民视此日为清明节）点一盏或数盏酥油灯悼念逝者。

垒石坟冢旁竖立的经幡旗经过风吹雨打、日晒雨淋后并不更新，待两三年后，立于土中的

图七—6　往生者用的伞盖式经幡

竹节腐朽，大部分经幡旗颓倒时，便放火烧毁。

丧礼时念诵经文的喇嘛与打卦问卜的道士，从前的丧家会致赠粮食如麦子、玉米、青稞数罐或猪膘一扇等为酬劳，现在多致赠现金，每次约数十元。

（六）重要节庆

1. 藏历年

藏历年为藏历正月初一至十五。卜角顶的藏历年是亲朋好友维系情感的重要节日。藏历年时，为家中孩子添购新衣的传统习俗至今仍保留，只是现在的新衣已改为汉服而非传统的藏服。

大年初一一大早，寨中各家会备上酥油茶，盛于奶茶罐中，让家中的孩子挨家挨户敲门拜年并分送酥油茶（一家一罐）。居民们通常会将奶茶喝完或盛入器皿内，然后在空壶中放入铜板还给拜年的孩子，孩子们则跑回家中再装满一壶到下一户人家拜年，直到向寨内的每一户人家都拜年致意为止。另外，初一也是到寺庙拜佛祈福的好日子。这一天，大部分居民都会全家一起到寺庙转经。

大年初二，是已自立门户的儿女们回家向父母拜年的时间，儿女们会带上香猪腿、青稞酒和馍馍为双亲祝贺新年，吃团圆饭庆祝过年，并于家中住宿一晚。大年初三，儿女们要返家，双亲则准备好自酿的青稞酒，每人给予三四斤为回礼，并给回来拜年的晚辈们发红包（约30-50元）。

2. 跑马节、跳锅庄

藏历四月十五是跑马节和跳锅庄的日子。十二、十三日，全家老小即将准备好的帐篷和两三天的干粮、酥油茶、青稞酒、腊肉等，携带至跳锅庄的圣地达拉崩，在这里搭起一座座大帐篷。人群组合形式打破了原来居住的寨子的概念，人们重新组合在一起，形成当年锅庄庆典的"帐篷寨子"，不论住在哪个村的村民，甚至从世界各地来参加这次锅庄庆典的人们，都可以成为同一个帐篷寨子的寨民，形成当年锅庄庆典的"帐篷寨子"。大家同坐同住，彼此交流，是交换外界资讯的重要时机。

达拉崩是一处坡度平缓的大草原，位于十三角碉的北面，海拔约3200米。上面有一座大型的方形垒石玛尼奇奇，高约七米，向西走七步左右有一座小型玛尼奇奇，高约五米，再向西走十八步左右为一座中型的玛尼奇奇，高约五米，再向西走一百零八步为三座一列的玛尼奇奇，中间一座稍高、两旁的略矮。在大型的玛尼奇奇南面有垒成"Π"型的石灶，为烟供塔，用于烧柏树枝。东面有两三座已经废弃、只剩下部分墙基的石房，再往东面顺着山坡往下，可见到几处扎营搭帐篷的小方块区域，上面布满围成方形的整齐石块。

四月十五这天，跳锅庄与赛马同时举行。跳锅庄的主题为歌咏大自然、勇敢面对生活中的困难、享受欢乐、赞颂神佛等，不论男女老少大家围成一个圈，可以是几个人也可以是几百个人，由能歌善舞的男性长辈领头，其余男性紧接在后，女性再跟随之。大家随着领队者摆动舞步，脚步随节奏起伏，时慢时快，伴同着嘹亮悦耳的歌声，情绪也跟着激昂高亢，与四周宽阔的草原自然景色融为一体，表现出嘉绒藏族热情且乐天自由的民族天性。活动期间，也是未婚男女彼此抒发情意、寻找合适对象的联谊场所。跳锅庄是离不开青稞酒的，舞群中央处会放置几缸青稞酒与几根小麦管，歌曲一结束时众人便轮流用小麦管吸饮青稞酒。

由于达拉崩是卜角顶居民平时放养牛、羊、猪、马等牲畜的地点，马儿们都熟悉此处的环境，故而赛马时竞争异常激烈、精彩。

到了四月十六，村民们收拾好帐篷、物品，结束了一年一度的锅庄庆典，又开始下一年度的农忙准备。

图七—7　墨尔多神山（中间最高处）

3. 墨尔多神的生日庆典

藏历七月初十至十三是墨尔多神的生日庆典，也是卜角顶居民积极参与的节庆活动之一。卜角顶居民不分教派都会带上干粮提前一天由村寨出发，徒步穿过大渡河到墨尔多神山（图七—7）的神庙参拜墨尔多神（图七—8）。庆典内容有祭拜墨尔多神、转经、朝山、庙会、商业集市等。现在到墨尔多神庙有摩托车和箱型车可以代步，村民一大早出发即可当日来回。

关于墨尔多神山的相关传说与资料详见下文。

4. 端午节

卜角顶居民也过端午节，节日期间，居民们会在门前插菖蒲和艾草，但是没有包粽子的习俗。另外，居民们对于自己上门的猫和狗认为是吉祥的，会非常高兴地豢养它们，尤其是小狗，因为家运会"旺旺"，这个观点也与汉族相同。而藏历七月一过就是卜角顶村民大转经的日子，村民在农闲时会尽量到庙子或路旁的玛尼奇奇处转经，累积自己的福德。

图七—8 墨尔多神

八、宗教信仰与禁忌

（一）宗教信仰结构

卜角顶居民多信仰藏传佛教，因为墨尔多神山的传说，本教成为了本地早期传统宗教的核心。本教又称为黑教，一说为教徒由吐蕃出走时身穿黑衣，另一说为黑教是藏传佛教五支密教中会施术画符咒的宗教，且施咒仪式多在黑夜举行。藏传佛教中著名的密勒日巴尊者，未成佛前亦为本教徒。

明清时期，由于皇室对黄教甚为礼遇并尊其活佛为国师，宗喀巴大师所创立的黄教也融入了嘉绒藏区。另外，相传红教的宁玛派祖师莲花生大士曾于墨尔多神山中修行，所以现在的卜角顶地区黑教、黄教和红教三教并行，其中以黑教和红教的教徒人数较多。

在卜角顶，黑教、红教和黄教的教徒在信仰行为上存在一定的区别，例如对玛尼奇奇转经的方向是不同的①，黑教为雍中符号的逆时针转经（逆时针的万字符为宗教代表符号，称为"雍中"），其他两教派则为顺时针转经；释迦牟尼为黄教的称呼，黑教则称为如来。

（二）神山崇拜

卜角顶居民对于神山的崇拜，包含了村寨之间的神话传说、居民的血缘传承及其对大自然的尊敬、对居住领域的保护与捍卫之意。

1. 墨尔多神山

墨尔多，藏语为"马都拉"，意为"勇敢的战将"②。墨尔多神山是嘉绒藏区、西藏、青海和甘肃等地区藏民共同信仰的神祇，位于丹巴县岳扎乡，山势呈南北走向，地处大小金河之间，山体余脉延伸到马尔康、大金和小金县境内，主峰为浓绿昂挺的锐角三角形，海拔4822米。神山位于卜角顶东北方，隔大渡河相望。在卜角顶需到泽公村以上海拔约2500米处，方可清楚地看见神山的山顶、山脊轮廓（图七—7），阴天或雨天时因云雾缭绕则无法看清。

佛教北传入藏后，吐蕃国王赤松德赞实行"兴佛灭本"的宗教政策，当地原始宗教本教教徒受到压迫，集体携带珍贵经书出走寻找宗教圣地。相传如来派出大鹏鸟（藏语为"扎穹"）飞行了三天三夜，终于为本教教徒们寻找到了适合地点——墨尔多神山所在区域。因此，居民们多在住宅门楣上粘贴大鹏鸟衔蛇（蛇在佛教中表示不祥、凶险）的画像（图四—10），以祈求能避凶趋吉，此习俗一直沿用至今。

相传墨尔多神诞生于藏历七月初十③，相当于历史上的盛唐时期，距今约有一千三百多年的历史。清朝时，墨尔多的后裔率领当地族群的联合军队支援西藏抵抗外敌，立下了汗马功劳，得到藏族人民的尊敬和崇拜。卜角顶居民除了在藏历七月初十参拜墨尔多神外，藏历年期间的初一至十五日，也需选择一天参拜墨尔多神，以祈求来年吉祥平安。

关于墨尔多神山的传说有多种版本，但多与宗教中传统的本教、现在的黑教相关，上述资料来源于村中长者和相关文献记载。

2. 则巴弄

则巴弄位于中路乡和梭坡乡之间的山脊上，海拔约3600米，是一个向天际延伸突出的张口哮吼的狮子头（密宗中有"狮子吼"一说），所以则巴弄的汉语语意为"狮子头"。则巴弄为

---

① 藏传佛教中，原始的本教（后来发展为黑教）转经或绕玛尼奇奇堆时是逆时针方向绕行，其他教派为顺时针方向绕行。
② 另一说，墨尔多为"女王"之意。
③ 凌立：《丹巴嘉绒族的民俗文化概述》，《西北民族学院学报》2000年第4期。另一传说为"藏历马年的七月十三"。

卜角顶居民崇拜的神山之一，位于卜角顶东方，与四个村子隔大渡河相望，是居民外出工作或务农时一抬头即可见的实体神山，所以村民多会于早晨出门、农务休息以及日落回家时面对则巴弄参拜或祈祷。

3. 司雅神山

卜角顶村西南为司雅神山，山顶上常年积雪不化。"司雅"意为"仙女下凡之地"，是卜角顶居民共同信仰的神山，被视为具有卜角顶亲族传承意义的神山，也是卜角顶居民唯一视为私有领域之圣地，所以只有当地居民去世后的骨灰可以安葬于山顶上石垒土包堆的万年尸林，外者无论权贵还是贫民，都不可私自将骨灰安放于此。当地居民认为，将骨灰安葬在万年尸林能受到下凡仙女的庇佑，相传每隔五百年，安葬在万年尸林的居民就会有一人投胎转世至世界各地，并成为当代具有影响力的大人物。神山的另一传说为山体内含有宝藏。现代地质专家曾到此做金属矿藏探勘，确定山中的确藏有金矿，但是截至目前为止一直无法成功开采。

卜角顶各寨村民要到司雅神山朝拜或安放逝者骨灰时，必须翻越一座藏名"gun huang gu"的山岭，这座山岭的树林为寨民修筑新屋、补砌旧房所需良木的重要来源。因为交通不便，虽然司雅神山是位于卜角顶同向的山体，但是居民们上山还是必须花上一天的往返时间。

4. 美勒神山

美勒神山位于卜角顶西北方，是一座火山，为黑教崇拜的火神，海拔约3800米以上。由呷拉村位置最高的石碉向北可以清楚地看到墨绿色的山脉轮廓，山顶陡峭，向左右连绵（图版二十五）。因为邻近呷拉村，是呷拉村民较为崇拜的"村寨神山"。

5. 住宅屋顶的四大神山

在卜角顶的村寨中，家家户户都在住宅屋顶的四角以片石和黏土层层相间垒出L形或高度约1.2米的锥体台座，西面墙的两个屋角中间还多会垒出一座一字形的台座，屋角与台座顶部放置一个尖顶的大白石（石英，藏语为"札嘎"）为主体，高度约0.2米，主体旁围绕数颗小白石。西南角或西面墙中间的台座（每家一座）会做成中空、顶端开三个小孔的烟供塔，视每户的喜好可以在台座外部敷涂白泥。村民们每天或藏历每月初一、十五早晨，会到楼顶以新鲜的柏树枝叶、麦粉做烟供以供养佛、菩萨、外部的天神与护法，然后向四大神山的方向行跪拜顶礼三到七次。同时，家中的锅庄也有供佛、菩萨的位置，以三到七碗清水供养。据此可知，居民们在日常生活中已将对四大神山①的崇拜与礼敬直接融入到建筑中，在自家建筑的最高处进行最虔诚的膜拜顶礼。

---

① 目前所收集的关于四大神山的说法版本众多，尚无法确定何者为最原始、最普遍的版本，所以本文中暂不列出。

（三）宗教场所

1. 寺庙

卜角顶目前现存的寺庙为洛拉庙子（图八—1），位于泽周村，海拔约为2650米。洛拉庙子原址位于宋达村，庙名为"贾初"。1951年迁至泽公村崩买寨，庙名同地名，1954年迁至目前的庙址。其为黑教寺庙，逆时针的万字为宗教代表符号，又称为"雍中"。寺庙坐西南朝东北，院外大门左右两侧正在修建的舍利塔为片石与水泥混合建材，高约3.5米，2009年动工，尚未完工。庙后方的西北角建有玛尼奇奇、烟供塔和念经棚。每逢藏历五月初一，无论信仰红教还是黑教的居民都会到庙里转经，祈求吉祥平安，整个参拜活动大约三小时。

此外，热尔贡山壁上还有一座已经荒废的红教庙子，有二三百年的历史，庙里喇嘛最多时有二十多位，现在只是在特定节日，才会有喇嘛通过小径登上陡峭的山壁去诵经。崩经也有一座已经颓圮的寺庙和三座白塔（中间最大的一座较完整，两侧的两座已坍塌）以及数座玛尼奇奇（图八—2）。据当地老年人介绍，过去寺庙中住有喇嘛并供奉佛像，但现在也仅只是在每年的藏历三月初八（农历为四月初八，是佛陀的诞辰日）才有喇嘛到庙旁搭建帐篷念诵经文，一般居民已很少到这两处参拜。

念经棚位于寺庙后面、玛尼奇奇西侧（图版二十六），特定节日或过年期间庙里会请喇嘛为大家诵经，教徒们也可以自愿加入一起诵经，时间为一整天，直至太阳下山。

2. 经堂

现在，卜角顶的住宅中多未设置经堂，据当地居民介绍，只有家中有懂藏文的人才会设置经堂，否则无法阅读经书或经文。而目前在卜角顶能够阅读藏文者多为老人且人数不多。

在丹巴县城内有专门教授藏文拼写的老师，学生学习后可以参加藏语等级考试（图版二十七）。

（四）宗教仪式

1. 寺庙参拜

本调查组在藏历五月初一到洛拉庙子调查时，遇到呷拉村十家寨的阿柔婆婆、孙女拉姆和霍姆婆婆，实际记录她们参拜的过程如下：

拉姆负责到烟供塔（图八—3）以柏树枝叶点燃烟供，然后在柏树枝叶上撒上装在小棉布口袋里的麦粉，使烟供的烟更大，气味为柏树与麦粉混合的香味，以供养心目中的佛教本尊和护法。

霍姆婆婆对玛尼奇奇先行三次跪拜顶礼，之后拿出自制的马铃薯酥油灯，移开玛尼奇奇中

图八—1 洛拉庙子

图八—2 经幡塔与玛尼奇奇堆

图八—3 烟供

间的石板点燃放入,里面已有数盏杯形、钵形的酥油灯,多已熏得焦黑。接下来,婆婆开始逆时针绕行玛尼奇奇,一边绕行一边口中持咒,同时手上拿着装大米和小麦的棉布口袋,用手抓出一小撮,边绕行边洒向玛尼奇奇的上方。绕行3—7圈后,向司雅神山方向行三次跪拜顶礼,然后又绕行烟供塔,也是边绕边持咒边撒麦子和大米。

阿柔婆婆则从袋子中拿出棉芯,由玛尼奇奇洞中取出杯形供杯,放入块状酥油与棉芯,点燃后口中持咒放进洞中供养,其他参拜行为和霍姆婆婆相同。

拉姆在点燃烟供后,也模仿两位婆婆对玛尼奇奇和神山都行了三次跪拜顶礼、逆时针转经。

到庙子参拜除了藏历每月的初一、十五外,过年期间的初一到十五还需选择其中一天(最好的日子是初一)到庙里拜佛、转经三十圈以上祈福,并请道士根据个人的生辰八字和生肖算出来年和自己犯冲、不吉祥的事,并需要制作几个"玛尼擦擦"并请道士算出摆放家中的方位。

2. 转经

由于卜角顶的居民全年都需要为农务操持繁忙，只要还能下田劳动就不会赋闲在家，所以手持嘎鲁转经的人特别少见，调查期间，仅看到一位八十六岁的婆婆手持嘎鲁转经，其余的人只是在工作或走路的同时口中持咒。而在丹巴县城，则常见年龄较大的老人手持嘎噜边转边走。卜角顶村民在春节期间的参拜、转经等信仰活动，都是希望能借此得到一整年的平安顺利。

3. 喇嘛供养

据呷拉村八家寨房名为松吉的先生介绍，其曾祖父时（清朝末年），从亲戚中找了一位想出家的孩子，亲属们资助其部分钱粮，让他由卜角顶出发，沿途化缘，徒步走了一两个月到达西藏拉萨进修六七年，并接受了红教萨迦派喇嘛的受戒认证。之后返回呷拉村，居住于松吉家的经堂（主屋的四楼）修行，接受松吉家的供养，为松吉家诵经祈福。到松吉祖父辈时也有同样的情形。当时整个呷拉村只有松吉家有喇嘛，两位在松吉家修行的喇嘛也可以回本家看看并居住几日，村里的人也可以延请他们到家中祈福、算命（默挂）、修法等，并以粮食数罐、猪膘为供养。

第一位喇嘛于七十五岁高龄时圆寂，圆寂前交代不要垒石做坟的土葬，要求坐缸火化。火化时天空出现彩虹，并于骨灰中见到舍利子。由于红教的祖师为莲花生大士，大士成佛时示现了"虹光身"，因此，彩虹的出现让大家觉受到这位喇嘛的高深修行。大概在1962年，松吉先生十七岁时，第二位喇嘛圆寂，年龄为六十七岁，应其要求行土葬。两位喇嘛在松吉家修行的时间约一百多年，目前家中还有一个修法用的大皮鼓（图八—4）、酥油茶壶（图八—5）、糌粑罐（图八—6）。皮鼓是第一位喇嘛由西藏带回，装饰绘图精致华美。旧屋的经堂在"文革"时期被拆除，目前住的新房中未设置经堂，但松吉先生表示，过几年还是要再将经堂重新布置起来。

（五）宗教人员

藏教的道士（藏语称为"guan ba"）有别于道教的道士，二者是完全不同的两个概念。藏教道士专职于人的服务，如为新生儿取名、为建房动土看日子、为逝者选择墓葬的方位等，喇嘛则为人们调解佛、神、鬼、怪之事，通过念经、修法等帮助人收摄魂魄。

图八—4　大皮鼓

图八—5　酥油茶壶

图八—6　糌粑罐

（六）宗教物品

1. 玛尼擦擦

玛尼擦擦简称为擦擦，擦擦为梵语的直接音译，本意为"复制模印的佛像或佛塔"。玛尼（又作"嘛呢"）二字源于六字大明咒（观世音菩萨的心咒）"嗡玛呢呗咪吽"的"玛尼"字音，也表示观音大士的加持。擦擦上有五圈的小佛像为缩小的善业泥。

过年期间，到寺庙请道士算出全家人需制作的擦擦个数后，全村的人会在藏历二月二十八集中在一起制作擦擦，也有个别人在自己家中制作。制作时，在黄铜模型中压入陶土，略干后开模取出，于土坯中心放入香花（以喇嘛花最好）、小麦或青稞（称为ga表小粮食之意），再将手塑底座与土坯粘合（尺寸约为10厘米）在一起。除此之外，还必须做一个"擦擦节布"，也称为擦擦大王，高度约为一般擦擦的3—5倍。

擦擦制作好后，需送至指定的地点由喇嘛共同开光，之后，各家取回2—3个，放在道士指示消灾除厄的位置，其余的则安置在寨子的末端低处、路上岩壁洞穴（图版一），因为卜角顶地区的山体结构易滑坡，居民们希望借由玛尼擦擦和擦擦节布来安定家园，使居住的土地不滑移，具有祈求上天增福给村民、不受灾厄之意。个别人家若平日还有需要，则请道士打卦问卜，算出需要制作的擦擦数量。

2. 玛尼石板

路旁的上坡处，可见到堆放的玛尼石板（图版二十八），传说为人们发愿或希望达成某个心愿而堆。有的单独一片，有的大量堆放在一起，上面刻有六字大明咒或释迦牟尼心咒，是希望路过的行人都可以念诵一句，这样即可增加听闻者的福慧资粮，而这个区域也能因此累积更多的功德。这样的用意如同山道、路边树上所悬挂的风马旗和经幡，除了人为的念力外也希望借由自然界的风和雨，将经文的功德飘送、渗入土壤中，利益六道一切众生。

在卜角顶，也有像乡医偏冲丹召一样只相信科学知识的无神论者，对于一些自然灾害的发生，认为采取宗教上的祈福是无用的。

九、结语

三面环山、面向大渡河的卜角顶，因为封闭性较强，目前还拥有较完整的自然生态：居民们依照节气、海拔高低务农；开采岩石、伐木造屋的景象还历历可见；传统的水磨坊中，水流冲击的扇叶带动着石磨正磨出细细的玉米粉；林间的酸酸菌、黄连、党参还等着村民采撷；被放养的家畜施展绝技攀附山壁，牛猪回家等待开门；错落于山脊间的石碉、被废弃的老屋与天地融为一体。但不可否认的是，卜角顶四个村寨的人文历史正处于逐渐消失的过程中，许多事情老人们都记不清了，年轻的一代又积极地想开发旅游业、改变现状，希望借此改善总体的经济生活状况。

除了珍视卜角顶的历史性与文化遗产的内容外，对于卜角顶本身即为一整体自然村寨景观和包含于其中、在活动改变的人文景观（包括现在生活于村内的所有人和动物），都是应该被重视继而被规划于未来保护计划中的，彼此之间缺一不可。

调查组成员：赵昊、王怡苹、张绍兴、黄淑萍

调查报告初稿执笔：

1. 卜角顶的自然与人文地理　赵昊

2. 社会经济与社会网络　王怡苹

2.1. 卜角顶的农业　张绍兴、赵昊

2.2. 卜角顶的畜牧业　张绍兴

3. 卜角顶的建筑　赵昊

4. 宗教信仰　王怡苹

5.1. 婚礼　赵昊、王怡苹

5.2. 生育　赵昊

5.3. 成人礼　张绍兴

5.4. 葬俗　王怡苹

6.1. 重要节庆　王怡苹

6.2. 民族服饰　黄淑萍

统稿：朱萍、张林

审稿：王怡苹